集人文社科之思 刊专业学术之声

集 刊 名：北大史学
主 编：赵世瑜
主办单位：北京大学历史学系

CLIO AT BEIDA

编辑委员会（按音序排列）

安 然　曹家齐　陈博翼　陈侃理　崇 明　戴海斌　党宝海　范韦里克　贺 喜
胡 鸿　康 鹏　李隆国　李云飞　刘永华　陆 扬　罗 敏　邱源媛　石川祯浩
宋怡明　唐利国　王东杰　谢国荣　徐晓旭　张 静　赵冬梅　赵世瑜　仲伟民

主 编 赵世瑜

本辑执行主编 赵世瑜

本辑特约编辑 罗丹妮

本刊投稿邮箱 beidashixue@163.com

第21辑　2021年第1辑

集刊序列号：PIJ-2021-429
中国集刊网：www.jikan.com.cn
集刊投约稿平台：www.iedol.cn

北大史学

CLIO AT 21 BEIDA

2021年第1辑

北京大学历史学系 主办
赵世瑜 主编

社会科学文献出版社
SOCIAL SCIENCES ACADEMIC PRESS (CHINA)

北大史学
Clio at Beida

第 21 辑
跨学科对话专号

目 录

致读者 ·· 赵世瑜（1）

专题研究

前现代帝国的生存条件和发展特征 ·················· 赵鼎新（5）
跨学科悖论与历史人类学 ·························· 张小军（19）
中国史学引入社会科学方法的阶段性表现及其限度 ········ 杨念群（38）
人类学的历史视角与西南边疆社会的转变 ············ 马健雄（51）
社会的隐没和复现：共和国史七十年 ················ 黄道炫（67）
社会学视野下的中国现代转型概观
　　——以政治/军事和社会为重心 ················ 应　星（78）
改革的双轨逻辑：从承包制到项目制 ················ 渠敬东（90）

作为历史记忆的仪式文本与意义的多重性
　　——以中缅边境南览河流域布朗族村寨的"巴蒂然"为例
　　·· 高　兴（105）

学术综述

"对话：多学科视野下的中国史"工作坊讨论纪实
.... 穆晨哲楠　刘　建　邓晋武（129）

学术评论

白川静的殷代社会结构认识评说
——读《殷文札记》................................ 刘　浩（162）
找寻民国时期的军事专家
——评邝智文《民国乎？军国乎？第二次中日战争前的民国知识
军人、军学与军事变革，1914—1937》............ 陈　默（172）

前贤遗泽

张传玺先生学术生涯及其主要成果 .... 岳庆平（183）
朱龙华先生学术生涯及其主要成果 .... 朱浩东　李韵琴（195）
Table of Contents & Abstracts .... （211）

致读者

赵世瑜[*]

在过去的几十年中,虽然与许多刊物打过交道,与许多刊物的主编和编辑相熟,也担任过一些刊物的编委,但直到今天我才第一次认真思考,办一个学术刊物的目的到底是什么。

显然,为有晋升需要者提供发表阵地不能说是办刊者的初衷,向业内同人展现和分享研究者的成果,固然是办刊者的目的之一,但可能也不是最主要的。我认为,办学术刊物的最重要目的,是传播包括新思想、新方法、新知识在内的一切新知。

《敬告青年》是北京大学的先贤陈独秀为其创办的《青年杂志》所写的发刊词,文中有云:"予所欲涕泣陈词者,惟属望于新鲜活泼之青年,有以自觉而奋斗耳!自觉者何?自觉其新鲜活泼之价值与责任,而自视不可卑也。奋斗者何?奋其智能,力排陈腐朽败者以去,视之若仇敌,若洪水猛兽,而不可与为邻,而不为其菌毒所传染也。"[①]

在新文化运动的大潮中产生的北大《歌谣》周刊的发刊词中说:"歌

---

[*] 赵世瑜,北京大学历史学系教授,本刊主编。
[①] 陈独秀:《敬告青年》,《青年杂志》第1卷第1号,1915年9月15日。

谣是民俗学上的一种重要的资料,我们把它辑录起来,以备专门的研究,这是第一个目的。因此我们希望投稿者不必自己先加甄别,尽量地录寄,因为在学术上是无所谓卑猥或粗鄙的。从这学术的资料之中,再由文艺批评的眼光加以选择,编成一部国民心声的选集。意大利的卫太尔曾说:根据在这些歌谣之上,根据在人民的真情感之上,一种新的'民族的诗'也许能产生出来。"①

同是北京大学先贤的顾颉刚则在1928年《民俗》周刊的发刊词中这样呼喊:"我们要打破以圣贤为中心的历史,建设全民众的历史!"②

当然,不同时代办刊有不同的特点,有不同的时代诉求,但传播新知这个目标应该是始终不变的。回到我们历史学科内部的刊物来说,大概没有人会否认,法国1929年创办的《经济社会史年鉴》是影响最大的,因为以这个刊物为中心,或者说以这个刊物的创办为契机,形成了一个影响大大溢出本学科也大大溢出本国的学术流派。虽然其创刊者费弗尔和布洛赫以研究法国中世纪史闻名,或者从时段上说颇类似中国的中古史研究,但其影响却遍及全世界,个中缘由,值得当今倡导"本土话语""中国声音"的人认真思考。

《年鉴》的发刊词中也有一段我非常喜欢的话:

> 我们都是历史学家,都有共同的体验,并得出了共同的结论。我们都为长期的从传统分裂状态中产生的弊病而苦恼。目前的状况是,一方面,历史学家在研究过去的文献史料时,使用着陈旧的方法;另一方面,从事社会、近代经济研究的人,正在日渐增加。这两个方面的研究者互不理解、互不通气。现在,在历史学家之间,在从事其他研究的专家之间,存在一种不相往来的闭塞状况。当然,各行的研究家,都致力于自己的专业,在自己的庭院中辛勤劳动,如果他们能再

---

① 周作人:《发刊词》,《歌谣》第1期,1922年。关于《歌谣》周刊发刊词的作者,学术界有不同看法,有人认为作者是常惠,也有人认为是合作撰写的。
② 顾颉刚:《〈民俗〉周刊发刊词》,《民俗》第1期,1928年。

关心一下邻居的工作,就十全十美了,可是却被高墙阻隔了。我们之所以站出来大声疾呼,就是针对这种可怕的分裂的。①

今天距离这篇发刊词的问世已经90多年了,距离北大的前辈们办刊的时间也已百年上下,但周围的情况,是否与那时的先进们描述的情况有了很大分别?这有时让我困惑,到底是时光停滞了,还是这种状况就是历史学研究的常态?在这近百年中,现实世界发生了翻天覆地的变化,大家都在惊叹飞机、高铁和高速公路把世界变小,数字化的信息传播技术使资料的获取从遥不可及变得唾手可得,但看看我们的工作显示出的新思想、新方法和新知识,与生活世界里的这些变化似乎仍呈现出较大的反差,不由觉得历史研究与现实生活渐行渐远——我们研究的内容当然大多是相距遥远的,但我们的研究所蕴含的关怀应该是越来越近的。

故此,本辑刊发的文章分别由历史学、社会学和人类学的学者撰写,他们从各自不同的学科视角阐述对不同时段历史的看法,目的在于响应年鉴派先驱的呼吁,"关心一下邻居的工作",进一步拆除相互之间的"高墙",同时更是力图高扬北大前贤们兼容并蓄的精神,让本刊发表的论文和传递的学术信息,无论涉及古今中外,都能包含和展现不同学术传统、不同研究领域和不同研究方法的创新成果,使《北大史学》无愧于"北大"这个具有丰富的象征意涵的名号。

本辑专号文章来自2020年11月北大文研院组织的第113期"文研论坛"上各位引言人和与谈人的讨论。该期论坛的主题是"对话:多学科视野下的中国史",共分三场,各场的主题分别是"历史学、社会学、人类学视野下的共和国史""历史学、社会学、人类学视野下的现代转型史""历史学、社会学、人类学视野下的帝制时代史"。由于有几位引言人未能将报告内容整理成文,也由于各位与谈人的讨论也很精彩,因此,我们也将全部三场讨论对话的现场记录刊发在这里,以凸显现场感。必须

---

① 年鉴编辑部:《致读者》。Les Directeurs, A Nos Lecteurs, *Annales d'histoire économique et sociale*, 1929, pp. 1 – 2.

指出，三场讨论进行的时候，是按当代史、近代史和古代史的顺序，背后的意义不仅是考虑到讨论参与者有社会学者和人类学者，他们提出的历史问题往往来自对现实的观察而非古书，而且在于从本质上说，"一切历史都是当代史"。但在本辑专号中，我们则把顺序调回到古代、近代、现当代的历史叙事逻辑，以符合历史学的阅读习惯。

如果说学科对话专号中的讨论还相对宏观的话，本辑刊载的一篇专题研究可以作为体现上述关怀的一个个案。该文的作者是宗教研究领域的，但她的方法是人类学田野民族志和历史文献解读的结合，讨论的问题与历史直接相关。虽然这只是作者博士学位论文中的很小一个片段，但已经可以大致体现出本辑专号的主旨。

本刊也参酌国际性学术刊物的通常做法，除了刊发专题论文之外，也注重刊发学术评论，无论是书评还是文评，我们都欢迎遵守学术规范的具有学术性、研究性的评论，对泛泛介绍或非学术的评论敬谢不敏。本辑刊发的一篇关于殷商史的评论文章虽然是针对较早的学者及其著作的评述，但具有学术史梳理的意义。更重要的是，评论者在文末指出，原书作者研究的一个特点，是将相关社会科学的概念工具引入，这恰好符合本辑专号的主旨。同样的，另一篇关于民国时期知识军人的评论文章指出，所评著作看似仍属传统政治史或军事史研究领域，但已经转入知识史的考量。

从本辑开始，《北大史学》将以"专号"和其他文章相结合的方式呈现在读者面前。所谓"专号"，即每辑均有一组围绕同一主题或某一领域的专题论文，这些主题可以围绕新内容、新材料、新方法、新视角设计，也可以是在传统主题上的开新之作。同时，也欢迎其他有见识的好文章。这些文章不严格限制字数，确有不凡见解的好文章，长达数万字亦可。此外，也欢迎具有深刻分析、不流于泛泛内容介绍和褒奖之词的学术评论。这样，使有兴趣的读者可以在每辑中读到一些内容密切相关的作品，获得不同于面面俱到的综合性刊物的收获。

我希望，《北大史学》在作者、编者和读者的携手支持下越办越好。

我希望，无论是《北大史学》还是北大史学，都能在扎实的研究基础上，苟日新，日日新，又日新。

专题研究

前现代帝国的生存条件和发展特征

赵鼎新[*]

摘 要 本文从前现代帝国的生存条件角度出发，探讨技术、环境、人口等因素如何形塑了帝国治下的各种社会行动者的行为模式和帝国发展逻辑，进而探讨一些基本的生存条件如何造就了游牧帝国的一些基本特征、农耕帝国和游牧帝国的互动方式及发展规律，以及如何造成了15世纪后游牧帝国在整个欧亚大陆的总体性垮台。

关键词 前现代帝国 生存条件 宗教 游牧

帝国研究是西方社会学、政治学和历史学的一个显学。20世纪90年代苏联解体后，美国成为唯一的超级大国，此时思维比较线性的部分西方学者开始庆祝民主胜利和研究"民主转型"，但是更具现实感的学者则掀起了一场帝国研究的热潮，因为他们知道美国将成为一个新型的、世界上唯一的超级大帝国。几十年来所积累的文献和研究视角非常多，本文很难做系统的总结，因此决定从前现代帝国的生存条件（human conditions）这一视角出发给大家做个简要介绍。

本文的生存条件指的是前现代帝国所受到的各种技术、环境、人口、病虫害等因素的限制。这些条件形塑了前现代帝国治下各个行动者

---

[*] 赵鼎新，浙江大学、芝加哥大学社会学系教授。

的行为方式，限定了帝国的行为逻辑、发展规律，以及其他方方面面的特征，其影响非常巨大。在历史进程中，或者说对于各种社会行动者来说，这些条件起到的往往是一种"舞台"作用。舞台的不同特色会对舞台上演员（即社会行动者）的艺术表现力和表现形式产生很大影响，但这些特色往往会被一些本来就在这种舞台上表演并且早已适应了的演员所忽略，正所谓"不识庐山真面目，只缘身在此山中"。因此，大多数学者往往更强调前现代帝国政治结构下的各种内在逻辑以及各种微观层面的统治精英之间的互动关系，而忽视舞台性质这一更为基础性的问题。因为时间关系，本文只能涉及九个方面。需要强调，每个方面的背后都有不少研究和我自己的思考，但我在这里只能做个勾勒，提供一个大致轮廓。

一　弱小利维坦（puny leviathan）

弱小利维坦思想的出发点是：前现代帝国没有现代的交通、通信和其他技术条件的支持，在铁路运输出现以前，大军行军很难超过平均每天30里的距离，因此向社会的渗透能力和对社会资源的汲取能力都极其有限。[1] 这个问题说起来简单，但它却是前现代帝国多种生存条件中最为基础的一种，是帝国许多其他生存条件的起点，并且形塑了前现代帝国在许多方面的运作逻辑和发展形态。今天中国的人文学者出于各种当代的原因往往会强调秦朝统一中国后历朝历代的专制，这背后当然有某种事实依据。但是我们绝不能忘记，即使是军事和其他方面力量都非常强大的秦朝，它向社会的渗透能力也极其有限。比如芒砀山在今天看来就是一个小土丘，但是刘邦却能轻轻松松地躲在那儿。除了刘邦，张良、张耳、陈馀、英布等人在陈胜吴广起义前也都躲在各处，并且往往也都不是躲在什

---

[1] Donald W. Engels, *Alexander the Great and the Logistics of the Macedonian Army*, Berkeley: University of California Press, 1978; Michael Mann, *The Sources of Social Power*, Vol.1: *A History of Power from the Beginning to A.D. 1760*, Cambridge: Cambridge University Press, 1986.

么人烟稀少的地方。正所谓天不高，皇帝就很远了。这就是 Crone 和霍尔等人所强调的弱小利维坦的含义。①

二 边界模糊多变和间接控制

因为前现代帝国是一个弱小利维坦，或者说它的直接控制能力比较微弱，这就有了前现代帝国的第二个属于生存条件性的特征：帝国边界模糊多变，并且在核心地域以外，以及在社会的基层，施行的都是间接统治。即使是像汉朝、唐朝、明朝和清朝这样十分强大的帝国，整个朝代下来所控制的地域起起伏伏都会有很大变化，并且在县以下的社会以及在边疆和内边疆地区搞的也都是各种间接统治。边界模糊多变和间接控制是整个欧亚大陆前现代帝国的一个普遍特征。

三 一国多制

前现代帝国一般会用各种更熟悉当地情况并且能嵌入当地权力结构的代理人来控制边疆地区，一国多制因此也是前现代帝国的常态。比如清朝，它在核心地区实施科举官僚体制，对内边疆的各种小型部落和族裔实施"土司"制度，对满洲人施行旗制，对蒙古人施行旗制（八旗蒙古）、盟旗制，对西藏等地在较长时间内采取了一个结合了驻藏大臣、僧官系统和俗官（噶厦）系统的平衡治理方式。性质相似的各种间接管理模式在罗马帝国、波斯帝国、奥斯曼帝国、俄国这样的大帝国中其实也都是常态。

在以上条件下，"少数民族干部"就会起到很重要的作用。"少数民族干部"指的就是那些或者依附于核心帝国，或者是由帝国统治者扶植

---

① Patricia Crone, *Pre-industrial Societies*, Oxford, UK: Basil Blackwell, 1989; John A. Hall, *Powers and Liberties: The Causes and Consequences of the Rise of the West*, London: Penguin Books, 1985.

起来的边远地区的政治精英。当帝国强大时，这些政治精英就会作为代理人在政治上依附帝国的势力而长大，在经济上充当帝国贸易的中介而致富，在文化上则具有帝国核心地区精英所没有的一种"杂交"优势。他们往往熟悉多种语言和文化，具有某种跨地域的视野。同样重要的是，这些边远地区的政治精英在被纳入帝国体系的同时也熟悉了核心地区的统治方式，雇用从核心地区流散出来的知识分子作为幕僚。① 在帝国力量转弱的时候，其中有些地方精英就会产生政治野心。在中国，安禄山、李元昊、成吉思汗、努尔哈赤等差不多都曾经是各个朝代的"少数民族干部"。他们在边缘和核心地带力量转化中往往起着关键作用。这种情况也发生在罗马帝国北部的日耳曼部落中。罗马强盛时不少部落头领与罗马帝国有着各种关系，甚至担任罗马帝国在边缘地带的代理人，但是这些日耳曼部落的政治势力同时也是西罗马帝国的掘墓人，实现了边缘/核心政治力量的转化。自古以来，边缘/核心地区力量的转化经常是政治和军事原因所致，而不仅仅是因为沃勒斯坦所强调的经济原因。②

四　前现代帝国的宏观发展规律

前现代帝国汲取能力非常有限，但是所控制的疆域却可以非常辽阔。一个弱小利维坦是怎么控制这么大的疆域的，或者说它的控制方式有着什么样的发展逻辑就成了一个问题。基于曼③、明克勒④以及我自己的研究⑤，我们可以对前现代帝国对边远地区的控制方式的发展逻辑做如下描

---

① Franz H. Michael, *The Origin of Manchu Rule in China: Frontier and Bureaucracy as Interacting Forces in the Chinese Empire*, New York: Octagon Books, 1965.

② Immanuel Wallerstein, *The Capitalist World Economy*, New York: Cambridge University Press, 1979.

③ Michael Mann, *The Sources of Social Power*, Vol. 1: *A History of Power from the Beginning to A. D. 1760*.

④ Herfried Münkler, *Empires: The Logic of World Domination from Ancient Rome to the United States*, UK: Polity Press, 2007.

⑤ Zhao Dingxin, *The Confucian-Legalist State: A New Theory of Chinese History*, Oxford: Oxford University Press, 2015.

述和分析。

第一，扶植当地精英来管理边远地区。这是一种最原始的帝国管理模式。具体讲就是像商朝一样，让那些臣服于商朝的部落和方国首领自理内部事务，对各部落和方国施以一定的主宰和对它们的统治加以一定"保护"，同时各部落和方国也可能会被要求提供不同名义的"保护费"和承担一定的协防任务。除了商朝外，这也是萨尔贡等早期帝国所采取的一种统治策略。后世的一些非常强大的帝国在其鞭长莫及的地区也会一次次地采用这一统治策略。这种统治策略有个很大的局限，那就是它很难保证当你势力减弱时那些"小兄弟"还会忠于你。西周打商朝，牧野之战一天就打垮了商朝，[①] 背后的一个重要原因就是树还没有倒，猢狲（即那些原来受到商朝控制的部落和方国）就散了。

第二，在以上局限的挤压下，欧亚大陆各个帝国都先后发展出了以下的统治方式：派自己的亲信或者亲戚去管理被征服之地。这一方式的优点在于那些亲信或亲戚一般会对派他们出去的君主有很大的感激之情和忠诚度，并且文化和认同上也更接近，因此会积极地服从和帮衬母国。但是这一方式很难保证那些亲信或者亲戚的后代仍然会对自己的后代保持忠诚。这背后有四个原因，而这些原因的影响都会因为前现代帝国向社会的渗透能力减弱这一特点而被放大：几代以后，帝国核心地区统治者和边远地区统治者的关系难免疏远；派到边远地区的统治者的利益难免越来越在地化；有些派出去的统治者会把自己的政治势力越做越大，形成尾大不掉的态势；派出去的统治者开始接受边缘地区的文化和宗教，与核心地区精英不再共享同一认同。

我需要强调一下中国在帝国发展史上所呈现的最初特殊性：中国在西周慢慢形成一个新的制度安排，那就是派自己的血亲对边远地区进行武装殖民（这点与其他帝国并无根本性的不同），并且通过一套基于宗法礼仪的意识形态和制度来维持甚至加强血亲认同（这一点是新的）。在欧亚大

---

① Edward L. Shaughnessy, "Western Zhou History," in Michael Loewe and Edward L. Shaughnessy, eds., *The Cambridge History of Ancient China*, Cambridge: Cambridge University Press, 1999, pp. 292–351.

陆所有地区的国家发展进程中，血缘在政治中所起的作用普遍在降低，而中国则因为西周统治者的做法走向了反面，即血缘在政治中的作用在加强，并且家庭和祖宗获得了一定的宗教性，这也为儒学在后世的兴起奠定了基础。如果说天主教是罗马帝国的幽灵，那么制度化了的儒学就是西周的幽灵。

第三，基于血亲的认同，即使有强大的宗法礼仪制度来维系，也很难长久。这就是为什么西周在周成王以后影响力就开始下降，并且在两百多年后就进入了东周"霸主"时代。因此，中国的这个异数并不影响中国的国家建构进程与欧亚大陆其他前现代帝国有一定的同步性，即它们都朝着一个方向在发展——加强帝国的软实力，具体说就是在帝国内部逐渐建构一个统一的精英文化。在具体历史进程中，这统一的文化一般由宗教来提供，宗教也因此有了重要的政治作用。

在世界宗教产生和光大之前，整个欧亚大陆的宗教发展多多少少处于同一个阶段：各种神灵发挥着不同"功能"，满足着不同时空下人们的各种具体欲望；但是这些宗教下的各种"神"一般都只发威，不救赎，更不要说为人们的行为提供各种道德指引，这一点与后世出现的各种世界宗教有根本性的不同。因此，犹太教、基督教、伊斯兰教、印度教、佛教以及儒学的出现可以说是人类在宗教意识形态层面的重大突破。

就其本质来说，宗教就是一种价值观或意识形态。我在多种场合强调，意识形态具有三个相当于"生存条件"的性质：（1）意识形态是无法被明确证伪的，因此单靠辩论很难定出优劣；（2）意识形态属于一种劝说性权力，它本身不具有强制性，没有人必须听信和服从他人的信仰；（3）对某种意识形态的理解总是基于个体经验，而个人的体验又非常不同。意识形态的这三个性质引出了一个非常重要的社会学原理：如果没有强制性力量的推动，一个群体的意识形态倾向自然就会高度多样。[①] 民间谚语"一娘生九子，连娘十条心"其实就是这一原理的通俗表达。

宗教的意识形态性质决定了某个宗教要发扬光大，它必须得靠某种强

[①] Zhao Dingxin, *The Confucian-Legalist State: A New Theory of Chinese History*, Chapter 1.

制性力量的驱动。如果一个宗教有教会组织并且该组织还掌握着许多资源,该教会当然会产生一定的强制性力量。但是在各种强制性力量中,没有任何一种力量能超过国家力量。这就是为什么各种宗教往往会寻求国家的支持,甚至希望能被尊为"国教",为什么基督教和伊斯兰教扩张最快的时候也就是把它们尊为"国教"的国家在军事上取得成功的时候。

如果说一个宗教要发扬光大,最有效的途径就是寻求国家支持,那么一个没有现代技术支持的前现代帝国想要在辽阔的地域内实现更有效的控制,其最有效手段就是利用某种宗教来为自己的统治提供合法性,提供一个统一的精英价值体系。这种软硬力量(即宗教和国家)的结合构成了前现代帝国发展的一个更高的阶段。在中国,这一发展阶段在汉武帝时初见端倪,北宋后则获得了成熟。[1]

五 文明的大分流

一旦有了世界宗教以后,欧亚大陆就出现了"大分流",形成了我们今天所说的儒学文明、伊斯兰教文明、基督教文明、印度教文明等。这个大分流的来源讲起来很简单:前现代帝国需要宗教来提供合法性,提供文化整合力量,形成统一的精英文化,而各种宗教的教主则想利用帝国势力来做大自己,同时利用宗教意识形态来绑架国家政治,把宗教势力扩展至军事和经济领域。这时候,不同宗教的教义就会对帝国的国家形态、国家和社会之间的关系等方面都产生重大影响,规定了一个文明许多其他方面的特征。这就是韦伯所说的宗教的"扳道工"作用[2]和曼所说的宗教的"铺轨"作用[3]。

从国家社会关系角度来说,在世界的几大信仰体系中,基督教的地位

---

[1] Zhao Dingxin, *The Confucian-Legalist State: A New Theory of Chinese History*.
[2] Max Weber, *From Max Weber: Essays in Sociology*, New York: Oxford University Press, 1970.
[3] Michael Mann, *The Sources of Social Power*, Vol. 1: *A History of Power from the Beginning to A. D. 1760*.

凌驾于国家之上，它与国家之间是一种竞争性关系；伊斯兰教强调的是部族集团的利益和权力，而不是国家的统治，因此往往会弱化国家的力量；婆罗门教对地方事务的整合与涉足范围广泛，国家因此退居到一个可有可无的位置；儒学则似乎是一个专门为国家统治而设计的意识形态体系。儒家学说的这一特征使政治权力（国家）与意识形态权力（儒教）之间结成了相互依存的共生关系，为中国的强国家传统奠定了思想基础；而欧洲竞争性的政教关系则促进了一种专制力弱、社会渗透力强的国家的诞生，为中产阶级的势力壮大，乃至工业资本主义的兴起奠定了基础。①

六　帝国的兴衰

中国历史学界有个朝代循环论，但是从本质上来说，任何帝国有兴必有衰。中国的特殊性只在于一个朝代垮台后，后继跟上的经常会是一个在许多方面呈现了较大相似性的朝代。而在欧亚大陆的其他地方，一个帝国垮台后，在同样的土地上产生的新帝国与前面的帝国的相似性非常小。中国历史的这个特征往往会让人觉得朝代循环背后有同一个支配规律。这是一种误导，因为中国每个朝代的成因和垮台原因其实都不尽相同。

单因子的国家兴衰循环理论其实有不少，比如保罗·肯尼迪的国家强大后形成的过度扩张造成衰弱的理论；② 奥尔森的国家承平日久导致利益集团政治占据主导，由此而造成国家衰弱的理论；③ 沃勒斯坦的经济不平等交换结构的改变而造成的国家兴衰理论；④ 等等。生活在14世纪的伊

---

① John A. Hall, *Powers and Liberties: The Causes and Consequences of the Rise of the West*; Zhao Dingxin, *The Confucian-Legalist State: A New Theory of Chinese History*.
② Paul Kennedy, *The Rise and Fall of the Great Powers: Economic Change and Military Conflict From 1500 to 2000*, New York: Random House, 1987.
③ Mancur Olson, *Rise and Decline of Nations: Economic Growth, Stagnation, and Social Rigidities*, New Haven: Yale University Press, 1984.
④ Immanuel Wallernstein, *The Capitalist World Economy*; *World Systems Analysis: An Introduction*, Durham: Duke University Press, 2007.

斯兰神学家和社会学家伊本·赫勒敦还提出了一个双因子循环理论①：任何帝国兴衰背后都有两个规律的支配，第一是承平日久（三五代）后一个帝国的凝聚力必然会降低，第二是一个帝国繁荣一段时间后人口就必然会暴涨，由此造成了一大堆难以解决的问题。

相比各种单因子国家兴衰循环理论，伊本·赫勒敦的双因子循环理论要深刻得多，但是这一理论还是不如道家的历史循环思想来得深刻。道家循环理论的一个核心就是：国家兴衰是必然的，但是这种循环的原因可以有许多种，并且每一次国家兴衰的具体原因都可以不同。所以在道家看来，凡是可以论述为一个固定因果关系的"道"，都不会是放之四海而皆准的"常道"，这就是老子所说的"道可道，非常道"背后的一个重要含义。当然，中国这种早熟的智慧也造成了一个问题，那就是对具有一定普适性的因果关系的轻视，这就阻碍了"科学"这一片面深刻的看问题方法在中国的兴起。

七　游牧帝国的生存条件

公元前 8 世纪前后，在乌克兰一带，随着马的配种技术的发展，马越长越大，出现了可以供人骑在身上进行长距离的迁徙，甚至进行征战活动的大马。于是就产生了"游牧"这一生产方式。此后，游牧作为一种生产和生活方式在长达上万公里的欧亚大陆草原带上逐渐向东推进散开，形成了性质很不相同的各种游牧群体。我以下的分析主要以匈奴、早期突厥、蒙古这样的草原游牧者为模板而展开。这类游牧者又被称为"真游牧者"（true nomads），他们的生存条件与那些绿洲农业、林中捕猎、水中打鱼和贸易在生活中占据较大比重的半游牧者（比如鲜卑、契丹、满等来自东北亚地区的人群），以及那些短距离迁徙的游牧者（比如羌人和藏人）都有很大不同。我们也可以把这种"真游牧者"看作游牧者的一种

---

① Peter Turchin, *Historical Dynamics: Why States Rise and Fall*, Princeton, N.J.: Princeton University Press, 2003.

理想形态（ideal-type），因为游牧帝国的各种生存条件，以及在这些生存条件下的游牧帝国和农业帝国的互动关系以及游牧帝国最终的垮台，在这类游牧群体和定居群体的互动中表现得最为充分。

大约在公元前 5 世纪至公元前 4 世纪，随着战国的秦、赵、燕、魏等几个国家向北扩张，中间已经是高度中国化了的放牧/农耕型国家，比如义渠、中山和代等国都先后被灭，这就形成了战国北方诸强和游牧群体的直接对峙，以及长达两千多年的游牧帝国和农业帝国之间拉锯式的冲突。在理解这一关系时，我们首先应该想到的仍然是游牧帝国和农业帝国的不同生存条件。第一，由于食物链的位置（以肉食还是素食为主）以及有限的生态承载能力等，游牧地区的人口承载力也仅是农业地区的 1%—2%。这个人口比例在多方面形塑了游牧帝国与农业帝国的关系和游牧统治者的生存策略。第二，游牧发生在气候条件比较严酷的北方。如果全球的平均气温降低 1℃，北方的无霜期要减少将近两个月，由此造成的暴风雪和其他灾害的大规模增加会促使游牧者生存空间大面积缩小。第三，游牧者吃的主要是羊肉、牛肉和各种奶制品等。当有灾害时，不但大量牲口会死亡，并且产奶量也会大大下降。第四，在游牧地区，牧民即使挨饿也不敢把牲畜吃得太多（否则气候好转也繁殖不起来了），而不像农业地区只要留一点种子明年播种就可。[1] 以上第二、第三和第四个原因都决定了游牧人口所面临的生态压力要比农业人口大得多。[2]

第五，游牧涉及长距离迁徙，凭前现代帝国有限的渗透能力很难对流动性很大的牧民进行有效控制。但是不同游牧群体之间又有多方面的事务

---

[1] Michael Mann, *The Sources of Social Power*, Vol. 1: *A History of Power from the Beginning to A. D. 1760*, p. 52.

[2] Thomas J. Barfield, *The Perilous Frontier: Nomadic Empires and China, 221 B. C. to A. D. 1757*, Cambridge, Mass.: Blackwell, 1989; Nicola Di Cosmo, "The Northern Frontier in Pre-Imperial China," in Michael Loewe and Edward L. Shaughnessy, eds., *The Cambridge History of Ancient China*, pp. 885 – 966; *Ancient China and Its Enemies: The Rise of Nomadic Power in East Asian History*, Cambridge: Cambridge University Press, 2001; Sevyan Vainshtein, *Nomads of South Siberia: The Pastoral Economy of Tuva*, Cambridge: Cambridge University Press, 1980.

需要协调,部落联盟因此就成了北方草原上的一个常见政治形态。进一步说就是,前现代游牧地区稳定的政治形态是部落联盟,而不是帝国。游牧地区之所以能产生帝国,往往是出于以下两个原因:其一是来自农业帝国的军事压力的刺激,比如蒙恬带领 30 万大军打匈奴,结果是匈奴建立了世界上第一个强大的游牧帝国;其二是出现了一个具有神秘力量的领袖,比如成吉思汗,但是成吉思汗神秘性的一个主要来源就是战争和掠夺的一次次胜利。这就有了以下的因果关系:一般来说,一个游牧帝国只要和农业帝国打个平手就等于输了,因为输输赢赢就会使得游牧帝国的头领丧失神秘力量,引起其他部落头领的不服,从而导致帝国内部政局的高度不稳。两汉时的匈奴、唐初的突厥以及清时的准噶尔的失败其实都和这一点有关。①

八　游牧者眼中的世界

要理解游牧者的心态,我们需要把今天的世界地图倒过来,把游牧者放在中心来看。在游牧者眼里,在他们的前面是大大小小不等的绿洲。这些绿洲人口众多,非常富有,但人相比游牧者来说不够坚韧;此外绿洲中还有各种游牧部族所需要但不能充分生产的物资。可以说,绿洲在游牧者的眼中就是气候变差时的逃避之地和理想的掠夺对象。但是游牧者的掠夺能力却受到以下条件的限制:绿洲的大小、绿洲的气候和生态条件与游牧地区之间差异的大小,以及一个绿洲内部气候和生态条件的多样性程度。

对于一片小绿洲(比如敦煌、哈密、吐鲁番、和田)来说,几千个游牧者也许就能把它给打下来。因此,除非有强大帝国提供保护,否则这样大小的政治单位很难在游牧者的压力下独立生存。我们在研究中国的敦煌、哈密、吐鲁番等小绿洲历史形态时必须把这一点也考虑进去。

即便是一个大绿洲,比如坐落在锡尔河和阿姆河流域的河中地区,虽

---

① Zhao Dingxin, *The Confucian-Legalist State: A New Theory of Chinese History*, Chapter 11.

然这样规模的绿洲能容纳很多的农业人口，但是它的整体气候和生态条件与游牧地区相差较小，并且整个地区生态环境也比较相似，这就给了游牧者一个很大的优势，因为游牧者只要用他们所熟悉的一种战争形式就可以打败这块土地上的政权。因此，虽然整个欧亚大陆类似大小的农业地区经常发育出较强大的帝国（比如河中地区的花剌子模），但这些地区仍然经常会受到人口处于绝对少数的游牧者的主宰，形成了类似安德森所说的"游牧刹车"（nomadic brake）这一历史发展形态。①

但是面对中国的黄河/长江/珠江流域以及西欧/中欧/南欧这样的面积巨大、气候和生态条件与游牧地区相差巨大，并且内部的气候和生态条件也非常多元的超级大绿洲，游牧者则很难把它一口就给啃下来。原因很简单：（1）这些超级大绿洲人口巨多，经济实力和国家力量都比较强；（2）这些超级大绿洲不少地区的气候条件让游牧者感到很不舒服；（3）打下整个地区必须采用多种战争形式，并且有些战争形式（比如水战）并不是游牧者所长。这就是为什么欧亚大陆大多数地区的农业人口基本上受到人口处于绝对少数的游牧者的长期主宰，而欧洲、中国和印度等少数几个有超级大绿洲或者特殊生态条件（比如日本是一个岛国）的地区则成了明显的例外。

九　欧亚大陆游牧帝国的整体性垮台

自公元前5世纪开始，游牧和半游牧帝国与那些地处超级大绿洲的农业帝国在欧亚大陆展开了长达两千多年的军事竞争，而军事冲突的发展形态也受到了我所提及的那些游牧帝国和农业帝国不同生存条件的制约，并且竞争的双方各自展现出了自己的优势和弱点。我这里要特别强调两点：第一，虽然游牧帝国打仗厉害，但农业帝国具有更强的组织性力量；② 第

---

① Perry Anderson, *Lineages of the Absolutist State*, London: Verso, 1979.
② Michael Loewe, "The Campaigns of Han Wu-ti," in Frank A. Kierman, Jr. and John King Fairbank, eds., *Chinese Ways in Warfare*, Cambridge, Mass.: Harvard University Press, 1974, pp. 67–122.

二，游牧帝国历史记忆能力较弱，一个游牧帝国垮台后，留不下太多历史记忆，农业帝国则有较强的历史记忆能力，因此能在组织技术、科学技术、认同感和意识形态领域均有一定程度的积累性发展。①

以上两个条件形塑了游牧帝国和农业帝国许多方面的互动形态，并且在很大程度上为欧亚大陆游牧帝国在 14 世纪后整体性的衰弱和垮台埋下了伏笔。游牧帝国在中国的北部兴起后，整个欧亚大陆在军事、经济和技术等方面出现了持续了近两千年的从东向西的巨大压力。游牧地区的稳定性政体形式是部落联盟，因此如果游牧地区出现了帝国，那肯定是从周边的那些与其形成冲突的农业国家那里学来的。西罗马帝国垮台后，接近欧洲的游牧群体所面对的是形势复杂多变，并且政治力量普遍较弱的封建国家。不但这些国家对游牧者所施加的军事压力较小，它们的体制也很难为游牧者所学习。但是在欧亚大陆的东边，游牧者所面对的是秦帝国、汉帝国、唐帝国、明帝国这样的与游牧地区有大面积接壤，并且人口众多、资源丰富和组织能力十分强大的农业帝国。这些农业帝国在向游牧帝国施加强大的军事压力的同时，也为后者提供了学习的榜样，促发了匈奴、突厥、鲜卑、辽、金、蒙古、清等世界性游牧/半游牧帝国的形成。② 正是这些帝国给几乎整个欧亚大陆，特别是中国以西的世界造成了一次又一次的军事冲击，促进了各种制度、技术和宗教的扩散。这就是我所说的游牧/半游牧帝国对整个欧亚大陆的整合作用。③

以上所说的整合，规模一次比一次要大，直到蒙古帝国的兴起，可以说它几乎把整个欧亚大陆整合起来了。虽然蒙古帝国不久就一分为四，但

---

① Zhao Dingxin, *The Confucian-Legalist State：A New Theory of Chinese History*, Chapter 11.
② Owen Lattimore, *Inner Asian Frontiers of China*, New York：Capital Publishing Co., Inc. 1951.
③ Thomas J. Barfield, "Nomadic Pastoralism in Mongolian and Beyond," in Paula L. W. Sabloff, ed., *Mapping Mongolia：Situating Mongolia in the World Geologic Time to the Present*, Philadelphia：University of Pennsylvania Museum of Archaeology and Anthropology, 2011, pp. 104 – 24; William H. McNeill, *Europe's Steppe Frontier：1500 – 1800*, Chicago：The University of Chicago Press, 1964; Jack M. Weatherford, *Genghis Khan and the Making of the Modern World*, New York：Crown, 2004.

整个欧亚大陆在陆地上的人员和物资流动再也没有停止过。① 不光是人员和物资的流动给打通了，整个欧洲大陆在许多流行病防控方面也取得了一体化，或者说获得了群体免疫，使得欧亚大陆的人口在1500年后有了同步性的上升趋势。②

可是，蒙古帝国对整个欧亚大陆的压力和整合也触发了一次次的反向运动——超级大绿洲和大绿洲中的农业帝国在游牧者的压力下的中兴或者垮台后的一次次再生。在这一过程中，绿洲中的农业帝国学会了游牧者的军事技术，反过来又对游牧群体形成了挤压。这个反向运动在蒙古帝国的衰亡过程中达到了高潮，具体来说就是蒙古帝国势力的退潮触发了明/清帝国、俄国和奥斯曼帝国的兴起。这些帝国就其本质来说都是农业帝国，但是它们也都继承了不少游牧帝国的特征，并且把欧亚大陆大部分游牧地区纳入了各自的势力范围。它们的同时存在大大限制了游牧者的生存空间，导致了游牧帝国这一类国家形态，乃至游牧作为一种生活方式在欧亚大陆的普遍衰落。从一定意义上来说，准噶尔在17—18世纪的兴起和垮台可以说是游牧帝国的一个绝唱。濮德培认为准噶尔被清朝击败有其偶然性，③ 我不同意这一观点，原因就在于他忽略了俄国作为一个日益强大的地域性帝国的存在。不管当时的俄国采取了什么样的具体政策，甚至对准噶尔有很大支持，但是俄国存在这一事实本身就把准噶尔给锁定在一个较小的活动范围，使它不能再像从前的游牧者一样在被打败后退走大漠以求生存，给了清帝国在新疆一带击败准噶尔的机会。④

---

① William H. McNeill, *The Pursuit of Power: Technology, Armed Forces, and Society since A. D. 1000*, Chicago: The University of Chicago Press, 1982.
② Jack A. Goldstone, *Revolution and Rebellion in the Early Modern World*, Berkeley: University of California Press, 1991; William H. McNeill, *Plagues and Peoples*, Garden City, New York: Anchor Press, 1976.
③ Peter C. Perdue, *China Marches West: The Qin Conquest of Central China*, Cambridge, Mass.: Harvard University Press, 2005.
④ Zhao Dingxin, *The Confucian-Legalist State: A New Theory of Chinese History*, Chapter 11.

跨学科悖论与历史人类学

张小军[*]

摘 要 本文探讨了历史学、社会学和人类学三个横向学科跨学科的可能与障碍,由历史人类学的方法论,探讨了"延展性问题意识"以及可以适用于上述三个学科的方法论,即如何在跨学科中超越现象本身而达到见微知著、由表及里、由此及彼,以此追求由小现象发现大理论的展度、由事物表象探究深层规律的深度、由比较和联系发现一般原理的广度。最后将跨学科的三个方面归结为:守学科的基础,跨学科的方向,去学科的理想。

关键词 历史人类学 跨学科 问题意识 文化转向 历史观

引 子

本次关于历史的跨学科对话,历史学、社会学和人类学三个学科的十几位学者纵论帝国史、近代史和共和国史,大家多是在各自的学科体系中展开讨论,内容丰富,启发颇多。不过,跨学科的直接对话,笔者觉得在某种程度上,还是一个"言之待进"、需要深思的"问题"。

跨学科何以成为"问题"?早在1997年,刘志伟和陈春声就发表过

---

[*] 张小军,清华大学社会科学学院教授。

一篇论文《历史学本位的传统中国乡村生活研究》,[①] 强调历史学的本位视角。2020 年,赵世瑜在《历史人类学的旨趣》中,再一次提出历史学本位的历史人类学。[②] 2003 年,香港科技大学和中山大学联合推出《历史人类学学刊》,笔者在创刊号上发表了一篇论文,副标题为"被史学'抢注'的历史人类学",[③] 很快就受到台湾中研院民族所黄应贵的委婉批评。他客气地说我"主要仍是在历史学的脉络中谈历史学与人类学的结合(或人类学的历史化)问题,与历史人类学如何成为人类学中的一个分支,是两个不同的问题"。[④] 简单地说,他主张历史人类学的人类学本位。其实笔者很接受这样一种人类学本位的看法,实际上我自己一直在做的研究,虽然会涉及历史,但也从未敢跨入"史学"领域。对于历史人类学,笔者更主张应该尊重它本来的发展背景和脉络,将其理解为跨学科的历史研究视角或方法论,以便更好地把握这个研究领域的跨学科初衷和未来的理论走向。不过,黄应贵传达的信息十分明确:坚守历史人类学研究的人类学本位。在本次论坛上,渠敬东在他的发言中提到:"如果学科对话能够尽量表达出我们每个学科比较有独特性的特点,其实反倒也有利于学科对话。"上面几位学者分别强调了史学本位、人类学本位和社会学本位,似乎意味着跨学科的一个悖论,即"越是要跨学科,越是要坚持学科本位"。其另一层含义似乎是"越是学科的,才能越好的跨学科"。那么,坚守学科本位与跨学科两者间的逻辑关系究竟是什么?

实际上,跨学科本身面临多重困境:范式的不同、学科知识体系的不同、研究观点的不同、研究方法的不同(各自不同的田野方法和计量、统计方法),还包括提出研究问题的差异。那么,如何才能实现学科间的跨越?就笔者不多的了解,至少有两个大家熟悉的学术群体在跨学科的研

[①] 刘志伟、陈春声:《历史学本位的传统中国乡村生活研究》,《中国历史学年鉴(1997)》,三联书店,1998。

[②] 赵世瑜:《历史人类学的旨趣》,北京师范大学出版社,2020。

[③] 张小军:《历史的人类学化和人类学的历史化——被史学"抢注"的历史人类学》,《历史人类学学刊》第 1 卷第 1 期,2003 年。

[④] 黄应贵:《历史与文化:对于"历史人类学"之我见》,《历史人类学学刊》第 2 卷第 2 期,2004 年。

究和探索方面走在了前列,而他们都与"历史人类学"有关。一个是提出"历史人类学"的年鉴学派,另一个是践行历史人类学的华南研究学术群体。对于后者,刘志伟曾经在《地域社会与文化的结构过程——珠江三角洲研究的历史学与人类学对话》一文中有过比较全面的论述。他以萧凤霞提出的"结构过程"(structuring)方法论,展开对珠三角沙田、宗族、民间信仰、户籍和赋役制度、族群的历史研究的回顾,呈现了华南研究的研究方法和主要观点。① 本文则尝试对年鉴学派及其之后的历史人类学研究,仅就其跨学科的重要方法论——延展性问题意识(expending question awareness)谈一点看法。

延展性问题意识是人类学研究中的惯常方法论。人类学研究的一个特点是田野工作和个案的文化志研究方法,这就带来了微观、小时空、小群体、小村落等研究对象上的特点。那么,人类学的巨大学术影响力是如何从这些小尺度研究中释放出来的呢?一个很重要的研究范式就是:超越现象本身而达到见微知著、由表及里、由此及彼。以此追求由小现象发现大理论的展度、由事物表象探究深层规律的深度、由比较和联系发现一般原理的广度。见微知著的展度即通常讲的由点及面的滴水见海洋;由表及里的深度在于探讨事物发生的深层原因和动因;由此及彼的广度则追求通则或一般性规律。这三者共用一个理论视角,又有不同的研究侧重。它们都是不停留在现象本身,而是透过现象从现象中做延展的思考,探讨现象的深层逻辑,同时提炼现象中蕴含的特殊和一般法则。这样的方法论不仅适用于史学、社会学和人类学三个学科,也可以部分解围跨学科对话困境。

一 见微知著的展度

众所周知,史学对微观史的重视主要来自法国年鉴学派和新文化史学家们。《蒙塔尤》《马丁·盖尔归来》《屠猫记——法国文化史钩沉》等

---

① 刘志伟:《地域社会与文化的结构过程——珠江三角洲研究的历史学与人类学对话》,《历史研究》2003年第1期。

都是代表作。这些研究视角恰恰来自人类学的影响。就人类学而言,重视微观和日常研究是其长项。萧凤霞认为,微观研究促成了两个学科在历史人类学意义上的结合:"人类学家把自己泡在小区、家庭或社会事件等微观环境;历史学家则专注于时间长河上的不同历史点。两个学科奋力将诸多微观研究主题置于广阔的结构或时间性历史语境中。"①

勒华拉杜里是年鉴学派第三代的领军人物,他的《蒙塔尤》是由小见大、见微知著的经典研究。② 在14世纪的蒙塔尤,盛行的纯洁派(Catharists)被认为是邪说,于是有了宗教裁判所及其对该村异端的审判,雅克·富尼埃主教的宗教裁判记录了当时审判中留下的一些日常生活片段,后被编成三卷本的《雅克·富尼埃宗教审判记录簿(1318—1325)》。该记录簿于1965—1972年出版。勒华拉杜里正是根据这些审讯记录进行了一个从13世纪末期到14世纪法国村庄的文化志研究。在书中,他这样描写作为"滴水"的蒙塔尤:"的确,在无数雷同的水滴中,一滴水显不出有何特点。然而,假如是出于幸运或是出于科学,这滴特定的水被放在显微镜下观察,如果它不是纯净的,便会显现出种种纤毛虫、微生物和细菌,一下子引人入胜起来。""借助日益增多的资料,对于历史来说,这滴水珠渐渐变成了一个小小的世界;在显微镜下,我们可以看到许许多多微生物在这滴水珠中游动。"③ 从其中不难看到勒华拉杜里"滴水见海洋"的学术思考。《蒙塔尤》通过宗教裁判所的村落档案来探讨中世纪人们日常生活的状况,思考宗教是如何砌入人们生活中,又是如何依托人们的心态而发酵的。它既是平民史、日常史、生活史、生命史,也是心态史、意义史。在书的最后一章"家与彼岸世界"中,勒华拉杜里发问:"是什么驱使此人奔跑?……在1290—1325年,驱使蒙塔尤人行走、奔跑和心灵颤动的是什么?除了基本的生物原因(食、性)之外,是什么根本动机

---

① Helen Siu, *Tracing China: A Forty-Year Ethnographic Journey*, Hong Kong: Hong Kong University Press, 2016, p. 215.
② 〔法〕勒华拉杜里:《蒙塔尤》,许明龙、马胜利译,商务印书馆,2003。
③ 〔法〕勒华拉杜里:《蒙塔尤:1294—1324年奥克西坦尼的一个山村》,许明龙、马胜利译,商务印书馆,1997,第1、428页。

和主要利益,赋予人的生存以某种意义?"他希望从蒙塔尤人身上去理解整个法国在旧制度下的行为动机,理解是什么根本动机和主要利益,赋予了人类的生存以意义。勒华拉杜里的回答是"家"。家,跨越了宗教与世俗、生的此岸与死的彼岸、爱与恨等,"蒙塔尤就是皮埃尔和贝阿特里斯的爱情;蒙塔尤就是皮埃尔·莫里的羊群;蒙塔尤就是家所散发的体温和农民心目中去而复回的彼岸世界,两者互在对方之中,两者互为支撑"。[①] 这与中国社会颇为相似。家,在中国历史中也承载和携带着城市与乡村的差别、"现代化"的碾压、道德的沦丧、社会的种种不公平,承载着爱与恨、生与死、合与离……如果勒华拉杜里能够看到中国春节那亿万人民齐返乡的壮观场景,他可能同样会发现:"家"也是中国社会中"驱使人们奔跑"的重要生活动力和希望。

见微知著其实并非学术方法的特别追求,而是生活中的基本常识。曾经有人做过这样的测试:写出对自己有影响的人的名字。可以想象,一个人在自己的成长经历中,从家庭、学校到社会,从父母、朋友到同学,从家乡、中国到世界,似乎他知道的很多,经历的很多。但是对一般人来说,他能够写出的这类名字,少则几十人,多则也难超过两百人。那么,这区区百多人是如何帮助他理解了如此广阔的社会与世界?日本人类学家大贯惠美子著有《日本文化中作为"自我"的猴子》,这篇文章从文化认知的角度,通过"猴子"这样一个在人们生活中很难比过父母、朋友、同学重要性的角色,来理解日本文化中的"自我"。猴子在不同年代的日本文化中扮演着不同的"自我"角色:古代到中世纪,猴子作为神圣的使者,在神与人之间扮演"中介人"的角色,意味着谦卑的、多少带有神性的自我;近代以来,猴子成为"替罪羊"的象征,常常代人受过,被作为取笑的对象,反映出在幕府时代保守的等级制度之下,日本人取笑他人的排他性的等级观念,反映出将不好的事情让他人承担的"自我"心理倾向;现代以来的猴子,成为被玩耍的小丑角色,这是因为战后的日本迅速崛起,经济和科技迅猛发展,国力增

[①] 〔法〕勒华拉杜里:《蒙塔尤:1294—1324 年奥克西坦尼的一个山村》,第 631—644 页。

强，在国际上有了一席之地，也带来了强烈的民族自信。作为山神使者的猴子这时成了"低人一等"的世俗弃物，渐渐从替罪羊变成了小丑，反衬出日本人"自我"深处的优越感。大贯惠美子关心的是，作为日本人宇宙观核心的自反结构——自我反射的结构是怎样通过猴子去呈现其文化意涵的？自我和他人的宇宙观结构怎样与社会政治变迁相互作用？以猴子作为人们的自反结构，反衬出日本人"自我"的主位观念及其历史演变。① 在这个例子中，"猴子"作为一种"动物"，一个人们生活中可有可无的普通"人"，却在不同的历史时期被赋予不同的文化意义，因而成为我们"文化化"和编织文化意义体系的重要载体，它本身也成为一个类似我们身边"朋友"的主体，帮助人们见微知著地理解日本人的"自我"，理解日本社会的变迁。

在中国历史研究中，史景迁（Jonathan D. Spence）的《王氏之死：大历史背后的小人物命运》（*The Death of Woman Wang*）可以说是见微知著的作品之一。② 他使用不同历史资料［冯可参《郯城县志》（1673）、知县黄六鸿《福惠全书》（1690）和蒲松龄《聊斋志异》］来切割、粘贴、拼凑明末清初王氏之死的故事，甚至使用蒙太奇的想象来构造王氏死前的梦幻，虽然有些后现代理论的夸张，却暗含着历史"秩序"的追求。王氏之死只是一个普通的历史事件，王氏更是一个再普通不过的乡下小人物，她的故事也十分普通。她最初抛弃丈夫与情人私奔，后在途中又被情人抛弃，她本来可以在不远的他乡了此残生，却在返乡后被愤于丢了面子的丈夫掐死。在情、理、法之间的王氏，死后被推到了社会舆论的风口浪尖。这部书不但引导读者进入 17 世纪郯城农村老百姓的社会生活，还将其置于历史的脉络中，揭示生活中的深层逻辑和结构。正如作者所言："一颗从海潮中捡起的石头，石头有它的热度，传给握持它的血肉之躯。"即是说，海里的一颗石头看起来或许没有秩序意义，但是对有感觉的史学家和人类学家来说，却可以把

---

① E. Ohnuki-Tierney, *The Monkey as Self in Japanese Culture*, in E. Ohnuki-Tierney, ed, *Culture Through Time*, Stanford: Stanford University Press, 1990, pp. 128 – 153.

② 〔美〕史景迁：《王氏之死：大历史背后的小人物命运》，李璧玉译，上海远东出版社，2005。

握它的秩序热度,并以此理解更深层的社会秩序。

在共和国史的相关研究中,这样以小见大、见微知著的研究很多。如黄树民通过80年代对厦门林村一个党支部书记的访问,写作了一本口述史加生命史的文化志《林村的故事——一九四九年后的中国农村变革》,从一个小人物的经历浓缩了中国大陆解放后从土改一直到改革开放的乡村基层社会。黄树民初次与叶文德书记见面时,叶书记给他的印象并不佳。本来,好心的房东已经讲好每月收伙食费60元,不要房租,只收电费。没想到叶文德发话了:"你知道在厦门经济特区房租是多少吗?一平方米四块人民币。当然我会算便宜一点给你。我想一平方米二块五挺合理。这层房子大概有一百平方米,你要想让林同志出租这层房子,就得一个月付两百五十元。"① 黄树民当时气恼得真想把桌上的蜜饯砸到他的脸上。一次,叶书记父亲的坟墓被村民偷偷捣毁,他到黄树民住处借照相机拍"犯罪现场"。在去坟地的路上,叶书记道出了自己在林村的微妙处境和背后的农村宗族组织。他的话匣子就此打开,这位自以为是的书记最终成了黄树民笔下的主角,一部生命史和口述史著作由此而诞生。在作者眼中,叶书记恰恰是乡土中国的一个缩影。从方法论上,作者采用了十分"主位"的研究方法,重视个人的自我经验感受,注重个人政治经历的自我叙事,以当事人自己的想法通贯全书。这种对"主位"极端尊重的写作方式,是否能真正带来对"异文化"的理解?或许,正是在对"客位"研究的反思中,主位研究才显现出其互补意义上的重要性。而从这样一个小人物的访谈中理解共和国的历史,应该会给跨学科研究更多的思考。

从现实生活的角度来看,每个人天天都活在自己身边的微观世界之中,他如何能从每天琐碎的微观"事件"之中,去胸怀祖国、放眼世界?生活中见微知著的延展性是通过文化化(culturalization)完成的,学术问题上的延展性也需要通过必要的学术训练,让提问有学术意识。无论是年鉴学派的微观史、意义史、心态史、平民史、日常生活史,还是包括中国

---

① 黄树民:《林村的故事——一九四九年后的中国农村变革》,素兰、纳日碧力戈译,三联书店,2002。

人类学研究在内的口述史、生命史等研究，都是从小尺度现象中延展出大思考和大理论，十分值得我们借鉴。

二　由表及里的深度

由表及里的深度是学术研究的追求，所有的现象、个案都是"表"，就历史而言，透过现象之"表"去看的"里"是什么呢？历史人类学家赫肯伯格（Michael Heckenberger）认为：

> "历史"是受到诸种象征体系调节的，而这些象征体系有它们自身的逻辑与内在结构——一种不断结构化的历史同时又被历史所结构的"深层"文化秩序。由此，人类学的历史取向要求致力于总体式的和深层文脉式的研究和解释，这种探究方式虽然并非针对进化论、结构论、功能倾向的"同时性"比较式观点（随空间而变动），却要求关注随着特定的社会－历史序列而出现的变动。①

上述讲到历史人类学的三个要点。(1) 追求被历史所结构的"深层"文化秩序。这是史学与人类学结合的最大亮点，也是最大难点。因为要寻找现象后面的深层文化秩序并非易事。(2) "总体式的和深层文脉式的研究和解释"方法。总体式本来就是年鉴学派的研究方法论，以布罗代尔为代表；而深层文脉（contextual，语境），即深层的文化意义体系，由此可以理解年鉴学派的意义史、心态史等。(3) "关注随着特定的社会－历史序列而出现的变动。"这意味着要进入历史的"结构过程"，才能了解动态的历史，而不是模式化的历史。如布罗代尔的"长时段"，就是一个表象后面的深层概念。伏维尔对"长时段"评价道："对布罗代尔来说，这种未被意识到的历史恰恰就发生在长时段中，就暗藏在那些显而易见的

---

① Michael Heckenberger, Historical Anthropology (ANG6930), Spring 2002, https://catalog.ufl.edu/search/? P = ANG%206930.

表面事件的后面……"①

达恩顿（Robert Darnton）作为新文化史的代表人物，在其著名的《屠猫记——法国文化史钩沉》中，② 开宗明义地指出该书不仅想要了解人们的想法，而且要揭示人们如何思考，以及他们是如何建构这个世界并向其中注入意义和情感的。他使用"文化史"来称呼这个研究流派，这是一种在文化志田野中的历史。该书探讨了"猫之大屠杀的文化意义"，叙述了18世纪的法国工人如何面对在收入和生活中所遭遇的种种剥削与不平等；在资本家的垄断与压迫之中，工人如何表现出对现实的不满以及两者之间的紧张关系。达恩顿论述了18世纪法国工人在日益增长的压迫当中出现的种种不满心态以及他们怎样把这种情绪通过对猫的折磨方式发泄出来。台湾潘宗亿先生曾做出如下评价。其一，"猫"象征了女巫，屠猫则象征了对女巫的迫害。屠杀猫"小灰"的行为，表露出工人对工厂主及其妻子的愤恨；而工人则在行为之过程的象征意涵中，获得心态上的平衡与快感。其二，"猫"象征了"性行为"的淫荡，以暗指工厂主之妻的淫荡。其三，"猫"象征了在"嘉年华"节庆中的"审判"，工人因而可在节庆活动中实行对工厂主之审判。换言之，工人在其聚会活动中所建构的"倒转的世界"中，表达、发泄其对现实社会秩序的不满情绪，并在"心灵"或"精神"中取得对于反抗资产家的"胜利"。③ 在书的导论里作者发问："我为什么要研究这样一个事件？"其实他想了解的是18世纪法兰西民族的思维方式，在某种意义上这正是涂尔干（E. Durkheim）所说的"集体表征"（collective representation）——亦是一种表征性事实。作者认为"猫"在18世纪法国人的心目中呈现出丰富的文化意义，希望从法国的"历史现实"中寻找"猫"与"节庆"后面的隐喻、文化意义与象征系统。达恩顿屠猫的研究可以视为历史人类学的文化史或者心态史

---

① 〔法〕伏维尔：《历史学和长时段》，姚蒙编译《新史学》，上海译文出版社，1989。
② 〔美〕罗伯特·达恩顿：《屠猫记——法国文化史钩沉》，吕健忠译，新星出版社，2006。
③ 潘宗亿：《屠猫记及法国文化史上的若干插曲》，（台北）《历史：理论与文化》第1期，1998年，第34—45页。

研究的范例，同时也让我们看到在屠猫的现象深层，是象征意义和象征资本的再生产，由此理解18世纪法国工人阶级的处境及其深层的阶级冲突和文化逻辑。

另一位法国年鉴学派第三代主要代表人物罗什（Daniel Roche）曾这样评价达恩顿：他对社会科学尤其是人类学有着非常浓厚的兴趣；实际上，他是历史学与人类学尤其是吉尔兹（C. Geertz）人类学某种关联的产物。我个人对此种关联的重要性深信不疑。[①]吉尔兹的象征人类学强调对事物深层文化意义的解释。相信这对于年鉴学派的意义史、心态史、文化史的研究曾有过重要影响。罗什自己的《穿着的文化：旧制度的服装与时尚》也是这方面的代表作。这是一个对法国1798年以前旧制度中的穿着与时尚的研究，尝试分析日常的服饰如何改变了人们的文化观念。他提到18世纪变化最大的一个现象就是位居人们财产清单首位的服装消费，让他有了重构"一桩全球性的社会事实"，并推演出它所可能具有的全部蕴含的想法。在他看来，一场服装上的革命，在社会结构上可见首先是通过贵族，然后经由新兴的时尚杂志渗入城市民众之中。这些看起来无关政治的日常大众文化，却在加速着大革命的到来。这是因为，服装作为象征物，首先通过细微的文化意义改变社会深层的文化秩序。例如，对于女性来说，在剪裁、织物、颜色或者时尚的正常循环以及女性服装的优雅性方面，变化甚微。然而，变化来自她们的意识形态和道德意涵方面："一个男人，站在他的妻子旁边，应该是个什么样呢？他，黑色，纯色，暗色，叼着雪茄。她，粉红色，优雅，光彩照人，厨房里，面粉裹着名贵香水氤氲周遭。难道他不是她在周六做得最好的一盘菜吗？"这一观察的重要性在于展现出性别文化的新差异。女性成为男性的展示窗口。通过夸张地张扬女性外表，女性在社会中或家庭秩序中获得第二性的合法身份。[②]在罗什看来，这类由大众服装文化

[①] 〔英〕玛丽亚·露西娅·帕拉蕾丝-伯克编《新史学：自白与对话》，彭刚译，北京大学出版社，2006。

[②] Daniel Roche, *The Culture of Clothing: Dress and Fashion in the "Ancien Regime"*, Cambridge: Cambridge University Press, 1996.

带来的性别等社会区隔，说明服装的物质对象本身的社会结构只是表象，服装后面文化象征意义潜移默化的改变，才是深层次的社会结构变迁之动力。

类似的，笔者曾经在一篇共和国土改的研究文章中尝试去发现划分阶级和土地产权的关系，从象征资本再生产的视角进行分析。① 土改之前，土地并无"地主的土地"和"贫农的土地"之分，当然也没有这样的阶级划分。土改时，有一个先对土地进行的阶级分类，即将一般的经济土地（经济资本）通过象征资本的再生产，赋予土地以新的意义，即转变成"阶级的土地"（政治资本）。一旦土地变成"地主的土地"，就可以在新的意义体系中作为表征性（representative）的事实被合法地没收。这在《中华人民共和国土地改革法》（1950年6月28日通过）中有明确规定。有趣的是，当地主的土地被没收，本来土地经济上的差别便被消灭了，作为经济资本的"地主的土地"也应该消失了。可恰恰在这个时候，"阶级的土地"却作为象征资本呈现出来，并成为划分阶级的依据。换句话说，一旦土地成为"阶级的土地"，就完成了土地从经济资本通过象征资本向政治资本的转变。最终，当作为经济资本的"地主的土地"被没收的时候，作为象征性政治资本的"地主的土地"却一直存在，并且会一直作为确定谁为地主的"表征性的事实"。由此，我们看到一个土地的资本循环，最初的经济资本的土地（尚没有"地主的土地"的标签）通过象征资本的生产，即赋予土地以新的意义，从而转变为"阶级的土地"（政治资本意义上的"地主的土地"）；接着，具体的"地主的土地"被没收，而失去了土地经济资本的"地主"却作为象征资本，以表征性事实的方式继续存在。

由上可见，无论是屠猫、服装穿着还是地权的转变，其中都孕育或伴随着社会革命的发生。在其深层，都有一个对人们行为背后意义体系的探讨，有一个能动的象征资本再生产的过程，都形成了各自的具有集体表征

---

① Zhang Xiaojun, "Land Reform in Yang Village: Reproduction of Symbolic Capital and the Determination of Class Status," *Modern China* 30 (1): 1–48, Jan. 2004.

特点的表征性事实,并以这样的表征性事实能动地塑造和建构着新的文化秩序和社会结构。

三　由此及彼的广度

由此及彼意味着去发现通则或一般性的原理,这是学术的高层次追求。勒华拉杜里在《蒙塔尤》之扉页献词中,引述了《奥义书》中的一段话:

> 孩子,通过一团泥便可以了解所有泥制品,其变化只是名称而已,只有人们所称的"泥"是真实的;孩子,通过一块铜可以了解所有铜器,其变化只是名称而已,只有人们所称的"铜"是真实的;同样,通过一个指甲刀可以了解所有铁器,其变化只是名称而已,而人们所称的"铁"才是真实的,这便是我对你说的……

《蒙塔尤》期望透过具体的一块泥或一块铜,便可以了解所有泥制品或铜制品,最终把它们分别归纳为"泥""铜"。换句话说,"泥"是对所有具体的泥制品或者各种具体的泥的理论抽象,意味着去追求具体事物或现象后面的通则或一般性原理。

文思理（S. Mintz,又译西敏司）因对加勒比海地区的研究而闻名,其作品包括《品尝食物品尝自由》（1996）、《历史、进化和文化的概念》（1985）、《征服》（2002）等。他的《甜与权力:糖在近代历史上的地位》[1] 是一部人类学研究大历史的名作。该书主要描述了 1650—1850 年殖民权力的演变,论证了 17 世纪以降西印度群岛殖民糖业的发展是如何促成工业化过程中英国大量地消费糖。蔗糖成为英国与新兴无产阶级卡路里的来源,它大幅度地降低了劳动生产力的成本,助长了资本主义的剥

---

[1] 〔美〕西敏司:《甜与权力:糖在近代历史上的地位》,王超、朱健刚译,商务印书馆,2010。

削。他由糖之"甜"论及了资本殖民之"权",揭示了资本、殖民及其经济行为的一般文化经济逻辑:甜蜜的权力(糖给英国资本主义带来的权力)来自权力的甜蜜(资本主义的殖民权力促进了殖民地糖的生产,进而给英国资本主义带来活力)。本来,人类体质结构有对甜味的偏好,但是并不能自然产生甜蜜的权力。人的天性并不具有嗜甜性,并不必然产生糖的甜蜜的权力。围绕糖的"甜蜜的权力"之产生,来自糖与资本进而与资本主义的结合。就糖的消费和生产而言,是很晚近的事情,如果嗜甜是天性,应该早就有这个古老习惯了。事实上,大多数西方人在公元1000年以前,都没有尝过蔗糖的滋味。17世纪,大部分蔗糖为皇室消费,主要是作为一种香料和药品。19世纪,糖才成为普通的甜味剂和餐桌食品。对世界上的多数人来说,他们因为纵情于甜味,才有了"甜蜜的权力"。上述甜蜜的权力之所以发生,是文化权力使然。这种文化权力,就是殖民主义和资本主义的权力扩张,这种"权力的甜蜜",赋予糖的生产和消费以新的文化意义,并产生了糖之消费的"甜蜜的权力"。这是一个文化的权力甜蜜的过程。文思理的《甜与权力:糖在近代历史上的地位》由甜与权的结合,描述了经济与世界体系的紧密联系以及资本主义世界体系的文化基础。

沃尔夫(Eric Wolf)是与文思理齐名的另一位新马克思主义人类学家,1946年在哥伦比亚大学攻读人类学博士学位。哥大人类学系前辈博厄斯(Franz Boas)的"历史特殊论"、时任人类学系主任斯图尔德(Julian Haynes Steward)的"文化生态学",以及在他就读期间哥大的左派政治风向,均对沃尔夫产生了深刻的影响。他毕生关注权力、政治、农民等主题。埃里克·沃尔夫的《欧洲与没有历史的人民》[1]是一部反思欧洲历史的杰作。面对西方的历史系谱——从古希腊罗马,到文艺复兴、启蒙运动,再到政治民主制和工业革命,由此建立了以欧洲和美国为中心的西方历史。然而,人类是一个由世界上不同地域的人们组成的相互关联的

---

[1] 〔美〕埃里克·沃尔夫:《欧洲与没有历史的人民》,赵丙祥等译,上海人民出版社,2006。

复合整体,他因此质疑这样一个欧洲中心是真实的历史还是编造的神话。沃尔夫把目光投向欧洲建立世界支配地位之前的15世纪的世界,当时世界上的非洲、近东、南亚、东南亚以及中国,已经存在广泛的贸易网络,连接和创造着不同的文明。欧洲的扩张和崛起不过是这部历史的延续,并且正是在这种联系中,欧洲才通过其资本主义和殖民主义获得勃勃生机。换句话说,人民的历史被剥夺的过程,来自"欧洲"的扩展,它将世界推向更紧密的联系中。15世纪以后,欧洲开始拉开它的扩张序幕,非洲的奴隶贸易、美洲的白银和皮货贸易,以及亚洲的香料贸易,使得世界各个地域的国家的政治与经济形态开始发生巨大变化。资本经济和工业革命推动了资本及商品的全球流动,促使全球逐渐加入资本主义生产方式,使得那些原来有自己历史的地域及其人民逐渐失去了自己的历史。现代世界正是由"没有历史的人民"与"有历史"的欧洲交互作用而造就的。沃尔夫十分关注世界资本主义以及工人阶级的地位,关注所谓"有历史"的欧洲如何剥夺本来有历史却被剥夺了历史因而成为"没有历史的人民"。

不过,中国并没有成为"没有历史的人民"。滨下武志的朝贡贸易研究、弗兰克的《白银资本:重视经济全球化中的东方》、彭慕兰的《大分流:欧洲、中国及现代世界经济的发展》,都是在对欧洲中心论进行反思和批判。许倬云先生在《万古江河:中国历史文化的转折与开展》中也将15世纪作为中国进入世界体系的开始,在世界经济秩序中,中国经济持续增长三百年之久,并使中国在近代以前跃升为世界最繁荣的地区。[①] 可见,按照沃尔夫的逻辑,中国并没有在15世纪之后失去自己的历史,反而创造了至少三百年的辉煌历史,只不过,这段历史被"欧洲"有意无意地忽略了。

无论如何,沃尔夫希望在一个更高远的站位上来理解"欧洲"所代表的这一看来还会长期发展下去的人类社会。在这一点上,他与威廉斯

[①] 许倬云:《万古江河:中国历史文化的转折与开展》,湖南人民出版社,2017。

(R. Williams)的《漫长的革命》①看法相同。威廉斯从民主革命、工业革命和文化革命来理解欧洲15世纪以来资本主义引起的世界范围的漫长的革命,对于这一在今天尚未结束的革命——它依然在表面的价值高尚和深层的现实卑劣中前行——究竟应该如何理解?除了社会和文化批判之外,深入理解资本主义存在与发展的真谛,才是这一代新马克思主义人类学家的学术追求。

中国也不例外,在全球资本主义的大潮中,中国的改革步履维艰,萧凤霞曾经在《颠沛不流离:后改革时期华南非公民的城市空间》中,以2003年发生在广州的"孙志刚事件"为视角思考后改革时代的"城中村"以及国家拥抱现代化的过程。孙志刚是个普通的大学生,毕业后加入打工大军。某晚在街头闲逛,被警察截查收容,后在收容所被打致死。事件轰动全国,促使中国存在了几十年的收容制度被取消,并促使法治社会再度被提上议程。在这个普通大学生的不幸遭遇后面,萧凤霞并没有过多思考法律的问题,而是关注后改革时代权力和实践的空间结构:当城市铆足全力向周边扩张时,村庄被高速公路、购物商场和厂房吞没,城市亦因此吸引数以万计的流动人口来租房、工作和生活。无情的市场力量和国家拥抱现代化的过程,造就了今天中国城市的迅速扩张,但在其边缘却存在不少由流动人口形成的飞地。萧凤霞分析了孙志刚死前居住的黄村,这是一个城中村,其社会空间和权力空间充满了边缘性,呈现混乱不安的失稳状态,也因此成为治安的重点和另类。可是像孙志刚这样的大学生打工者,他们不愿意住在工厂宿舍,但是因为居住在这样的边缘空间,而被归入了截查和治安的对象。萧凤霞指出:

> 孙志刚事件引出一串问题。城市扩张和人口流动虽然改写了城乡关系,但权力结构仍在文化层面禁锢着农民,从而令流动人口边缘化。我们该如何分析这些权力结构?不同形式的实践如何既与市场力

---

① 〔英〕雷蒙德·威廉斯:《漫长的革命》,倪伟译,上海人民出版社,2013。

量交织，又与国家的管理、规训和监控共存？本地社会又是怎样和其中的受害者不自觉地共构这种"他者化"的过程？我们是否可以将城中村和其中的生活形式，视为强加的意识形态和政策在过去半个世纪碎裂、重组、内卷后所积淀的不同层次？①

通过孙志刚这个普通小人物，也包括"糖"和被历史忽略的"人民"，可以看到上述学者以不同的方式揭示了处于世界体系下由此及彼的"铜""铁""泥"——城乡和贫富差距等导致的权利不平等，现代化下的社会异化，国家之间的经济、政治和文化殖民、冲突与战争，各种形式的资本剥削，以及资本、权力和文化的全球化与地方化的过程。

结　语

历史人类学跨学科的方法论不仅让史学有了革命性的改变，产生了诸如新文化史等研究学派，也影响到印度庶民研究、中国华南研究等跨学科的研究。不仅让史学更加立足自己的本位，也促进了跨学科的交流，这或许可以算作对"跨学科悖论"的一点回答吧。

自然，我们不能把历史人类学窄化为"年鉴学派"，实际上，它已经成为一个跨学科的学术平台。就人类学而言，"历史人类学不像实证主义或后现代主义那样是一种研究范式（paradigm），也不像经济人类学、政治人类学或宗教人类学那样是一个人类学的研究领域（field），而是一种基于文化语境（context，文脉）来解决分析性问题的方法"。② 笔者认为，即使各个学科有意把历史人类学变成自己的一个分支学科，产生诸如历史社会学、历史政治学、历史宗教学等，坚守历史人类学的跨学科初衷无疑有利于各自学科化的发展。

---

① Helen Siu, *Tracing China: A Forty-Year Ethnographic Journey*, pp. 215, 354 - 356.
② Michael Heckenberger, Historical Anthropology (ANG6930), Spring 2002, https://catalog.ufl.edu/search/? P = ANG%206930.

事物的存在本身是以其内在规则而不是表象为据的，探索现象后面的"问题"意识才是超越性的。"出神入化"的境界特别适用于历史人类学。所谓"出神"，就是能够从资料中提出好的问题（有问题意识）、凝练好的理论；所谓"入化"，就是要将理论化入具体的地方社会文化的理解之中。需要强调，本文所论延展性问题意识的见微知著、由表及里、由此及彼是相互交叠与重合的，只是因为论述的需要而将它们分开讨论。在这个意义上，对于延展性问题意识的训练，跨学科和去学科的追求十分基础，此乃历史人类学方法论的精髓所在。①

本次论坛上，大家从不同角度提出了一些有益的研究问题，如赵鼎新在帝国史开篇从社会学的视角提出了若干很有深度的历史问题，一个直接的思考是：这些问题能否成为三个学科的共同研究问题？回到本文探讨的延展性问题意识，如何在跨学科中超越现象本身而达及见微知著、由表及里、由此及彼？2007年，萧凤霞、包弼德等众多学者在哈佛燕京学社进行过一场历史学与人类学的对话。② 对话的内容和论点丰富，除了具体资料或史实上的不同看法，主要的有益对话多是围绕着方法论，包括围绕历史人类学而展开的。萧凤霞特别提到她提倡的"结构过程"（structuring）的方法论，我觉得在这里可以借用作为跨学科的一个思考，即把如何提出有深度的跨学科研究问题，如何做到见微知著、由表及里、由此及彼，也理解为一个动态的、需要层层深入和递进的、避免简单模式化和概念化的、跨学科的"结构过程"，这是一个研究者、研究对象、研究资料、研究条件、研究理论工具、不同研究学科等共同参与和共同作用的"结构过程"。在这个意义上，跨学科的研究和历史人类学的参与本身就是大家共同的文化实践。

在此，可以把本文的话题归结为：守学科的基础，跨学科的方向，去学科的理想。从历史人类学的内在发展来看，一直有这样的努力和超越。

---

① 张小军：《历史人类学：一个跨学科和去学科的视野》，《清华历史讲堂初编》，三联书店，2007。
② 萧凤霞、刘平、刘颖、包弼德等：《区域·结构·秩序——历史学与人类学的对话》，《文史哲》2007年第5期。

历史人类学本身就具有很强的跨学科倾向。首先，在人文社会科学里，人类学、社会学和史学这三个学科一般被称作横向学科，因为它们所面对的都是整个人类社会。这是三者相通且容易相跨的基础。比如在人类学里面，有经济人类学、教育人类学、宗教人类学等，它的领域涉及整个人类社会的方方面面，社会学和史学也是如此。这三个学科有很多内在逻辑上的一致性，面对很多共同的现象，有很多共同的关心。其次，人类学和社会学的理论关怀是比较强的，理论方法的优势是人类学影响史学的一个很重要的原因。相对而言，在传统的史学里面，理论上的思考体系弱于人类学和社会学。其中的原因很复杂，主要原因之一就是近代以来的学科划分。也因此，史学希望能够从人类学和社会学的理论视野中汲取营养。最后，就是研究方法，比如说人类学的田野研究，是华南历史人类学研究里面很突出的一个特点，在田野中工作，通过细微的田野资料来展开思考。在田野里面看碑、看族谱、看文献，通过实际的感受，先让自己接近当地"文化"，再慢慢进行一些历史的思考，这个方法很明显是借鉴了人类学的田野研究。由此，华南研究已经形成不少对中国社会历史的新的理解和看法。

人类学是目前在科学体系中几乎最具跨学科品质的"学科"，它跨越人文科学（如语言人类学、考古人类学、宗教人类学、艺术人类学等）、社会科学（如政治人类学、经济人类学、医学人类学等）以及自然科学（如体质人类学、分子人类学、动植物人类学等）。同时，它的研究领域本身就充满了诸多跨越。人类学的跨越性，来自其研究对象——"人类"本身的跨越性，因为人类是自然界的产物，是社会的产物，也是他们自己文化的产物。

跨学科和去学科需要回到科学的"日常生活世界"，回到摆脱"学科国家"控制的"公共领域"。"文化"是文化人类学的一个基本概念，它是人类社会的"编码"和"软件"。文化本身就是跨学科、去学科的概念，任何社会和人类现象几乎都可以美其名曰"某某文化"，这在人文社会科学概念中是绝无仅有的。许多人类学者反对这种"文化"的庸俗化，但是另一方面，这也说明了现象本身的文化共通性。法国社会思想家莫兰从自组织现象产生的社会复杂性来理解文化,认为社会的维持需要一整套根据规则结构化了的信息——文化。明白此一点,就会容易理解跨学科和去学科的"文化"精髓。

这里所谓的"去学科",当是在跨学科之上的高境界。因为跨学科还是要基于学科的基础,因而不可避免地存在难以超越的学科界限。然而重要的是,人类社会文化事物的存在本身,不是以我们的学科划分而存在的,而是以其内在规则为据的。我们的学科划分多是依据事物的表面现象进行分类的,不论是"政治"、"经济"、"历史"、"人类"还是"社会",并且不可避免地陷入某种"科学范式"而不能自拔。这是学术界目前还没有能力消除的"学科囚笼"。在这个意义上,去学科的理想是要摈除一切学科标准的干扰,进入一种超越的状态,从而开启研究智慧和新的研究天地。对此,我们只能遥远地期待。[①]

[①] 参见张小军《让历史有"实践":历史人类学思想之旅》,清华大学出版社,2019。本文中的一些内容来自该书,特此说明。

中国史学引入社会科学方法的阶段性表现及其限度

杨念群[*]

摘　要　本文通过对中国历史研究在不同阶段所接受的西方社会科学方法背景进行梳理，概要分析了在"现代化论"支配与"逆现代化现象"影响之下的社会学与人类学分析框架在中国历史研究本土化过程中的利弊得失，同时也论述了中国思想史日益边缘化的原因，以及正确吸收社会科学理论与克服中国史研究"常识化阙失"的基本途径。

关键词　中国史学　社会学化　逆现代化　人类学化　常识性阙失

一　中国史学"社会学化"现象的演变轨迹及其得失

自新中国成立以来，按照官方说法，中国历史研究一直在马克思主义历史唯物论的指导之下进行，"历史唯物论"方法在史学中的运用又被称为"唯物史观"，这更像是一个比较哲学化的抽象表述。实际上，中国史学方法大体遵从的是"社会学化"的叙述策略。因为在西方学界，马克思与韦伯、涂尔干并称社会学三大创始人，故不妨将"历史唯物论"当作社会学方法在历史研究中的一种表达形式。比如作为中国古代史研究指

---
[*] 杨念群，中国人民大学历史学院教授。

导范式的"五种生产形态"理论就是一种社会学式的结构阐释框架。其优点是让每个研究者都能简明扼要地了解到历史发展的阶段性走势,便于以点带面地清晰展示中国历史演进的基本线索;缺点是由于过度强调各个历史时期在整体递进结构中与上下历史时段之间的相互衔接性,研究者只需要描写构成连续性结构要素之间的联系,并把各个时期的历史特征加以强行定性,使之符合某种政治意识形态需要。

其实中国历史是否能硬性地划分为这几个时段一直存在巨大争议,比如把秦朝以后至晚清的中国视为"封建社会"形态,这种看法完全不顾大规模的"封建"历史在西周以后即已消失的事实。秦代以后,即使存在某种个别的"封建"现象,也不足以构成所谓的"社会形态",更不用说"社会"一词的合用完全是一种近代产物,这已为概念史的研究所证明。又如奴隶社会作为一个历史阶段是否存在,史学界已多持否定看法,因为某个特定阶层拥有奴隶并不意味着整个历史阶段就有足够的证据以"奴隶社会"来命名。在以往有关社会形态的叙述脉络里,往往看不见"人"的存在,"人"仅仅是依附在历史叙事结构上的一种空洞符号,完全触摸不到任何温度。最为致命的缺陷是,在这个社会学式的结构性框架之内,只能看到"人"在时代发生巨大变动时的集体行动轨迹,比如在出现农民起义和"革命"风潮的"变态"局势下,"农民"和一些带着"革命者"标签的人物才会突然登场亮相,而在"常态"世俗生活中,普通民众不但是缺席的,而且处于完全失语的状态,发不出任何自主的声音。社会学方法入史的另一个问题是,容易把中国历史的判断限定在以近代性为标准的评价尺度之内,强行按照西方近代化的发展路径裁量中国历史的进程。中国历史的演变实际上有自己内在发展演变的逻辑,比如中国历史讲究的是"回向三代",基本上是以向后看作为判断历史得失的一个尺度,这种演化逻辑根本不可能依靠社会学式的结构分析方法加以理解和把握。

在中国古人看来,历史演变是一种"文质互变"的过程。这种演化过程并非停滞和没有任何变化,更可能是一种螺旋式上升的样态。之所以被误解为静止和落后,乃是因为"文质互变"的理论不一定遵循现代西方进化论所遵循的单向直线发展的逻辑。可是社会学秉持的恰恰是西方单一进化这把唯一标尺，用它去评估任何一种历史演化道路的优劣，或者以此裁量其短长，而把"文质之辩"这种中国传统历史观统统简单粗暴地贬斥为"循环论"或"退化论"，这造成当代人在看待历史时极容易不知不觉地养成一种习惯，凡是不符合西方进化论标准的历史方法就一定是错误的，至少是落伍的。

以清史研究为例，本来清朝历史应该被视为一个整体，有其自身发展的内在脉络和演化特性，却在当代历史学专门化组织框架里，以1840年为界，被硬性切割成"清代史"和"近代史"两个不同时段，在此之前的历史被认为是封闭落后的，是遭遇西方入侵前的一段封闭落后的历史，在此之后的清朝历史则是在西方浪潮的反复刺激之下才被迫步入近代变革道路的历史。这样就使清史研究长期以来经常遭遇如何厘定评价尺度的困惑，例如在衡量清朝前期历史特征时往往受晚清历史评价标准的影响，因为晚清的许多变革是在西方影响下才得以展开的，因此是否更深地卷入现代化浪潮就成为评判其得失优劣的唯一标尺，而清朝自身内部如何调整其政策，这种政策的调整是否具有合理性往往自觉不自觉地要依靠晚清变革以后的历史对之加以衡量。

清前期的许多政策因为不符合晚清变革的逻辑，于是就常常被斥为保守落后而遭到批判，对马戛尔尼使华到底是否延迟了中国近代化历程的争议就是一个突出的例子。马戛尔尼使华这一事件被聚焦于是否需要叩头的"礼仪之争"，并以此作为批评乾隆帝拒绝进入现代西方先进世界的一个借口，而完全没有顾及乾隆帝对待西方自有一套内在的运思逻辑，这套逻辑到底是正确还是错误不能仅仅从西方视角加以判断和把握。费正清曾经把中国历史分割成"旧社会"与"新世界"两个不同时段，并当作以美国为主导的全球史"区域研究"的一部分加以对待，秉承的就是与此相似的思维逻辑。

现代高校历史系教研体系在划分专业时也以"中国古代史"和"中国近代史"为界，可以看出明显是受到了西方进化史观的支配性影响。如果深究其根源，就在于社会学研究框架对中国历史阶段的划分有强烈的制约作用。这种制约作用使对中国近代历史的分期也基本延续了"五种生产形态"的导向性模式，比如把中国近代史按"大事件"的重要性划分为"三大高潮、八大运动"几个特殊形态，这就是以往人们所概括的"革命史"研究范式。当这种解释模式越来越不适应改革开放后的形势时，"革命史"的逻辑又突然转向阐释"现代化"的必要性，只不过由于问题被翻转过来，历史现象又在颠倒的过程中被重述了一遍，原来属于负面评价的内容因为评价标准的变化而重新受到肯定，其核心论述仍遵循的是社会学的结构分析框架。

二 "逆现代化现象"与中国历史研究的"人类学化"

20世纪80年代，随着改革开放的开始，中国史学界出现了从"革命史叙事"向"现代化叙事"转型的趋向，以适应中国改革开放面向全球化的转变态势。有一段时间，历史的"现代化叙事"主导了中国近代史研究的所有领域，一度拥有了不容置疑的正当性意义，但随着"现代化悖论"的出现，"现代化叙事"的有效性不断遭到质疑。

所谓"现代化悖论"，指的是当经济高速发展时，并没有同时带来传统习俗和思维方式的消亡，即经济基础的变化并未连带促成传统世界的崩溃，没有按照"经济基础"决定"上层建筑"的公式发生转变。对处于变革的中国社会而言，传统社会的崩解似乎仅仅发生在表层，在最深层的许多方面传统仍在发挥着潜移默化的作用，尽管这种作用往往深藏在现代化湍急浪潮的冲击之下。最突出的例子是在中国经济发达的地区反而出现了高密度宗族组织的回归，出现了经济发展与传统复兴逆向而行的奇特现象。西方社会学的结构分析方法完全无力解释此现象发生的确切原因。有鉴于此，在20世纪90年代初，"人类学方法"开始全面介入渗透进中国历史研究之中，经过20多年的努力，中国历史研究的"人类学化"蔚为大观，逐渐从边缘跃升至主流，特别是在中国社会史、文化史等领域影响巨大。

"人类学化"的历史研究特别强调"人"在历史现场的具体情境、人生际遇与日常状况，同时消解掉了过于强调历史线性变化与整体社会动员之决定性意义的"革命史叙事"与"现代化叙事"策略，其回归生活"常态"的最著名口号就是"回到历史现场"。历史学的"人类学化"引发了一系列的方法论变革，如对底层民众生活的细致入微研究和按照区域单位解剖历史现象都是历史学"人类学化"促成的直接结果。但历史的"人类学化"也遭到一些质疑，有些论者以为人类学方法过度关注底层民众的生活样态，而忽视国家层面的制度运作状况，极易使历史研究限于某种局部范围之内，从而造成整体性观察视野的缺失。为了避免区域分析或底层研究因为过度强调基层社会结构而导致"国家"缺席的批评，"历史人类学"试图以"缩影说"取代"整体结构论"，以使任何一个地区或单位呈现出的历史图景都不限于一种局部表现，而是国家制度在基层的转化形态。因此，我并不同意有人批评"区域研究"或眼光向下的方法缺乏整体视野或没有宏观意识。

实际上，以人类学研究方法为主导意识的区域史研究一直强调国家的在场，并没有放弃对上层政治制度运行的关怀。关键问题是，在眼光向下的区域社会史大潮冲击下，上层政治史研究并没有取得问题意识的突破，进而为区域史研究提供足够有力的理论和方法支持。在一些表面已经被深耕细耘过的研究领域如清代政治史，随着大量多语种档案文献的发现，其研究往往因为过度关注和罗列制度运行方面的各类资料，反而日趋琐细而趋于专门化了，这些专门化的探索固然对我们理解清代局部的某些变化有所助益，然而对于清代作为一个王朝的统治特性及其整体性运作仍缺乏有说服力的解释。即如康雍乾统治特性这类重大问题居然长期没有更深入的推进，最近总有人批评区域史或文化史研究日益步入碎片化的泥沼，其实政治史研究也同样面临碎片化的危险。大量研究局限于某个局部专门琐细的领域，而缺乏"思想史"意义的内在解释力量。

与之相关的是，上层研究的问题意识并未与底层研究实现有效衔接与沟通，以致造成了上下脱节无法实现有效对话的局面。即以清史研究而论，尽管出现了大量的具体成果，特别是多民族语言文字如满、蒙、藏等语种的史料开掘和利用有了明显进展，对于拓展清代历史的诸多层面具有积极作用，许多专题研究的质量不可谓不优秀，但我们对清代特性的整体理解仍然难以突破20世纪80年代的"汉化论"，这才导致美国"新清史""长驱直入"。其提出的清代作为内亚"帝国"及其与以往王朝之差异的新命题对国内清史研究构成了巨大挑战，至今中国史学界尚没有与之相对应的令人满意的成果出现。

三 "思想史"研究日益边缘化的原因

近40年来，"思想史"在中国历史学界越来越趋于边缘化，而普遍代以"学术史"研究取向，这大致可归结于两点原因。一是为了区别于政治意识形态化的历史分析，或者有意回避陷入以往过于刻板的历史阐释框架，大批史学论著日益强调研究的"实证化"，崇尚精细具体的专门治学风格，所以20世纪90年代学界才出现"学术凸显，思想淡出"的争论。历史研究不但强调"实证"，回避"虚证"，同时也避谈那些历史上曾经发生的"非客观性"事件，或者把它们列为应该反思的"迷信"，如对历朝君主迷恋谶纬和"天命"授受等"怪力乱神"的言行，并没有视为君主活动的"正常"状态予以审视，而是把其当作历史发展的意外现象，或者仅仅视其为日益人文化的历史进程的对立面因素而加以对待。其实这部分"迷信"活动恰恰是君主建立"正统性"最为重要的组成部分。中国君主的某些举措在宋代以后的儒者看来的确是一种"反人文"的非正常举动，所以才有了宋明理学的"去魅化"思想运动。这些"去魅化"的活动在近代又遭遇了西方"科学主义"的冲击和洗礼，遂进一步强化了对中国古代君主具有"怪力乱神"色彩的这部分历史活动记载的清算。

最典型的例子是顾颉刚先生发起和参与的"古史辨"运动，这场运动基本建立在"科学主义"认识论基础之上。"古史辨"运动把主要精力放在了辨析"史实"与"传说"之间的真伪问题上，而没有意识到，按照科学标准本应属于"伪"的这部分史实也许比属于客观存在的历史事实更加重要。因为属于"怪力乱神"的"非客观性史实"的构造有可能是中国古代政治意识形态建构最为重要的组成部分,在某种程度上有着更为强大的支配力。

只注重复原历史记载中的"客观"事实,使得学界对中国历史特性之理解经常陷于固化与刻板的境地,即习惯于按照单一的科学尺度衡量检验复杂多变的历史现象。观察历史过程大多以"实"代"虚",最突出的例子是,误以为中国古代的历史特性只用"治理"这个技术概念即可以涵盖和解释,而没有考虑到中国历史中的"统治"与"治理"之间存在很大区别。"统治"是一种类似"主导性虚构"的建立过程,采取的多是祭天祭祖等承天受命的仪式和一种与上天和先人沟通的虚拟符号技术,其中包含着大量无法通过客观标准检验的象征性因素,与一般性的人事制度安排迥然有别,如果只关心某些王朝在实际技术层面的治理过程,而忽略这些"虚拟"象征的实践意义,就很难理解中国皇权体制的复杂特性。

对中国历史王朝的"统治"特性不能按照"治理"逻辑简单加以认识。比如有学者把乾隆帝对藏传佛教的态度仅仅理解为出于一种功利心的政治"利用",这就秉持的是一种实用的"治理"思路,而没有意识到,乾隆帝把藏传佛教视为建立有别于汉人传统的新型"正统论"思想资源。这不只是一种权宜的技术处置,故纠缠于乾隆帝到底是否真正信仰藏传佛教这类问题并没有什么实质性的意义。

过度注重历史实证的"客观性",只"务实"而不"务虚"的结果使得中国思想史研究越来越"中国哲学史化",即把原本与各种历史状态紧密关联的一些思想抽离出特定的语境,只做纯概念化的分析。现在许多打着"国学"旗号的论著往往与中国历史的具体演变过程相脱节,热衷探讨其抽象的语义和逻辑,两者之间完全建立不起基本的对应关系。

其实,有些思想观念往往只在与具体历史语境发生交集时才能产生作用,否则哪怕读破万卷对其意义何在仍有很大疑问。例如我们面前的书架上可能摆了一整套《皇清经解》,如果我们发誓都要通读一遍,以示自己的渊博好学,这只能是一种个人嗜好,因为现实中已经失去了阅读经书的历史环境。只是单凭一种热情,而完全不考虑阅读所需达到的目的,不把它置于具体的问题脉络中去体悟,想办法与我们所关注的现实问题意识之间建立关联，这些史料就是死的，因为其中的许多内容就是在当时也可能仅仅是一堆无法显现其现实意义的历史遗留物而已。随着史料的大量发掘，特别是由于资料电子化程度的迅速提高，各种网络资料库大量涌现，查阅使用似乎越来越方便，但目前所谓"实证"研究却越来越有陷入自我陶醉式自说自话的"内卷化"危险。

二是目前泛泛而言的所谓"国学"讨论似乎很容易陷入一种"怀旧式"的情绪表达，以期通过美化过去的历史达到为现实立论的目的。传统变成了一种迷恋对象，甚至被美化为某种宗教式"信仰"，这类"情怀党"式的表述对历史研究的影响令人担忧。

将对中国古代传统保持温情和敬意作为一种人生态度当然值得嘉许，但如果把这种情感过多地带入历史研究则未必是恰当的，即如近 20 年流行的"道统"与"政统"关系的论述，某些学者就假设士大夫阶层一直持有"道统"，只不过这种"道统"被清代帝王收编进了"治道合一"的体系，其精神却不因这种收编而彻底流失。这种研究明显带有强烈的"宋学"立场，而且把"道统"当成了纯净无比的思想产物，似乎所有的"政统"都是源自"道统"的教化。这本来就是儒家制造出来的一种带有自我幻觉的理想化论述，而现代某些历史学家却有意把这种自我幻觉当成历史事实加以反复申说描述，好像中国古代的士大夫从来就是奉行"以道抗势"的原则，对待王权素持毫不妥协的一贯立场，从而对"政统"权威形成了强大的批评压力。不能否认的是，在个别的历史时期或者某一特定的历史短暂瞬间，个别士大夫也许的确拥有以道抗势的勇气和力量，但这只是极个别的现象，且自古以来士大夫阶层从来就没有形成足以与皇权抗衡的对等均势。如果误将儒家理想作为判断士大夫阶层与帝王关系的真实依据，而忽略了士大夫阶层在大多数情况下恰恰是帝王统治的胁从者这一关键因素，那么就会大大偏离历史真相。

在我看来，中国思想在一般意义上大多具有非常实用的特性，只有在与治道和政事有了明显交集之后才会发生群体协同效应，在这种作用的促成下也许才能产生与之相对应的共通历史情绪。换句话说，所谓对传统的信仰只有经过具体政治实践的检验才是有效的，并非一种自我宣称式的表态所能达致。因此，如果要了解中国古代政治文化的实际运行状态，就必须充分探究士大夫阶层与帝王统治的合作共谋关系，而不是出于一种理想情怀把双方当作一种相互对抗的二元对立关系。因为在大多数情况下，士大夫是在皇权体制下发挥其影响力的，对皇权操控下的"帝王之学"的观察以及士大夫在这种体制下的基本生存状态才是历史学应该关注的重点课题，但这并不等于完全忽视民众所起的历史作用，或者刻意强调皇权的专制特征。事实证明，目前"国学"研究采取的抽象思维模式无法真正在现实政治与思想观念之间寻找到合适的衔接点。

尼采曾经把历史认识划分为"纪念"、"怀古"和"批判"三种方式，我们的历史研究即使从"纪念式史学"中挣扎出来，也很容易滑落到"怀古"的语境中不能自拔。尼采这样描述这类研究："我们看到了一幕可怕的景象，疯狂的收集者在所有过去的尘土堆中寻寻觅觅，他呼吸着发霉的空气，怀古的习惯会将他内心真正的精神需要，一种相当大的天分，降格为一种对一切古老东西的单纯的、无法满足的好奇心。"又说"只要怀古的历史太过强大，侵入了其他方法的领域，仍然会有足够的危险。它只懂得如何保存生活，而不懂如何创造生活，因此总是低估了现在的成长"。[①]

四　过度依赖社会科学概念的后果

中国史学研究在民国初年以后几乎全面笼罩在西学方法论的制约之下，过度崇尚"科学主义"，依赖社会科学方法的后果是，一部分中国史研究想极力摆脱西方思维的控制，例如有学者提出"中国社会科学本土化"的口号，其目的是建立拥有自身特色的社会科学体系，然而让人颇感吊诡的是，在中国历史学界，这个口号所倡导的所谓"本土化"实际上恰恰受制于西方"社会科学"的运思逻辑，不自觉地仍

[①] 〔德〕尼采：《历史的用途与滥用》，陈涛、周辉荣译，上海人民出版社，2000，第22页。

以西方历史标准衡量中国历史的成败得失。因为"社会科学"的所有研究命题无疑都源自西方人对自身历史与现实的认知,与之相比,中国学术界只拥有自己的传统"人文"学问体系,一旦高举起所谓"本土化"的大旗,就很容易陷入一种尴尬局面,因为一切"本土"学问只具备传统的价值,与"社会科学"的任何方法毫无关系,而传统"人文"解释与西方的思维大多格格不入。那种希求把中国思想与西方治学体系拼接转化的种种尝试,几乎少有成功,其结局大多重新沦为西方社会科学的注脚。仅举一例,近些年颇为流行的一个著名命题是"早期近代中国"概念,"早期近代中国"的提出源起于对费正清"西方冲击,中国回应"模式的反驳和修正,其目的是力图从中国内部发掘出类似西方的"现代性"。

这个假说的预设前提是,中国早在西方入侵之前即已产生出类似的近代性因素,一些美国的中国学家试图寻找相关的"历史证据",由此推论中国的近代化进程不是由西方推动的,而是源自中国内部的变化。这种推测与当年中国史学界寻找资本主义萌芽或者论证中国古代早已出现过"科学"方法的努力十分相似,只不过这种论述更加依赖当代社会科学理论的支持。

20世纪90年代一度流行的"市民社会"与"公共领域"理论在中国的运用就是寻找"中国近代性"的一个努力,其背后的理论支撑基本依赖哈贝马斯的现代性理论。一些学者假设中国具有类似近代西方的地方自治组织,并在西人进入中国以前已经渐渐发挥作用,如19世纪的中国城市和乡村组织中就蕴藏着近代性的成分。

问题在于,在中国历史上,中央与地方之间的关系经常处于模糊互动的状态,恰恰不像西方那样很容易泾渭分明地划分界限,而空间界线分明且内部包含着若干区别于上层统治的民间独立因素恰恰是真正"自治"发生的前提,故使用西方的"市民社会"理论往往根本无从解释中国政治与社会为什么具有上下贯循环流转的历史结构,也无法解释何以在中国近代出现了诸如没有公民权的法律体系,或者存在没有市民权利的公共空间等许多奇怪的悖论现象。①

其实,问题似乎应该倒过来探究,即在西方现代因素不断渗入中国的情境下,中国传统到底还有哪些因素仍然在发挥着支配性作用,尽管这种作用与西式的"现代性"并无紧密关联。

五 中国史学界"常识性阙失"的若干表现

过度依赖社会科学方法的启迪和训导,也容易走向另外一个极端,那就是以反思和批判西方的文化霸权为由,不加分辨地极力美化中国传统文化的价值,刻意回避其在历史上所造成的负面影响。从"反传统"的激进西化路径迈向另一个极端,即无原则地把传统价值抽象粉饰成一种全球思想,以复归中国优秀传统为名,淡化和削弱"五四"以来对中国历史的反思精神和批判意义。我以为,历史研究的使命是,需要揭示具体历史过程中蕴含的经验教训,同时对传统正负两方面的价值均应进行揭示与反省,而不是简单采取一味批判或一味弘扬这两个极端对立的立场。

举个例子,孔子在《论语》中曾说"己所不欲,勿施于人",一般人会极力赞颂这句话所表露出的宽容态度,其实这个命题中仍残留某种负面的人生观,那就是没有彰扬己所之欲亦应勿施于人的道理。如很多人常常把自己喜欢的东西假设成他人也必定喜欢,这就为强加于人的所谓"教化"寻找到了一个借口,许多人在少年时,他们的人生就已被父母和社会对他们的期望所规范和选择。学校教育提倡的所谓"趣味"培养,往往不过是父母心目中预期的"爱好"在孩子身上的一个投影,与孩子的自我兴趣几乎没有什么关系。再如老庄哲学中的逍遥精神如果被无限放大弘扬,就会成为拒绝现代文明,甚至变成为偷奸耍滑的人生态度辩护的荒唐理由。这是不是中国人缺乏西方原创性科学思维的一个重要原因,值得深思。

---

① 黄宗智:《经验与理论:中国社会、经济与法律的实践历史研究》,中国人民大学出版社,2007,第71—74页。

第二点感想是，如果仅仅依赖社会科学规则观察某些历史现象往往有失去从基本人性层面感知历史能力的危险。比如有些学者打着遵循最新社会科学方法的旗号，运用一些不太精确的统计数据证明"文革"的上山下乡运动促进了农村教育的普及，或者把"文革"的知识青年下乡解释成转移城市化带来的过剩人口，更有人把"文革"的大鸣大放所谓"群众运动"评价为中国式"大民主"的表现形式，认为"文革"中民众参与政治决策达到了空前广泛的程度。

这种观察视角从以"国家建设"为目标所进行的社会动员这个角度评价这场运动，而忽略了"文革"这场浩劫对人身心灵所造成的长期伤害。这种一味强调"国家威权"体制作用的宏观判断是一种缺乏基本人性体验的历史研究，也是缺乏基本常识的历史研究。

社会科学对历史研究的渗透所造成的另一个结果是过度凸显"民众史"的地位，使得"帝王之学"的研究趋于边缘化。众所周知，中国传统的政治史研究之核心就是"帝王"，自从任公提倡"新史学"以来，出于塑造"国民"意识和建立现代民族国家的需要，对帝王作用的认识在历史研究中的地位有所下降，对民众历史的关注度大幅度上升。这个变化确实大大扩展了史学探索的范围，但也造成了一定的困境，那就是"民众史"研究在逐渐脱离了"革命史"背景之后，其方法论的意义并不明确，许多人并不清楚为什么要研究处于生活"常态"之中的民众生活，或者给出的研究理由并没有太大说服力。

在"革命史"框架里，"民众"是"革命"的动力，是社会动员的对象，也是革命运动的主体，同时还是激发现代"民族主义"思想的一个最重要的依靠力量。因此，"民众"只有在政治动员过程中才能凸显其历史身份和现实价值。但是目前的"新社会史"和"新文化史"解释框架往往致力于描绘"民众"的日常生活，然而"民众"在这种常态状况下到底应该扮演什么角色或者发挥什么样的作用似乎并不明确。那么，研究"民众"生活的意义也就显得暧昧不清，难道仅仅是为了展示普通人世俗生活中所包含的趣味性吗？难道仅仅是为了讲几段诡异猎奇的故事吗？或者仅仅是为了表明中国民众在多大程度上能够感受到现代西方社会所带来的巨大变化？如果只是为了描述日常生活的趣味性，那么似乎帝王的生活应该更加丰富多彩，至少其重要性并不应该弱于民众生活，因为一个真正有权威的帝王往往会比一个普通人更能左右历史的走向和命运。如果只是为了表现民众接受现代化的程度，我们的历史观恰恰就面临受到西方"现代化论"全面支配的危险。那么，我们到底应该如何摆脱这个悖论所带来的现实困境呢？

尼采对史学研究庸俗化所造成的后果看得非常清楚，他发现："在很长一段时间里触动庸众的每件东西都被称为'伟大'，且它们变成了人们所说的'历史力量'。但这不是十足的故意混淆质和量吗？如果粗俗的暴民们找到了某种观念，比如说，某种宗教观念，他们经过数世纪去艰苦地维护它，他们对这一观念感到满意，这时，也只有这时，他们才会发现，这种观念的创造者原来是一个伟人。"尼采认为，"所有历史中价值最小的是这样一种历史，它将伟大的群众运动看作是过去历史中最重要的事情，而将那些伟大人物只看作是这些运动最明显的表现——溪流上可见的泡沫"。①

尼采的看法明显是反"民众史观"的，我们当然不会完全认同，但尼采有一个观点却很有见地，那就是他提醒我们，不能完全出于政治意识形态的考量，过度夸大人民群众的力量，而忽略伟人和英雄对历史发挥的显著作用。如果历史的任务只是复原和叙述民众日常生活的世俗历史，那么，历史与文学的描述就完全无法划清界限。普鲁斯特在《追忆似水年华》中可以花几页篇幅不厌其烦地去描写一座海湾的落日余晖、小舟荡漾和古堡建筑的奇崛，这是小说描写的需要，可如果一部历史著作到处充斥着的都是这些日常琐碎的细节，那么人们肯定有理由怀疑历史研究的价值和意义何在，尽管这些描述非常美妙动人。

---

① 〔德〕尼采：《历史的用途与滥用》，第 80 页。

人类学的历史视角与西南边疆社会的转变

马健雄[*]

摘　要　本文以文本、历史诠释与历史主体的关系为中心，讨论历史学者关于制度和社会史的研究与人类学田野工作中观察到的历史诠释之间的差别及关联性，进而讨论在西南边疆的社会变迁与社群关系建构的过程中，地方民众重塑历史诠释的多样性和立体性特征以及滇缅边疆社会因应东南亚社会变迁而产生的近代转变的问题。本文指出，人类学者和历史学者之间的对话为理解边疆社会的变化及文本过程与历史诠释的关系问题提出了新的方向。

关键词　文本　西南边疆　人类学　历史诠释

一　前言

本文以研究方法、材料和近代西南边疆社会转变的问题为出发点，基于笔者的人类学田野工作经验，就人类学与西南边疆社会文化研究的关系展开讨论，并以云南与缅甸交界的边疆少数民族社会及云南西部弥渡县围绕南诏铁柱庙的社群关系和地域社会的变迁的案例为中心，阐述日常生活

---

[*] 马健雄，香港科技大学人文学部副教授。

脉络中地方民众对于历史诠释的看法与地方历史脉络之间的关联性，进而讨论近代西南边疆少数民族地区的社会文化转变的过程。

历史学者和人类学者都需要利用文字材料来开展研究，但是文字材料的创造过程、社会现象记录者的社会角色及其和读者之间的关系都会影响到传播的效果。对于人类学者而言，形式多样的研究资料转换为文字材料的过程，涉及人们日常生活中各种各样的集体性活动，其内容复杂多样，其中也包括仪式的程序和内容或者演唱的歌谣等，这些信息都会成为田野工作者参与观察的研究主题，进而成为田野工作者的研究笔记中的一个重要部分。人类学田野工作者在田野中与研究对象的深入互动，通过田野工作者文本化的过程转化为田野笔记，田野笔记也就成为人类学研究的基本资料。因此，和其他文字材料的产生过程一样，田野研究本身既是一个文本化的过程也是诠释和对话的过程。在田野工作中，人类学者需要面对不同类型的人群共同体，通过参与他们的日常生活来收集资料，同时研究者发现，不同的人群共同体往往是从现实生活的需要出发，来重构他们关于过去的回忆并成为诠释的主体，个人、家庭、村落、地方社群都在持续建构这样群体性的记录和回忆，不同的历史主体就会产生不同的历史诠释，这些互不相同，甚至相互竞争的历史诠释，也需要人类学者在田野工作中整理、研究，并从中找出理解和解释的方法。

以笔者在拉祜族村落的田野工作经验为例，拉祜族村民非常强调循环论历史观，强调生命转世轮回的信仰以及拓扑论的空间观和时间观。在频繁举行的仪式中，仪式的参与者需要集体性地想象一个能够把不同的力量联系在一起的空间。笔者发现，与历史学者所遵循的"大事记"的观念、"编年史"的观念或者"读史可以知兴替"等历史学方法相比较，拉祜村民的时间观念和历史观念与历史学者的线性时间观念或基于事件的时间观念是非常不一样的。在这里，对于人类学者和历史学者而言，不同学科的"科学化"的方式和讨论的问题，相互之间的差异很大，就拉祜村民们在日常生活的经验中呈现的关于历史的诠释和"过去"对于现实生活的影响这样的问题而言，历史学者的线性逻辑与拉祜村民对于历史的循环论、拓扑论逻辑之间，具有很深的鸿沟，因为历史学者从学科理论出发发展起来的线性历史观念和时间观念,与拉祜村民在生活脉络中建立的时间观念相比较,两者之间就历史诠释的主体和政治任务而言是非常不同的,在这样的背景下,相应的历史书写的生产或者对于历史的诠释和表述方式之间的差异,就涉及非常不同的意义指向。

二 人类学田野工作与历史诠释：以班村田野工作为例

在云南省西南部与缅甸交界的山区拉祜族村寨中,例如在笔者的田野点班村,村民们频繁地举行一些治病的仪式,参加仪式的村民会聚在仪式主办者家中,大家一起跟随着仪式专家"魔八"的唱词,就某个特定的仪式共同建立一个想象场景,伴随着歌声和不断进行的占卜,大家共同想象着去造物神居住的地方,拿到能够赶走鬼的"法器"比如"沙子"和"水",然后返回村里,用法器把让人生病的恶灵用"沙子"和"水"驱赶到原来它们自己的地方去,这个长4—5个小时的家庭仪式,通常在半夜达到高潮,仪式的参与者需要在"魔八"的歌声所构建的想象情景中共同完成。在仪式中,大家沿着漫长的寻找驱赶恶灵的"法器"的道路,也是通往创造世界的大神"厄沙"宫殿的道路前进。在路上,大家还要经过其祖先们过去打仗的地方,找到法器之后,一群人再沿原路返回村里。

如果我们查考官方历史档案就会发现,仪式中描述的地方,都是在清代乾隆后期和嘉庆时期发生战争的确切地点。除此之外,在仪式中,大家还要将过去失落的家庭财产的灵魂和籽种,比如说运气的"籽种"、权力的"籽种"、家禽和稻谷的"籽种"从同一条路上依次找回来。所有的东西都找到之后,仪式转入下一个环节,大家在仪式中还要去另外一个地方,那里是"死者的世界",大家进入那边的村寨,找到自己已经去世的上一辈亲人,去他们家里将病人已经离开了身体的灵魂接回来。在告别死去的上一辈祖先之后,参与仪式的村民再陪伴着病人的灵魂返回现实生活的世界,把离开身体的灵魂重新交还给病人,大家也相信病人随后会一天天恢复。在这样的治疗仪式中,家人和亲戚朋友常常聚集在一起,沉浸到集体想象的氛围中,在循环论的时间观念和仪式建立的空间想象中,人们对于生活中种种力量的掌控、协商才能逐步落实到现实生活的关系中,通过这些仪式的通道,生活中的重要关系也可以重新得到确认和梳理。[①]就拉祜村民而言,治疗仪式帮助大家建立起关于过去与现实之间的关系的解释。通过仪式的通道,拉祜村民建立起与现实和信仰中的不同力量之间联系沟通的渠道,同时也在维系和更新社会关系的过程中实践着他们的历史诠释。不过,拉祜村民这样的日常生活中的"历史观"与历史学者的历史观是非常不同的。人类学者与历史学者的研究,在对待不同文化的时间观念和不同文化的历史诠释上常常处于不一样的立场。很大程度上,对于什么样的历史诠释才能够被纳入历史学者建构的学科知识体系中的问题,大家的出发点会很不一样,其分歧是非常明显的。[②]

从田野工作的经验性研究出发,人类学者更倾向于从当下的社会生活状况出发来追溯历史根源和过程,尤其关心过去如何塑造了当下的人群关系和文化价值的问题。简单来说,这是以"从今溯古"的方式来追溯社会关系谱系的研究倾向。然而,在长期的历史变迁过程中,有很多曾经广泛运作的社会政治制度逐渐被新的制度取代了,有的变化给现今社会带来了深远的影响,有的变化其影响就显得微不足道,在当下的生活日常中我们不见得能够观察到这样的历史变迁的影响。不限于文字,就像一首歌、一本经书或一个仪式,某一种类型的信息载体和活动,包括官方的文书档案、庙宇的碑刻、民间的书信、账簿或者地方文人的各种各样的记录,抑或是日常生活中的各类宗教仪式和群体活动,都成为人们现实生活中直接产生的有意无意的记录。例如文字的书写或者是依据一定的模式不断重复

[①] 马健雄:《中国西南的拉祜族:对边疆少数民族边缘化的回应》(Jianxiong Ma, *The Lahu Minority in Southwest China: A Response to Ethnic Marginalization on the Frontier*, London: Routledge, 2013, pp. 56 – 96)。

[②] 马健雄:《日常生活中的"历史实践":云南西南部拉祜族社会有关"幸福"、"权力"与"生命"的仪式与诠释》,末成道男、刘志伟、麻国庆主编《人类学与"历史":第一届东亚人类学论坛报告集》,社会科学文献出版社,2014,第111—116页。

的集体性活动，或者如前述拉祜族村落中的治疗仪式之类的活动，其参与者、流传方式以及这些活动在生活中展示的情景和人际关系的长期脉络，往往与文字载体之外的社会关系的特性有关。所以，在社会生活中产生的系统性记录样式和它们表达的价值观念，既涉及记录的方式和载体的差异，也包含记录过程和与之相关的社会关系及人们的诠释。因此，就文字记录的文本化过程而言，其脉络需要从民众的日常生活中来理解，这样我们才能够立足于生活情境来了解"话里"和"话外"的意思。也就是说，人类学研究者如果既能够以仪式文本和日常生活经验入手来研究当下的人群关系和社会价值，也能够深入研究不同类型在历史上的地方社会脉络中产生的书写文本，那么人类学研究既能够建立起理解当下的社会生活和过去发生的社会变化之间的桥梁，也能够就人类所关注的问题与历史学者建立起对话的渠道。尽管不同的历史学者和人类学者对文字的态度和看法有着很大的差异，基于人类学者的田野工作经验，对于文本过程的理解是文本"阅读"中的一个基本问题，这样的"阅读"，需要将文本产生的过程置于具体的社会关系的脉络中来理解和解释，因此无论是当下日常生活脉络中的仪式文本，还是历史上的书写文本，就地域社会和社群关系的变迁而言，往往是有章可循的，其时空条件既涉及民众面对生活中的问题发展起来的能动力及其条件，也涉及国家及制度变化对地域社会造成的长久影响。

不过，日常生活中流传的"过去留下来的文字"对于历史学者与人类学者而言，对其社会意义的评估也可能很不一样。在笔者长期进行田野调查的拉祜村寨，清朝中后期，当地一位被视为"佛王"的首领发动了抵抗清政府的"五佛五经"运动，这位佛王的弟子们在这一带山区培养了很多和尚，村里的和尚们也留下了不少经书。[①] 可惜的是，这些经书在20世纪50年代的社会历史调查中被来村里搞调查的工作队拿走了。村里人认为现在村庙是个空壳，里面既没有神像又没有经书，他们非常希

---

① 马健雄：《"佛王"与皇帝：清初以来滇缅边疆银矿业的兴衰与山区社会的族群动员》，《社会》2018年第4期，第54—90页。

望能把这些经书找回来，可是在"文化大革命"期间这些经书都被销毁了。为了保护偶然幸存的一两本经书和神像，村里人把它们藏到了山里一个秘密的地点，他们担心这些经书如果再被拿走，就永远没有了。我们看到，这种类型的经书和文字书写早已变成了当地民众的生活中重要的象征符号，涉及他们如何理解和解释历史上的宗教运动以及他们与国家的关系。

三　西南边疆的社会转变：以南诏铁柱庙为例

历经长期的社会变迁，不同时代发生的社会事件对当前的社会关系的影响可深可浅，我们如何才能立足日常生活经验来理解"过去对现在的塑造"？对于人类学者来说，这是一个极富挑战性的问题。以云南弥渡县的铁柱庙为例，铁柱庙在南诏国的历史上是个非常重要的场所，传说南诏兴宗王蒙罗盛联合盟邦首领张乐进求等人会盟，在此地祭铁柱时得到神启，掌握了王权，建立了巍山和白崖川之间的联盟之后，逐步建立起曾与唐朝相抗衡的南诏国。铁柱庙里建有南诏建极十三年（872）南诏王世隆铸造的铁柱，至今到铁柱庙来祭祀铁柱的信众仍络绎不绝。从铁柱庙周围的人群和铁柱庙的关系来看，在正月十五的庙会中，周围各村民众前来祭拜铁柱，围绕铁柱跳起芦笙舞，称为"打歌"。之后，再到铁柱庙的偏殿中去祭拜他们共同的祖先。到铁柱庙祭拜的村民们解释说，偏殿中的塑像是孟获和他的夫人。[①] 为什么孟获和他的夫人会成为拜祭铁柱的民众的共同祖先？通过研究铁柱庙与周围社群的历史可以知道，在云南西部的定西岭和蒙化府、赵州一带，地方社群的关系在明代中后期经历过一个影响深远的社会重组过程。定西岭以北的群山河谷中，一泡江峡谷南北绵延200多公里，江水向北流入金沙江。在明朝初期至万历元年（1573）的两百多年里，聚集在一泡江峡谷的几十个部落被不同的首领组织起来共同反抗明朝政府，经过两个多世纪的组织动员

---

① 笔者田野笔记，2011年2月在弥渡县铁柱庙的田野调查。

和社会整合,一泡江沿岸各部落慢慢地发展成后来的傈僳族。分布在一泡江峡谷周围的各地土司,例如蒙化左氏、姚安高氏、武定凤氏土司与聚集在一泡江流域反抗明朝政府的群体之间长期纠葛不清,时而合作,时而对抗,让明朝政府非常头痛。明代围绕着铁索箐区域的长期社会冲突,深入影响到当地不同族群之间的政治动员和相互关系。为了制服云南当地人的政治抵抗,明朝正德皇帝曾要求云南各地广泛建立崇祀诸葛亮的武侯祠,因为诸葛亮平定南中,"明公,天威也!边民长不为恶矣"。[①] 诸葛亮以"攻心"之术镇压了当地人的反抗,因此明朝官府借历史典故来强调"无敌诸葛亮"的文化力量。然而,明朝在铁索箐聚集的反抗者反而修建了他们的孟获庙,把孟获作为祖先来祭拜,用这种方式来抵抗明朝政府的"攻心"策略。[②]

南诏以后地方历史的变迁说明,从南诏铁柱庙所牵涉的地方社群关系来看,我们很难从一层层的历史重构给现实生活带来的影响中,找到南诏国历史带来的直接影响。虽然铁柱是南诏王建立的,围绕着铁柱庙的社会文化意义的纠葛,更多凸显的是过去几百年间发生的变化对今天当地民众生活的影响。这就对人类学者提出了一个问题,我们怎样从现实中的社会关系和文化价值出发,来理解过去发生的事情和过去对现实的影响?因为"过去"发生的事情在现实生活中不见得都能被观察的到,因此,什么样的力量会影响到我们对"过去"的解释,远比什么是"过去"更重要。以南诏铁柱庙区域为中心的地域社会变迁为中心,我们可以进一步讨论人类学田野工作与不同类型的文本,例如官方档案、碑刻、地方志、口述历史和仪式诠释以及田野调查等,如何成为我们研究地域社会历史变迁和社群关系的基本资料。从这些丰富多样的材料中,我们能够深入理解社会文化变迁脉络中地域社会总体上在国家政治变迁的宏观历史中受到的压力,以及政治变化对地方社会文化重构的

[①] 常璩:《华阳国志·南中志》,齐鲁书社,2010,第48页。
[②] 马健雄:《明代的赵州与铁索箐:滇西以"坝子"为中心的地理环境与族群建构》,赵敏主编《大理民族文化研究论丛》第6辑,民族出版社,2017,第229—262页。

影响。人类学研究强调以微观视角与宏观视角相结合的视角研究社会变迁中的差异和共同性,以铁柱庙周边社群关系的历史变化为立足点,我们也可以观察到人类学者所关注的地域社会的历史性重构和文化诠释的诸多面相与文化歧义之间的立体性和多层次同构的特性。因而,从地域社会总体上的社会文化建构出发的历史研究,是我们理解文化动态的一个重要方面。

铁柱庙位于弥渡县城以西的山坡脚的河流冲积扇边缘,元代以前已经有庙宇建筑,历经康熙四年(1665)、乾隆四十九年(1784)等几次大规模的重建及1985年的重修,这个庙宇建筑群由正殿、三皇殿、圣母殿等院落组成。殿门悬挂清末文人李菊村撰写的对联:"芦笙赛祖,毡帽踏歌,当年柱号天尊,金缕翔环遗旧垒;盟石掩埋,诏碑苔蚀,几字文留唐物,彩云深处有荒祠。"① 说明这里是周遭彝族村民会集庙中,举办围绕铁柱踏歌仪式的"芦笙赛祖"的地方,而且庙宇的历史与南诏王盟誓的历史有关。不过,地方志提及,清雍正年间,"铁柱庙中所祀即伪谥景庄,弥民奉祀无虚日。今详上宪毁像,立武侯像祀之"。② 云南地方官僚曾经将铁柱庙中的南诏景庄王像捣毁,重塑诸葛武侯神像。不过这一改变并没有留下长期的影响,至今到庙中祭拜的民众拜的还是祖先孟获,既没有人说景庄王的事,也没人提及曾经存在过的诸葛武侯像。根据当地碑刻,道光十五年(1835)设立的"铁柱庙纪功德碑"说明,地方文人认为铁柱庙跟诸葛亮并没有关系。"观铁柱纪年,系建极十三年(872)四月十四日癸丑日立。夫建极乃景庄国号,蒙诏之后也。自皮罗阁并吞五诏,僭号大蒙国,相传八代,昭晟王生子世隆,即景庄王也。唐大中十三年即位,改元建极,铸天尊柱于崖川,高八尺,所谓崖川铁柱是也。……建庙不传始于何年,庙制规模历久愈光,正赖捐资以成其美。至乾隆二十三年(1758),善信施淋、熊登等十六家善信人等,共捐银十八两零六

---

① 弥渡县志编纂委员会编《弥渡县志》,四川辞书出版社,1993,第675页。
② 乾隆《赵州志》卷三《祀典》,《故宫珍本丛刊》第231册《云南府州县志》第6册,海南出版社,2001,第88页。

钱，以为庙中功德之资。生息多年，买治田亩，又集租多年重修大殿、三皇殿、圣母殿、张仙殿、三爷殿及两厢房、大门、戏台。除募化外，添费银六百余两，买治田亩，约计用银九百余两。"① 也就是说，清代乾隆时期，铁柱庙周围村落的民众捐款重建庙宇，殿宇包含了不同类别的神殿，但是最为重要的变化是，此时铁柱庙被改建为周围村落民众建立和管理他们的公共财产的机构，从乾隆至道光年间，这一公共财产管理机构逐渐为地方士绅所控制。

从地理位置看，铁柱庙位于弥渡坝子的西端。坝子，在当地方言中指的是山间盆地。云南西部山高谷深，众山环绕的小块山间盆地是相对稀有的水稻高产区，是西南山区农业经济的精华地带。弥渡坝子面积约为180平方公里，铁柱庙即位于西端的蒙化箐口，往西沿蒙化箐河谷攀援，越过山顶的隆庆关再沿着西坡河谷下山，即进入巍山坝子。巍山在明清时期属蒙化府，这里也是建立南诏国的南诏，即蒙舍诏的发源地。简言之，铁柱庙历史上位处弥渡坝子与巍山坝子之间的交通咽喉，又控制着蒙化箐灌溉水源，是弥渡坝子西部的重要地理节点。蒙化箐水源覆盖的灌溉面积达2740亩，至今仍涉及24个村落的农业灌溉用水。② 那么，清代地方民众重建的铁柱庙，在庙中建立公产，与弥渡坝子社会的转变有什么关系呢？明朝征服云南之后，早在洪武二十年（1387），明朝政府就在赵州的白崖川，即今天的弥渡坝子中设立大理卫及洱海卫，屯置了大量的卫所军户，这里成为明朝控制云南西部的重要军事基地之一。铁柱庙一带的高产稻田逐渐为卫所军户或沐氏的勋庄所有，原来的当地居民，亦即文献中记录为罗羽、撒摩都、摩察等不同族群的村落居民则逐渐迁徙到西部的山中，成为山区居民。直到清初平定吴三桂在云南的反叛之后，康熙十六年（1677）宣布在云南实行"裁卫归州"，将卫所军户合并到所属府州县的民户中，这一合并涉及赋税、土地、灌溉水源分配等复杂的问题，直到乾

---

① 黄正发、黄正良、盛代昌编著《弥渡古代碑刻辑释》，云南科技出版社，2018，第243—244页。
② 《弥渡县志》，第98、214页。

隆年间赵州一带才逐渐完成民户与军户的税赋合并，大体上在赵州知州的统辖下完成了大量军户村落与地方政府体制的合并。① 因此，在弥渡坝区，围绕着清政府"裁卫归州"政策，地方社会也经历了长期的与国家政治体制和地方社群关系密切的社会转变，尤其是在云南西部的坝子水稻农业的生态体系中，由于军户与民户关系的改变，不同村落之间合作进行水利管理的方式重新整合，逐渐建立了新的水利管理与宗教仪式相配合的地方权力体制。到清朝中期，围绕着铁柱庙及周边的河流灌溉体系，新的仪式与水利共同体逐渐建立起来。

  从更大的地域范围来看，从乾隆年间开始，弥渡坝子内的五十三个主要村落逐渐建立了一个由地方士绅控制的水利共同体，这些村落大多属明朝的军户，地方士绅以邻近铁柱庙的玉皇阁为仪式中心和管理中心，铁柱庙和蒙化箐灌溉系统于是成为这个水利与仪式共同体的一个分支。在五十三村仪式联盟体系中，各村分别以本村的"斗醮会"为礼斗仪式和公共财产的分支管理机构，共同加入五十三村联盟，称为"斗醮香火公项"，各"斗醮会"相互配合，共同管理坝子西端三个主要山箐的灌溉水源，管理各"斗醮会"的士绅作为村落的代表，以"会首"的名义参与五十三村公产的管理，这些公共财产在清末也成为地方团练武装的经济依靠。也就是说，建立"香火公项"组织后，弥渡坝子西部三条箐的水源就成为五十三村共享的公共财产。当然，各村的"斗醮会"还分别控制了为数不少的本村所属土地公产及其他类别的公产。从当地的水利碑刻来看，至嘉庆三年（1798），公共财产的管理方法和栽插季节灌溉用水的分配规则已经非常完备。在云南西部，通常雨季到五月底之后才开始，然而，水稻栽插在四月就要开始，在春末夏初的干旱季节，栽插灌溉用水是否能够得到保障，就成为关系水稻收成有无的大事。除了水利管理和协商之外，各村落的"斗醮会"还扮演了其他公共服务的角色，例如兴办义学、为捐赠土地者完纳公粮，更重要的是与邻近各村的"斗醮会"配合，安排

---

① 道光《赵州志》卷二《兵防》，台北：台湾学生书局，1968年影印版，第173—174页。

各村举办不同仪式的时间，在水利和仪式共同体的框架内建立村落之间稳定的同盟关系。①

然而，与依赖于坝区水稻农业的村落不同，铁柱庙周边靠近山区或者山区内，还有不少山区村落是被排除在灌溉水稻农业体系之外的。历史上，山区农业的主要作物是荞麦和麻，这些村落以彝族的腊罗拔支系为主，社群身份认同和宗教仪式与山下弥渡坝子中的汉族军户村落非常不同。围绕着铁柱庙，他们当中有的参与正月十五在铁柱庙举办的拜祖先孟获和"领歌头"的仪式，也有的村并不参与。2009—2011 年，笔者曾在这一带山区腊罗拔村落进行田野调查，从中可以看到山区社群围绕着铁柱庙建立的历史诠释与坝区社群之间的差异。清水沟村位处铁柱庙西北 40 公里开外的定西领山中，村民 150 户，为彝族支系腊罗拔，分属相互通婚的毕、闭、乍、左四个姓氏。村中建有一座观音庙供奉观音老祖，由香火头管理，逢初一、十五到庙中烧香；村主任或村民小组长则称作火头，主要负责村里的日常管理。村里老人们说，解放前火头是轮流做，每年选出两个人来当火头，相当于保长；村中的公共开支由保长平摊到每一家头上，每年的正月十三日，全村人聚集到村庙前打歌，村庙后面有棵大树，代表了全村的祖师。报告人解释说：

> 古时候，我们腊罗拔原来是住在坝子里的，跟汉家发生了冲突，我们打败了，逃跑的时候躲到一个山洞里，那是七八月份，蜘蛛织网很快，躲进山洞后蜘蛛就把洞口封起来了，这样我们才逃脱了。所以，腊罗拔的妇女就做了一个圆形的毡子裹背，将山洞和蜘蛛网背在身上，不背不行。汉家人就住在坝子里，不穷，他们一说就是你们住在山上的，比不上人家。解放前，有人叫我们"倮倮"，那是不好的话，是文明的问题。不善良的人，不把我们当作朋友，有时候喝酒到半醉，又会这样说。我们搬到山上来住，那些不干净的东西就送到坝子里面去，顺着山箐流下去，那些不符合你的原则的东西，都代表着

---

① 黄正发、黄正良、盛代昌编著《弥渡古代碑刻辑释》，第 142—155 页。

不干净。二月初八祭我们的祖师，全村人在村庙大树底下打歌。我们周围各个村祭祖师的日期不同，大家分开，从二月初七到二月十五，原因是，我们族的祖师住在大树上，看起来是祭大树，其实是祭祖师，祖师就是我们的父母，因为过去我们与汉家住在一起搞不拢，从坝子里面跑上来，晚上也只能到树上住，在树上饿死了，所以祖师就在树上了，祭拜的时候把祖师从树上请下来，二月初八这一天是祖师的生日。正月打歌就不同，是为铁柱老祖打歌。传说，古时候灵山太子打仗打到天下太平，武器都没有用处了，因为都是铁制的，就收拢起来铸了铁柱，所以铁柱老祖就是灵山太子的将军。过去我们村的人正月十五也去弥渡铁柱庙拜的，后来汉家跟我们有冲突，我们老辈人中有得力的，就去庙里换了他们的香火，把真正的铁柱庙的香换回村里来了，我们就不去铁柱庙拜了，只在自己的村庙里拜铁柱老祖的牌位，我们村是正月十三打歌，不是正月十五。之后，二月十九是观音会，全村60岁以上的人到村庙里做会。我们的观音老祖是男的，庙墙上画着像，观音老祖拿着一根铁拐杖，领着一条黄狗。观音老祖是走通了地球的人，没有天地的地方他也想去，拄着的铁拐杖走着走着都磨光了，还是走不到头，就又走回来了。回到了家乡，人们已经忘记了他，只有一条黄狗还记得他。离开的时候他背了一口袋小米，每天只吃三粒，说吃完了就回来，所以他吃完了小米就往回走了，就现在来讲，观音老祖就是关心农民的人，去到哪里都是观音老祖，人们随时纪念他。再过后，最热闹是十一月，是"弥勒佛掌天下"，一日白米一日肉，家家请客办事，喜事多了，天天吃肉。①

如果我们将基于历史文献的研究和解释与基于田野调查的研究和解释相结合，两者之间的差异和共同点都呈现出地域社会中，在长期的历史过程中建立起来的动态社群关系，这样的社群关系还隐含着他们与国家体制的关系与变化，及彼此在地理生态环境中所处的位置和在资源竞争中所具

---

① 笔者田野笔记，2009年12月16日，弥渡县清水沟，对乍顺先生的访谈。

有的优势与劣势。显然，这样的研究方法和角度，能够从不同立场来理解社会关系的立体性与复杂性，也在一定程度上呈现出不同社群在日常生活中对于"历史"的理解和诠释的发散性、可能性。不过，这样的观察视角，仍然是建基于地方社群共同经历的历史过程及总体上能够相互补充的历史认知。在地方社会的历史情境中，无论是文字性的材料还是口述的记录，都需要回到整体性的地域社会变迁的历史脉络中，需要回到具体的生态与地理环境中，才能够理解不同类型的文本过程及其社会生活脉络，例如与铁柱庙相关的观音传说、水利碑以及作为仪式与财产共同体的村落组织的差异，乃至村民的神话故事中对于族群关系的历史诠释。具体而言，在阅读地方志和碑文时，我们看到以铁柱庙为中心的卫所军户社群，在明清国家体制转变的过程中，经历过较长期的社会重构和仪式体系重新整合，这些变化与坝区水稻农业的灌溉管理方式的改变有密切的关系。不过，在田野调查中我们也能看到坝区与山区不同社群之间关于历史的不同诠释，尤其是对于"文明"和"过去"的不同诠释，相互间长期保持着的明显的差异性和竞争关系。从这一角度而言，坝区社会与山区社会之间在仪式体系间的差异和关联性，无一不与国家体制的变化紧密相关。因此，虽然历史学、人类学的方法各有长处，但是在田野调查中我们发现，尽管不同类型的文本在传播方式、著述或叙述主体、所处的社群主体等不同侧面各不相同，研究整理者所关注或讨论的问题也各有侧重，其宏观时空条件和历史过程总是相互牵扯的，不同的社群总是基于同样的社会历史脉络，分别展开建构其文化主体性的工作。

在一定程度上，将不同层面的意义诠释纳入一个宏观性的地域社会历史脉络中，一方面我们能够从不同角度了解历史过程与历史诠释的关系，另一方面也可以看到宏大的社会体制变革在社会生活重建的过程中产生的影响，尤其是过去发生的社会变革对于今天人们的日常生活会产生什么样的具体影响，而且这样的影响与地域社会和社群边界的重组及相互之间的冲突和竞争等密切相关。从人类学的田野工作方法入手来综合地观察和理解一个立体的、多样化的地域社会及多层次历史过程和历史诠释，我们可以从一个更加立体的角度来理解社会文化变迁的过程，从整体上观察西南边疆社会变迁的历史脉络。

四　小结

  清末以来,滇缅边疆的变化和民族主义兴起,也涉及边疆少数民族社会在近代的变化。就滇缅边疆而言,当地的土司和前往北京朝贡的外国,比如缅甸和暹罗,两者之间有着根本性的差别。明清以来,云南与东南亚之间形成了相对稳定的边疆地域,这一边疆地域成为明清王朝与另外一个国家之间的界限,即便有的时候这个"外国"也被称为"朝贡土司",不过从司法体制、税赋制度、土司官职的承袭、军队的调遣、官方的文书体系等涉及土司政府与流官政府的具体差异而言,边疆土司与外国不同,广泛分布在滇缅边疆地域的各摆夷土司(今为傣族)仍然是明清国家的内在部分,它们并不能被当作"外国"或"外藩"。[①] 随着欧洲殖民主义在东南亚扩张,1886年缅甸沦为英国殖民地以后,在新的贸易体制和外交政治的压力下,边疆政治运作方式发生了彻底的改变,维系外藩与中央王朝的体制崩溃了,这对边疆土司和地方民众的影响是巨大的。对当地土司、官府和商人而言,与贸易的机会相裹挟的军事威胁也都来自新的、国境线之外的外国,通常普通民众认为那边就是英国或者法国。在缅甸和越南殖民地化之前,1856—1873年,云南发生了杜文秀领导的回民起义,在同一时期,云南各地,包括贵州很多地方兴起了由地方士绅主办的团练武装。[②] 在19世纪70年代之后,云南政局逐渐稳定,随着地方团练势力的重新整合和云南讲武堂的建立,滇军作为新兴的军事力量在西南地区发展起来。同时,各地集团性的地方士绅的势力也成为边疆地区的主要政治力量,在他们的控制之下,沿边境线各县的洋货贸易也越来越兴盛。

  由于滇缅贸易体量的持续扩大,跨越国境线的地方性的宗族得到了大力的发展。区域性的宗族势力和宗族网络的发展在滇缅边疆成为一个

[①] 马健雄:《明清时期掸傣土司区域的非中心化政体与联姻政治》,《思想战线》第46卷第2期,2020年,第19—32页。

[②] 荆德新:《杜文秀起义》,云南民族出版社,1991;贺长龄、贺熙龄:《贺长龄集·贺熙龄集》,岳麓书社,2010,第312页。

现代性的问题,这一现象呼应了东南亚的殖民地经济发展起来之后,重建的陆路交通与贸易体系给边疆社会带来的影响。同时,由地方士绅控制的武装集团的联合体系构成了云南滇军政府的基本班底。19世纪70年代以后,士绅领导下的地方利益共同体得以进一步整合,并逐渐发展为有代表性的地方利益共同体,云南滇军将领主导的地方政治架构因而发展起来,直到新中国成立。其中,在1950年前后,还有一小部分地方士绅和土司的残余武装逃亡缅甸,成为流亡到缅泰交界山区的国民党军队的主体。

从人类学田野工作者的实践经验看,文字材料的创造过程涉及人们在日常生活中各种不同类别的集体和个人活动。田野工作者在参与这些活动的过程中搜集到各类研究资料并记录了大量田野笔记,以田野笔记、田野材料作为其经验性研究的基础材料。民众日常生活中的社会活动和田野工作者的参与,都与地方社群的社会关系的建立、维持和变化密切相关,同时,参与这些社会活动的田野工作者的角色与身份,例如性别、年龄、社会工作的经历等因素,也影响着他们对所参与的社会活动和观察到的社会关系的理解与解释,透过田野工作中的不同方式的参与观察,人类学研究者看待问题的角度与分析方法会很不一样。显然,我们可以将田野工作中获取的经验性材料视为表达和呈现社会关系与社会过程的文本。此外,研究者受到的学术训练和个人的研究兴趣,也会影响到研究者在田野工作中的取舍与研究分析的立场。基于这样的出发点,人类学者与研究对象之间的对话是非常重要的问题,在田野工作和分析研究中与当地人的对话,在人类学者看来一直是非常基本的问题,这是因为人类学者需要去理解当地人所理解的社会世界,因而,民族志作为人类学者的研究成果来自于田野工作,人类学的分析研究在很大程度上可以视为研究者与被研究者之间达成某种共识的对话过程。在人类学田野工作者看来,文字材料或非文字材料的获得、取舍和分析,也应该被视为这样的研究的产物。如此看来,用人类学的方法看历史,在研究者进行理论分析的同时,还需要理解当地人看待"过去"的方式,需要将文字和非文字的材料置于文本书写过程中,理解它的历史环境和地方性的社会生活脉络。在这样的基础上,我们才能建立起对于多样性的、相互关联的不同类型的历史诠释和地域社会的历史变迁的立体性、多层次的理解和解释。

此外，就西南边疆社会的近代变迁而言，滇缅边疆的变化联系着边疆民族主义兴起。以今天云南和缅甸交界区域的临沧、思茅一带为例，从清朝衰落到新中国成立，在边疆区域逐渐发展出一些致力于边疆民族主义动员和自动代理国家的地方领袖，他们在边疆政治中的作用，主要是透过推动不同方式的社会经济改革，通过民族主义意识形态的动员来强化他们在地方政局中的影响力，借以推进地方政治经济的控制和整合。至20世纪20年代，滇缅边疆的地方士绅已经逐渐完成了从清朝的团练首领到民国的社会领袖的过渡，在这个过程中，在民族主义旗帜的庇护下，边疆社会领袖得到了地方宗族和团练武装的支持，既能够与土司相抗衡，又能积极参与边界事务，彰显了士绅与土司联合抵抗帝国主义侵略的能力。在这种情境下，地方士绅与地方土司联合起来，通过民族主义动员的社会政治运动和他们对跨越边界的贸易网络的控制，共同发展成为边疆社会近代化转变中的地方政治领袖，他们在参与国家政治的过程中，将滇缅边疆的政治经济机会转化为新的政治资源。在东南亚国家殖民地化之后，新兴的边界贸易也在经济上推动了边疆社会关系的更新与重建，马帮贸易与新修铁路相联结，从陆路输入的洋货主要有武器、棉纱、煤油、肥皂等品类，与此同时，山区资源的开发也出现了新的方向，茶叶开始从不同路径向东南亚输出，锡和铅找到了新的销路，鸦片更成为战争经济的重要经济支柱。在这些因素的影响之下，近代滇缅边疆的山区社会生态发生了剧烈的变化，也由此长期影响着东南亚北部山区的社会政治经济关系。

在清末民初的社会变革中，边疆土司在与地方士绅力量妥协的同时，也积极参与民族主义的动员，继续巩固自己作为国家代理人的角色，重新适应边疆政治和社会的变化。在近代滇缅边疆民族主义的动员和发展过程中，地方士绅和土司的联合所形成的政治力量，对于边疆社会的稳定和边疆政治的现代化转变起到了至关重要的作用，少数民族文化和族群身份也在这样的政治框架下得以持续重构。在这样的环境下，边疆少数民族区域延续着清代以来的族群化的政治过程。

社会的隐没和复现：共和国史七十年

黄道炫[*]

摘　要　共和国史是一门新兴的研究学科。由于共和国史还是个不断发展中的学科，和现实高度贴近，研究难度很大。仅就1949年中华人民共和国成立到改革开放初期这段历史言，有一个特别重要的脉络是社会的隐没和复现。共和国成立初期，政治一度居于社会的绝对统帅地位，这带来了政治的严明和社会的安定，却也使社会活力逐渐隐黯不彰。改革开放是对社会活力的重新激发，改革开放的成果，和这一点关系至为密切。这虽然可能是老生常谈，但老生常谈往往意味着难以颠覆的大众记忆。

关键词　共和国　中共　改革开放

作为中共党史的研究者，我一直高度关注共和国史，但一直未越雷池一步，到现在为止，自己的研究范围始终停留在1949年前，没有写过关于共和国史的研究文字。之所以如此，除了客观原因外，共和国史认知和研究的难度让我望而却步，至为关键。共和国史研究要真正取得进步，恐怕还任重而道远。

---

[*] 黄道炫，北京大学历史学系教授。

一　共和国史研究的难点

说到共和国史的认知和研究难点，可以列举很多，仅就我的感受略谈一二。

第一，共和国史还在不断地延续中，也就是说，这是行进中的历史。中华人民共和国成立七十多年，现在可能是共和国最为繁荣的时期。这七十多年的历史可以分成多个时期，各个时期的历史任务也不尽一致，但延续性非常明显。比如中国共产党的领导地位、社会主义制度、人民代表大会制度、马克思列宁主义作为理论基础等，这些都规定着这个国家、政权的性质和总体发展方向，确立以后一直没有变，相信还会长期延续下去。对于一个活着的、还在发展中的政治和社会体，历史研究者常常会有所畏惧。历史研究者高度重视时间，这是和重视结构的其他人文社会学科的很大不同点，时间的流逝带来的许多问题的水落石出，给予历史研究者观察和解读的信心。时间既是历史研究者梳理过往历史的工具，也是历史研究者获得自信的武器。很多人说，历史研究是一门笨功夫，历史研究者对时间的依赖也显示了这一点，当然，历史研究者这种在时间面前的谨慎，也正是历史这门学科区别于其他学科，并一直获得信誉的关键之所在。历史研究者显示的是历史学科的渺小，其实何尝不也是人类的渺小。

对时间的依赖，让时间解决问题，使历史研究比较讲究距离，希望和研究对象稍微隔得远一点，这样可能更能看到全貌。然而，历史研究的这个武器，并不很适合共和国史的研究。共和国史需要让历史研究者对近在眼前的问题发声，这确实不是历史研究者的长项。在人文和社会学科中，历史的特异性及其存在的价值就是它本质上是指向过去，当其他学科都面向当下和未来负责时，历史学科更多是对过去曾经存在的那些人和事负责，这既是学科分工的需要，也是历史这门学科展现其个性的关键。

第二，共和国历史具有极高的辨识难度。中国共产党是个强烈的意识形态政党。马克思主义提供了一整套的社会政治解释体系，这套体系提供世界观、价值观、历史观、方法论，在马克思主义的话语体系里，这些被称为辩证唯物主义和历史唯物主义，这样的意识形态在极盛时期，如毛泽东所言，被期望在"理论上再造出现实社会"。① 强烈的意识形态特征，意味着经由基础原则逻辑推导出一系列的思想和行动范式，这样的范式拥有超越性地位，伸展到社会、政治、经济乃至日常生活的每一个角落。1949年前，由于革命战争的需要，意识形态的成分和现实需要的成分会相互中和，呈现和一般政治力量更为接近的色彩。行为逻辑理解起来相对比较容易。1949年后，尤其是50年代末到70年代，意识形态色彩越来越强烈。用一般政治力量的逻辑分析这时候的历史，可能很难进入历史的内核，容易流于表面化。要理解这一时期的历史，需要进入中共思想逻辑的内部，尤其是毛泽东思想逻辑的内部，可是这一时期二者的思想逻辑都相当特殊、非常态化，即便站在外面观察都可能摸不着头脑，遑论进入其内在逻辑。而如果做不到这些，研究的深度就不能不受影响。历史研究讲究入乎其内，出乎其外，研究中共，最难的就是入乎其内，50年代到改革开放前的历史尤其难。

第三，共和国史的许多问题都离现实很近，许多研究者即是当事者，对研究的事件及问题有自己的观察角度，当作为研究者面对研究对象时，不可避免会有强烈的代入感。亲身经历有助于理解历史，可是由于各种各样的感情因素以及每个个体的认知局限，也可能成为历史认知的绊脚石。一些研究者在进入历史之前，已经基于自己的经历，带进了个人的判断，这种判断后面常常隐藏着个人的情感和好恶，而面对当代浩如烟海的材料，个人的这些判断和好恶又总能找到足够的材料予以证实。这样的相互印证只能进一步固化研究者的思维，使之更加确信自己个人经历的可靠性。亲身经历和丰富的资料是共和国史研究的最大便利，其实也未尝不是共和国史研究深入开展的最大障碍，这一点，特别值得警惕。当然，共和国史研究需要面对的困难还很多，包括讲述空间等，这些都是共和国史研究走向深入亟待克服的困难。

---

① 《毛泽东哲学批注集》，中央文献出版社，1988，第210页。

二　共和国史研究中的社会

面对共和国史，我首先想到的还是中国共产党史。中国共产党不仅是中华人民共和国的执政党，而且是宪法规定的领导力量。《中华人民共和国宪法》明确说："中国各族人民将继续在中国共产党领导下，在马克思列宁主义、毛泽东思想、邓小平理论、'三个代表'重要思想、科学发展观、习近平新时代中国特色社会主义思想指引下，坚持人民民主专政，坚持社会主义道路，坚持改革开放，不断完善社会主义的各项制度……把我国建设成为富强民主文明和谐美丽的社会主义现代化强国，实现中华民族伟大复兴。"所以，讲共和国史，一定无法离开党史，当然共和国史不仅仅是党史。

从中国共产党历史的角度看，1949年共和国的成立，只是中国共产党历史中的一个胜利节点，从地方走向全国的转变。从苏维埃时期开始，中国共产党就有建立根据地乃至局部国家政权的实践。根据地形成独立的政权和治理区域，有完整的政权系统，发行货币，建立经济体系乃至国营工厂，进行乡村土地改革的实践。最值得注意的是，抗战时期，中共在统一战线范导下，大力推进权力体系的向下植根，将权力末梢下探到村一级，实现了中国历史上从未有过的政治经济社会一体化控制。中共的权力下探，既有政治组织的严密推进，也有文化权力的重新阐释，还有群众路线的全力配合。通过将群众从社会人变成政治人，并建立直接服从于党的干部体系，中共建立了一个新社会的雏形，这个社会有异于传统自治型社会，是政治力全面楔入社会、高度政治化与组织化的全新社会形态。

抗战时期建立的这个新社会的雏形，随着中国共产党的胜利，很自然地带到了共和国时期。理论上，抗战时期中国共产党的社会政治实践具有战时特色，但由于其成功，很容易作为革命经验被记取与坚持。共和国时期，总体看，战时的经验不断得到复制、巩固、加强、发展。政治的力量不断扩展，在国家权力的推动下，不断占据传统社会力量的地盘。

新社会通过政治力的引入，荡污涤垢，这是政治全面介入社会后带来的最令人振奋的部分。比如取缔妓院、禁毒、打击黑恶势力、收容社会游民、整饬社会秩序等。近代中国社会日趋腐败是个大趋势，国家的沉沦和社会的沉沦几乎同步，传统社会自组织不断被弱化，这一点在城市尤其明显。传统中国政权包括国民政府对此都缺乏应对能力，没有有效的应对方式，只能放任社会自流。中国共产党建立全国性政权后，以政治的强力介入，对社会腐恶势力打的打，抓的抓，关的关，几乎是摧枯拉朽般，一夜间就解决了延续几十年上百年的社会问题，让人眼前一亮。新政权之所以能迅速站稳脚跟，赢得人心，和做这些事关联极大。

政治力介入，清除社会的腐败是正面的、有益的，同时也是政治力前行的初步尝试。接下来，政治力进一步全面介入社会生活的各个角落。城市工商业国有化，国家占有城市的大部分生产和生活资源，城市工商业不单纯属于经济领域，更成为国家政治领域的一部分。城市居民通过单位、居民委员会等实现有效组合，成为有组织的一员。乡村通过互助组、合作社、人民公社及统购统销迅速组织起来，乡村经济也被纳入国家权力的管控之中，实现乡村社会的政治化。通过对城乡生产和资源分配的全面接管，形成计划经济体制。计划经济体制下，政府拥有大部分的资源，事先计划生产、资源分配以及产品消费的各方面，政府决定生产什么、怎样生产和为谁生产。计划不仅仅意味着生产的计划，更意味着分配的计划，后者可能是计划经济更核心的部分。计划经济体制背后是政府对社会的全面掌控，政府通过牢牢掌握资源决定经济的驱动力，不允许有政府之外的第二驱动力，这是计划经济体制能够成立的关键。

当然，由于社会的复杂性，即便再严密的社会政治管理，也会有缝隙，会有漏网之鱼。比如乡村的自留地，比如走街串巷的小贩，比如一定数量的游民，比如一些人的消极不合作。这部分人和现象的存在，既是国家权力的有意法外开恩，以此补充政治权力的不足，也有社会在政治缝隙中的顽强生存。总的来看，随着计划经济体制的确立及管理体系的逐渐严密，不断压缩这部分人的生存空间是一个大趋势。比如 70 年代中期乡村就实施过一两年的取消自留地。所以，观察这种社会缝隙，既要注意到它们的存在，看到社会力量的顽强一面，又不宜过分夸大，毕竟在政策的大趋势下，这样的力量实际上只是一种不断被边缘化的存在。社会的确有力量，这一点在改革开放后体现得特别明显，但社会毕竟也有在政治力面前不堪一击的事实，注意到这一点，更可能把握住那个时代的主流。

政治力的强势介入及计划经济促成了社会的严整，却也导致社会经济活力严重不足。改革开放无论农村还是城市，都从松绑入手，不是没有道理的。谈论改革开放，可以从很多角度入手，比如解放思想，比如对外开放等。从政治和社会关系的角度看，重新赋予社会自身活力，应该是观察改革开放一个特别重要的维度。这一点，当然也是老生常谈。现在关于改革开放的研究，会强调改革开放不一定有那么多的顶层设计，是上下合力共同试探前行的结果。其实，什么历史过程不是如此？改革开放确实不是完美设计的产物，这恰恰是改革开放的可贵之处。从一个被理想精神完整设计的政治、经济环境和理念中一步一步走出来，走一条不那么被设计的道路，也就是通常说的"摸着石头过河"，正是改革开放的精髓。当然，这也是一个过程，从计划经济到公有制基础上有计划的商品经济再到社会主义市场经济，也经历了十几年的摸索。而社会主义市场经济的落地，更是一个正在进行时，其间也有探索、曲折，不是一蹴而就那么简单。

改革开放是大势所趋、上下合力，却绝不可能轻而易举。经常听到人们谈论改革开放的起因时说物极必反，这样的看法貌似有理，却不免倒放电影。物极必反的"极"并不会有个天然的限定，我们现在之所以会说那就是"极"，只是因为结果已经出来了。可是当年并不一定就是极点，也有可能极上加极，这样的案例并不是没有。即便就是极点，应该反了，反的方向和程度也不能说是先定的，也可能会有各种各样的选择。之所以是现在这样，而不是别的什么样，历史趋势的暗流当然起着关键作用。比如 1977—1978 年虽然整个中国还受到"文革"余波的影响，前进中困难重重，但民众对变革的期盼，老干部强烈要求反思的气氛，都极大地校正着社会政治前进的方向，观察这一时期的社会政治流变，不看到这样的趋势，而强调某些个人的作用，未免离题太远。但是，当变革不断趋于深入，在一些历史的三岔路口，绝大多数人都陷于迷茫时，大人物的作用绝对不可忽略。特别是邓小平，作为改革开放的掌舵者，他的作用无论如何都是无法忽略的。

近年的历史研究，忽略大人物的历史作用似乎成了趋势，当研究者把这个作为趋势的时候，确实也能找到各种各样的材料和说辞，这是历史研究其实也是整个世界所有事情的吊诡之处。研究者习惯于谈论话语权力，强调知识权威，历史中的人和事件被笼罩在知识和话语形成的权力关系中，人的活动无所不在地被制约、规训并符号化。注意到每个个体的局限，指出个体面对知识之网的无奈，有助于矫正人类的自大，看到知识生产、话语权力及社会政治关系互为影响的多面性、复杂性。然而，当人被放进知识生产的各种权力关系中后，主体的地位实际也有了很大动摇，新文化史中的人很多已不是真正的个体，马丁·盖尔的故事换成马尔·盖丁，大概并不会太影响作者的讲述。固然，经过20世纪文化的洗礼，我们已经未必能够看到真正独立的个体，可是人终究还是要为自己的选择承担责任，人性、人的智力和能力也确实存在差异。承认这些，我们就不能不承认不同的个体在历史中地位并不完全相同。特别值得注意的是，当大人物可以影响乃至改变历史方向时，他们并不是在任何时候都是作为一个权衡利弊的理性人存在，他们同样受情感、情绪乃至健康因素制约，决策有可能基于情绪化的冲动，也完全有可能做出误判。后人如果不注意人的复杂性，不注意历史中的偶然及随机因素，单纯对历史做理性推导，就可能得出理论上貌似完美却和实际南辕北辙的结论。其实，作为既在历史又在现实中的人们，应该诚实面对自己的生活境遇，对大人物的作用，理应有一个比较清晰的定位。吊诡的是，人们通常对当前发生的一切基于朴素的事实加以判断，而对于过往则予以学术的反思，问题是，有些所谓学术的反思一旦开始，历史认知的滑稽剧似乎也就不太遥远了。

三　共和国史研究大有可为

　　回首共和国史，印象深刻的主要有如下几点。首先，这是跌宕起伏的一段历史。尤其是20世纪80年代之前，震荡相当剧烈。如果放到历史的长河中理解，这也并不奇怪。20世纪50年代是共和国的第一个十年。这十年，社会政治经济都有很大的震荡。如果放长眼光，我们或许会发现，中国历史上的历代政权，实际上多有这样一个震荡过程，这是一个比较有意思的现象。

　　我们从秦朝说起，秦朝公元前221年建立，到公元前214年、前213年就有一说到秦朝就会想起的最著名的事件——焚书坑儒。大概是秦朝建立七八年发生的事件，在秦朝的第一个十年。汉朝公元前202年建立，到公元前195年，七八年就有一个白马之盟，白马之盟大概也是汉朝最重要的事件之一了，就是所谓的异姓不封王。异姓不封王的前提就是异姓王早已经被消灭了，韩信、彭越这些当年为汉朝打下天下、立下汗马功劳的地方实力派诸侯都已经被清除。应该这么说，汉朝以后异姓封王的传统可能就被打破了。此后异姓封王比较罕见。

　　唐朝第一个十年我们可以想到的最著名的事件就是玄武门之变。唐朝618年建立，626年玄武门之变，李世民通过屠杀兄弟确立了自己的地位。我们想到唐朝，可能玄武门之变、贞观之治和安史之乱是最容易跳出来的。宋朝960年建立，962年有个杯酒释兵权，这个也是我们讲到宋朝一下子就会想到的。然后是明朝，明朝1368年建立，到1380年朱元璋有个很重要的决定，这个决定影响到日后中国政治几百年，就是废中书（中书令）。丞相制是我们从汉朝开始，或者从秦朝开始一直有的传统，到明朝被废了，清朝也沿袭了明朝的制度。废中书稍晚于明朝建立十年，宽泛一点，也可以算到明代初年吧。大的王朝第一个十年没有重要事件的就是清朝，清初皇帝是顺治，曾经由多尔衮摄政，因为年龄小，是一个比较"无为"的皇帝。后面康熙也是很小，7岁就继位，清朝如果说有重大事件，就是从康熙开始的。因为特殊的原因，唯一跳出了我讲的中国传统政治十年率这种状态的是清朝。

再往后是中华民国。民国的前十年,政治也是一团乱麻。其中,我们可以看到有一个影响中国之后一百年历史的非常重要的运动——新文化运动。从1916年开始,到1919年演化为政治运动、社会运动,对整个国家社会文化思想的重新建构起了无可估量的作用。

我们看历史,会发现王朝的第一个十年多为动荡期,新旧体制剧烈摩擦、碰撞。中华人民共和国也一样,前十年发生了太多事情。"土改"是对整个乡村的巨大改造。社会主义改造是对整个国家所有制的重要的改造,当然后来又有反右,反右是对整个国家文化的巨大的政治性的改变,当然还有"大跃进"。这些里面有比较光明的一面,也有让人沮丧的另一面,这些都是这十年发生的。如果我们拉长眼光看中国历史,再回来看这十年,曾经惊讶于共和国前十年为什么会发生这么多事,也许就可以理解了。当然,一方面"太阳底下无新事",另一方面又要注意到旧瓶装了"新酒"。中华人民共和国这十年发生的很多事情与传统中国发生的事情还不一样。最大的不一样在于,传统王朝的第一个十年中发生的震荡都有一个共性,都和权力斗争有关系(焚书坑儒不那么直接)。共和国的这十年,当然不能说没有权力的因素在里面,但是权力的因素在这十年确实不是那么的重要,更多还是一个新观念、新社会形态、新结构的引进造成的巨大震荡。

这些震荡我们怎么去理解?我想是值得去探索的一个问题。如果说王朝中国有个十年率,即十年震荡期,一般讲,经过这十年的磨合,之后就会进入稳定期。可是中华人民共和国不一样,震荡的十年之后,却又迎来了更大的震荡,也就是"文化大革命"。看来,这十年还不是彼十年。有共性,又有不同,毕竟这是中国数千年来未有之大变局。制度、结构和个人还是要放到一个整体中观察,震荡有结构的因素,震荡的烈度则不能说和领导者没有关系,可以说是结构和领袖双重互动的结果。

其次,共和国史研究魅力十足。我研究过国民党史和中共党史,深感研究对象确实存在差异。有些研究对象相对简单,研究者出活的概率会低一些;有些研究对象自带光环,特别有利于研究者深入讨论、追问,常常可以事半功倍。共和国改变了中国,带来一系列可以深入追踪的问题,比如意识形态在当代中国的影响,国民地位和观念的变化,妇女地位的变化及其影响,政治和社会关系的磨合和转变,这些都是中国历史上前所未有的,也和一般的政治力量可能带来的影响不一样。中共改变的期许和现实之间,理念和实践之间,共和国史的不同阶段之间,都张力十足,给研究者充足的解释和施展空间。比如,中国共产党特别强调情感动员,在很多事件中可以看到情与理、集体意志和自觉自愿的交织、错位,这恰恰是中共运作机制的关键。

再次,我们研究共和国的历史,有一个问题可能是需要谨慎的,就是共和国历史材料生产的规整性。中共是一个具有强烈意识形态色彩的政党,特别强调历史记忆和思想生产,对于历史记忆的生产、保存、书写,有一套特别清晰的程序和自觉。其不一定是事先完整设计好的,更多是机制和政治文化下面相伴生发的东西。有组织的刻意引导,也有政治文化习染之下的自觉,两者互为生成。当然,任何历史材料都有这样的特性,共和国时期尤为明显。这就要求研究者利用这些材料时要有清楚的意识,要高度关注其生产性,要参照不同的材料,要遵循人们多年形成的常识予以判断。这是一个特别复杂,对研究者而言也特别具有挑战性的时期。

最后,应该加强改革开放史的研究。改革开放从起步到现在已经四十多年。20世纪50年代和70年代,当新民主主义革命史和共和国史开始较大规模投入时,距两个研究对象的起始时间都只有三十年左右,由此看来,现在更多投入改革开放史的研究,可谓正当其时。改革开放史是共和国史最为辉煌的时期,如果说当今中国的发展是多年努力的结果,改革开放则是直接的推手。没有改革开放的成功,很难想象中国会有今天。回顾和总结改革开放的历史,既有历史意义,更有现实意义,时代呼唤改革开放,改革开放史也理应更多进入历史研究者的视野。

共和国史有现实性,也有学术性,是历史研究的一部分。多年前,毛泽东讲如何研究中共党史时,就特别强调:"如何研究党史呢?根本的方法马、恩、列、斯已经讲过了,就是全面的历史的方法。我们研究中国共产党的历史,当然也要遵照这个方法。我今天提出的只是这个方法的一个方面，通俗地讲，我想把它叫作'古今中外法'，就是弄清楚所研究的问题发生的一定的时间和一定的空间，把问题当作一定历史条件下的历史过程去研究。"① 学党史要如毛泽东所说，要全面地看，历史地看。既要看到连续，也要看到阶段；既要有纵的视野，也要有横的比较。从横的比较一面讲，1949年前主要是和对手国民党的比较，1949年后则要从国际看中国，从中国看国际；从纵的贯穿一面讲，既要看中国的历史，也要看国际共产主义运动的历史。中国共产党是国际共产主义运动中产生的政党，同时又是一个创造性地将马克思主义运用于中国实际的政党。所以，中国共产党具有国际共产主义运动的特征，学习中国共产党的历史，不能忽视国际共产主义这一背景，同时中国共产党又产生于中国的历史和现实中，对中国现实问题做出了解答和回应。中国共产党既植根于中国的历史和文化，又脱胎于国际共产主义运动，可以说具备中国历史和国际共产主义运动的双重内生性，其间有冲突，更有关联，当中国共产党把国际共运和中国特点熔为一炉时，也就是其走向成熟的标志。

全面、准确地研究共和国史，如实书写共和国史，共和国史的研究才能有发展、进步，才能被学术界真正接纳，也才能得到社会的尊重，更重要的是，也才能真正对现实、对社会进步有所贡献。历史不是学术游戏，历史需要面对无数个曾经存活的生命体，只有对曾经的人和事有所敬畏，而不限于个人的一己之见，我们才可能稍稍接近已经逝去的那些时光。

---

① 《如何研究中共党史》（1942年3月30日），《毛泽东文集》第2卷，人民出版社，1993，第400页。

社会学视野下的中国现代转型概观
——以政治/军事和社会为重心

应 星[*]

摘 要 本文从社会学的角度，从政治-军事、社会和思想三个层面切入，概述中国现代转型过程中的若干趋势。从"地方军事化"到"军事地方化"，从"双轨政治"的瓦解到乡村动员体制的形成，从传统德治的危机到"新德治"的诞生。这三方面的变化有助于理解现代中国从"总体性危机"到"总体性社会"的转型大方向。

关键词 中国现代转型 社会学视野 总体性危机 总体性社会

社会学视野下的中国现代转型，是一个宏大的问题，本文仅仅提供一些思考的基本线索。这些研究思路很难说都属于人们通常所理解的社会学视野，因为在今天的学科划分格局中，国内社会学界很少处理现代史问题，尤其是革命史问题。笔者尝试在综合学界尤其是史学界已有研究的基础上，把自己近年来的研究心得汇聚在这个主题下，无疑带有较强的跨学科性质。

---

[*] 应星，清华大学社会科学学院教授。

一 中国现代转型的时间节点：1865—1949

尽管牵涉的问题非常复杂，我们还是需要先来讨论一下中国现代转型的起点。以往比较流行的讲法是将1840年的鸦片战争作为现代转型的起点。这种讲法固然有它的理据，但学界对此已有较多的批评声音。其中一种很有代表性的批评认为这种划分背后带有较浓厚的"冲击－反应"范式的烙印，不符合"中国中心观"的视野。[①] 如果从中国历史内在的发展线索来看现代转型，或者早到有清一代乃至明清两朝，中国社会的巨变已然展开；或者晚到甲午，外来冲击因触痛了士大夫的神经才开始真正触及传统社会结构的枢纽。[②] 本文无法对这些看法逐一检视，而是倾向于接受美国著名学者孔飞力的一个卓越洞见：将1865年太平军起义被镇压作为现代转型的起点。[③] 之所以选择这个起点，主要是因为它与本文所关注的重点——政治/军事和社会的转型问题直接相关，稍后详叙。为了与本专题讨论的中华人民共和国史区分开来，本文所分析的现代转型终点到1949年中共革命的胜利为止。

二 政治/军事层面：从"地方军事化"到"军事地方化"

1865年之所以构成政治/军事层面的转型起点，是因为由此开启了孔

[①] 〔美〕柯文：《在中国发现历史：中国中心观在美国的兴起》，林同奇译，社会科学文献出版社，2017。

[②] Ping-ti Ho, "Salient Aspects of China's Heritage," in Ping-ti Ho & Tang Tsou, ed., *China in Crisis*, Vol. 1, Book 1, Chicago: The University of Chicago Press, 1968, pp. 1 - 92; J. D. Spence, ed., *From Ming to Ching, Conquest, Region, and Continuity in Seventeenth Century China*, Yale University Press, 1979; 张灏：《转型时代与幽暗意识》，上海人民出版社，2018；石泉：《甲午战争前后之晚清政局》，三联书店，1997。

[③] 〔美〕孔飞力：《中华帝国晚期的叛乱及其敌人：1796—1864年的军事化与社会结构》，陈兼等译，中国社会科学出版社，1990。

飞力所谓的"地方军事化"进程。① 具体地说，它在四个方面深刻地改变了中国政治。首先，"以绅领军"的做法改变了中国传统"无兵的文化"②和文武分治的基本格局，在文武关系上"以文驭武"逐步发展为"以武统文"。其次，曾国藩的湘军和李鸿章的淮军在镇压太平军时起到了至关重要的作用，他们也由此成为重权在握的封疆大吏，中央和地方的关系逐渐发生了重大的变化，由原来的"内重外轻"变为以督抚专权为特征的"内轻外重"，到"庚子事变"时刘坤一、张之洞、李鸿章等督抚联手打造了"东南互保"，将这一局面推向了高峰。此后在清末"新政"中，地方督抚权力开始遭到削弱，然而，中央集权并未能重新实现，结果演化为"内外皆轻"、军人擅权的局面。③ 对中国这样正在走向"后发外生型现代化"过程中的国家来说，国家及科层制的权威甚为重要。这种权威的被破坏及其所伴生的政治衰败既打破了国家权力体系的平衡与稳定，又削弱了国家政权现代化的能力。④ 再次，厘金制度的创设开启了军队就地筹饷的先例，由此军队开始对地方社会资源进行自行抽取。最后，从曾国藩所代表的"绅军"到李鸿章所代表的"军绅"再到袁世凯所代表的"军阀"，"兵为将有"的军事武装逐渐脱离了与中央政权的关联，脱离了与绅士及儒家伦理的关联，脱离了与地方社会的联系，成为一种效忠于军队统帅个人、漂浮在地方社会的自主性力量，中国逐渐进入了军阀混战时期。⑤ 国民党曾通过黄埔军校建立新型的"党军"，但自"三二〇"事件以后，"以党领军"蜕变为"以军控党"，国民党军队与其他职

---

① 〔美〕孔飞力:《中华帝国晚期的叛乱及其敌人:1796—1864年的军事化与社会结构》。
② 雷海宗:《中国文化与中国的兵》，商务印书馆，2001。
③ 李细珠:《地方督抚与清末新政:晚清权力格局再研究》，社会科学文献出版社，2012。
④ 孙立平:《现代化与社会转型》，北京大学出版社，2005。
⑤ 陈志让:《军绅政权》，广西师范大学出版社，2008；E. A. McCord, *The Power of Gun*: *The Emergence of the Modern Chinese Warlordism*, Berkeley: University of California Press, 1993；罗尔纲:《中国近代兵为将有的起源》，《困学集》，中华书局，1986，第449页。

业化的军阀部队合流，军队与中央政权的关系仅仅是嫡系与非嫡系的差别。①

国民革命是国共两党共同主导的复合型革命：国民党沿袭的是政治革命路线，看重的是军事斗争；共产党另辟社会革命路径，重在发动工农。国共合作失败后，中共开始走上反抗国民党政权的武装斗争道路，但并没有放弃社会革命的路径，由此将中共领导的红军塑造为与传统军阀部队截然有别的新式军队。其中，毛泽东领导的江西红四军是红军中发展最早、战斗力最强、治军理念最独特的军队。

毛泽东在1927—1930年根据苏维埃革命的实践逐渐形成了"伴着发展"的军事战略思想。这种战略思想以正规化的、职业化的、政治化的军事武装为基础，在有红色力量的地方逐步扩展，强调克服所谓单纯军事观点，寓军于民，寓军于地，通过武器支援、干部派遣、干部培养、混编升级等各种渠道，在正规军事力量与非正规军事力量之间建立起有机的联系，构建起由主力兵团、地方兵团、游击队和民兵所组成的四级军事体系，逐步推进，适时升级，全民皆兵，最后实现以弱胜强的反转。这意味着中共的军事战略是对中国传统社会的民兵制度特别是府兵制度的提升，是晚清以来地方军事化进程中的全新战略。更重要的是，这种战略把军事革命与社会革命结合在一起，实现了从"地方军事化"到"军事地方化"的跨越，形成了一种独特的军队-地方关系，奠定了毛泽东的人民战争观的重要基础。② 如果说晚近曾国藩的湘军通过儒家伦理所建立起来的军队与地方社会的关联被后世的军阀部队所破坏的话，那么，中共领导的军队就是要通过阶级斗争和民族斗争的新伦理，重新建立起军队与地方社会的关联，消除地方与军队两条线并行的问题。如果说湘军的传统还只是意在解决军事危机、恢复地方传统秩序的话，那么，中共就是要通过高度政治

---

① 王奇生：《"武主文从"背景下的多重变奏：战时国民党军队的政工与党务》，《抗日战争研究》2007年第4期；李翔：《黄埔军校党军体制的创设：以孙中山、廖仲恺、蒋介石为中心》，《近代史研究》2016年第4期。
② 应星：《从"地方军事化"到"军事地方化"——以红四军"伴着发展"战略的渊源流变为中心》，《开放时代》2018年第5期。

化的军队的指导作用,将军事革命同时转变为社会革命,用阶级政治和政党伦理来重建地方社会秩序。因此,地方社会不仅仅是单向地给军队提供兵源和粮饷,而且也在这种政治化的乡土重建中获得新生资源,使军队获得强大而持久的动员能力,从而克服近代军阀部队漂浮在地方上的无根状态,跳出"国家政权内卷化"[1]的陷阱,成功地实现国家权力的下伸。可以说,毛泽东在苏区通过"伴着发展"战略所创造的"新社会",就是要突破传统政治家和思想家"造社会"的思路,[2]将其奠基在严密组织起来的、以农民为政治主体的基层农村中。

随着毛泽东在抗战时期成为中共最高军事领袖和党的最高领袖,他在苏区时期形成的"伴着发展"战略也上升为中共军队的基本发展战略。1936年12月,他写下《中国革命战争的战略问题》一文,对这一战略做了系统的总结。他在1938年发表的《抗日游击战争的战略问题》和《论持久战》中提出:"要用一切力量,包括武装部队的力量在内,去发动民众的抗日战争。""兵民是胜利之本","战争的伟力之最深厚的根源,存在于民众之中"。他在1945年的《论联合政府》里明确提出了"人民战争"的概念:人民军队的力量不仅来源于高度政治化的军队本身,而且来源于游击队和民兵这样的群众武装组织的支持,来源于主力兵团和地方兵团的配合,来源于解放区人民对军队全方位的支援。[3]"人民战争"概念可谓"伴着发展"概念的进一步提升,也意味着中共所塑造的现代中国军地关系的最后定型。

而在中共中央和各大根据地之间的关系形态上,中共在抗日战争时期和解放战争时期又发育出了一种独特的"军事发包制"。[4] 这是中共在革命根据地进行局部执政时所展现出来的一种组织形态,即一方面在中央层

---

[1] 〔美〕杜赞奇:《文化、权力与国家:1900—1942年的华北农村》,王福明译,江苏人民出版社,2003。

[2] 王汎森:《傅斯年早期的"造社会"论——从两份未刊残稿谈起》,《中国文化》1996年第2期。

[3] 毛泽东:《抗日游击战争的战略问题》《论持久战》《论联合政府》,〔日〕竹内实主编《毛泽东集》第6卷,东京:苍苍社,1984,第30、136、139、196—200页。

[4] 应星:《军事发包制》,《社会》2020年第5期。

面通过思想整风与人事控制等手段建立起一元化的领导体制,另一方面又在各根据地军区和军分区两级分别建立起与上级的军事承包关系。这种关系具体体现为三个方面:军事决策的自由裁量权;经济的自给自足;在属地建立一元化领导,实行属地化管理、战果导向和人格化担责。张弛有度的军事发包制有效地解决了动员和控制、集权和分权的张力问题,完成了对社会主义中国独特的起始塑造。换言之,中共成功地把分割状态下的局部执政当成铸造现代政党的军政能力的重要通道,为1949年后全面的国家政权建设做好了准备。这种独特的制度发育一方面重新塑造了晚清以来政治与军事、文与武、中央与地方的关系,另一方面又奠定了20世纪50年代中期开启的经济意义上的行政发包制①的制度基础。

三 社会层面:从"双轨政治"的瓦解 到乡村动员体制的形成

"双轨政治"是费孝通对乡土中国政治和社会基本特征的概括。所谓"双轨",由自上而下的皇权和自下而上的绅权所构成,县以上的政治通过正式的官僚机构来实现政治整合;县以下的政治奉行无为而治,政权悬空,主要是乡绅用私人关系来实现社会整合。② 在双轨政治中,士绅处在一个关键位置。他们身在民间,却行使统治职能,可谓"民间统治精英"。他们在社会生活中行使统治职能时所依赖的资源并不是由国家所赋予的行政性治理权,而是来自于非正式的影响力,包括由威望、知识、财富和能力等所派生的影响力。士绅处于国家与民众二者之间,既是确定国家基本制度框架的基本社会力量,又是实现社会整合、造就社会自我组织及自我形成秩序能力的关键力量。③

太平天国起义后,清政府为捐军饷而大量增加生员名额,致使士绅数

---

① 周黎安:《行政发包制》,《社会》2014年第6期。
② 费孝通:《乡土中国·生育制度·乡土重建》,商务印书馆,2011。
③ 孙立平:《现代化与社会转型》。

量大为增加，而士绅的素质则相应开始下降。地方军事化又使士绅对国家的依赖降低。这一切初看起来似乎使地方士绅的势力增强，独立性提高，但实际上，士绅存在和发挥作用的基本条件已逐渐被破坏，士绅势力在1865年后的一时膨胀成了其瓦解前的回光返照。

"双轨政治"的制度基础在于科举制。科举制将政教相连的传统政治理论和耕读仕进的社会变动落到实处，是一项集文化、教育、政治、社会等多方面功能于一体的基本体制。① 1905年科举制在"新政"中被骤然废除，士的社会来源被切断，绅权最重要的基础被摧毁。士的裂变和消失成为中国现代社会区别于传统社会的主要特征之一。过去曾有相当高同质性和内部整合的大部分士绅离开农村进入城市，并沿着三个方向分化：一部分转变为近代工商业者，一部分演化为近代知识分子，一部分转变为新式军人。一些原居中国社会边缘的群体（如军人、商人和中小新式知识分子）逐渐进入社会的中心。士绅群体的瓦解造成中国20世纪前半叶一直缺乏能够定型社会基本制度框架的社会力量，结果，现代中国在发生政治巨变的同时伴随着社会解体，社会重心不复存在，社会整合的危机日益加深。

社会整合的危机突出体现在乡土社会的衰微上。尽管少部分士绅还留在农村，但尊奉传统者已被排斥到了边缘，而仍旧活跃在乡村政治舞台上的士绅非但没有起到社会整合的作用，反而大多堕落为土豪劣绅。这是因为，20世纪开始的国家政权建设和国家力量的下伸是在抛开甚至破坏乡土社会既有的"权力的文化网络"的前提之下进行的，国家对乡村社会的控制能力远远弱于其对乡村社会的榨取能力，尽管政府的财源有了一定的增长，但付出的代价是对乡土社会的毁灭性破坏、政治腐败的加剧以及国家政权合法性的严重丧失。这即所谓的国家政权"内卷化"现象。在此过程中，一些变质的士绅和乡村地痞无赖在越来越行政化的村庄政权中充当国家代理人，以便从中大肆勒索、牟利，乡村社会所谓"保护型经纪"被"赢利型国家经纪"替代。② 中央名义上加强了集权，从机构上筑

---

① 罗志田：《权势转移：近代中国的思想与社会》，北京师范大学出版社，2014。
② 〔美〕杜赞奇：《文化、权力与国家：1900—1942年的华北农村》。

下了直达民间户内的轨道,实际上却因为堵住了自下而上制度化的利益传递轨道,自上而下的轨道又常被土豪劣绅利用来营私舞弊,结果造成政治的双轨同时被堵塞,地方政治往往僵化腐败不堪,地方建设的事务无法开展,加剧了乡村的衰败,导致了"社会侵蚀"的不断发生。①

此外,人口的快速增长成为现代社会巨变的另一个重要面相。中国人口1700年达到1.5亿,1794年达到3.1亿,而到1850年陡增到4.3亿,1912年约为4.0亿。② 人口剧增一方面使人与土地的关系越来越紧张,生态压力空前加大,小农经济的内卷化问题日益严重;③ 另一方面又使移民的规模越来越大,乡土社会安土重迁的传统也被打破。江湖在持续的动荡和革命中逐渐从中国历史的边缘走向了台前。

面对基层社会尤其是乡土社会的整合危机,中共显示出了独特的组织优势和动员特长。中共在大革命时期就以发动工农开展社会革命见长。国民党和共产党当时虽然同时师法联共(布),但国民党始终缺乏健全的基层组织,而共产党则表现出与下层民众密切结合的生命力,时有"上层国民党,下层共产党"的说法。④ 国共合作失败后,中共走上独立领导武装力量开展土地革命的道路,从两方面进一步加强基层组织建设。一方面,高度重视党自身的基层组织建设,以保证党对每个党员的凝聚力和向心力。尤其是毛泽东率领秋收起义余部在三湾整编时创立的"把支部建在连上"的制度,解决了中共在军队组织上的下伸问题,巩固了党对枪的领导。毛泽东在古田会议上又进一步解决了如何开好党支部会议等有关部队基层建设的一系列问题。⑤ 而前文所述的"军事地方化"的进程使这

---

① 费孝通:《乡土中国·生育制度·乡土重建》。
② 何炳棣:《明初以降人口及其相关问题(1368—1953)》,三联书店,2005;侯杨方:《中国人口史研究的几个关键性问题与前瞻——兼评何炳棣的中国人口研究》,周振鹤、辛德勇编《历史地理》第27辑,上海人民出版社,2013。
③ 黄宗智:《华北的小农经济与社会变迁》,中华书局,2000。
④ 王奇生:《党员、党权与党争——1924—1949年中国国民党的组织形态》,华文出版社,2010。
⑤ 中央档案馆编《中共中央文件选集》第5册,中共中央党校出版社,1991,第814—815页。

种将支部建在连队里的传统在地方基层社会扎下根来，党努力在其控制的根据地区域的几乎所有乡村都建立起基层组织，成为地方社会的核心领导力量。到1949年，中共基层组织数量达到19.4万个，远超国民党的3万个左右基层组织。① 另一方面，中共又在独特的群众路线（抗战时期再加上统一战线政策）的指引下，在广袤的乡土上既引导群众通过民主选举建立起乡村基层政权，又建立起包括农会、共青团、妇联、儿童团在内的各种群众性组织，而与中共正规军配合的则有地方游击队和民兵组织。各级政权、群众团体和群众武装都统一受各级地方党组织的领导，各地地方党组织又严格执行下级服从上级、全党服从中央的民主集中制原则，这也即所谓"党的一元化领导"。而乡村原有的宗族、宗教等组织都在这种新的基层组织结构中被清除出去了。中共还在大革命时期就发明了"工作队"这种非正式的领导制度，党的决策借此得以进一步深入中国社会基层。工作队这种治理技术在解放区的土改实践中锤炼成熟，② 体现出中共在政党治理上高度的弹性和对基层社会的稳固掌控，有学者称之为"适应性治理"传统。③

中共对基层社会的再造并不仅仅满足于组织本身的建设，而且将基层组织的稳固与土地革命或抗日战争的基本政策密切结合起来，灵活应用开大会、树典型、培养积极分子和打击敌对分子、划分阶级成分、分地分浮财或减租减息等各种仪式性活动及"运动式治理"手段，④ 一方面满足贫苦农民的经济利益需求和保家卫国愿望，依靠和调动群众自发的革命精

---

① 中共中央组织部信息管理中心编《中国共产党党内统计资料汇编（1921—2010）》，党建读物出版社，2011，第323页。
② 方慧容：《"无事件境"与生活世界中的"真实"》，杨念群编《空间·记忆·社会转型》，上海人民出版社，2001，第467—568页；应星：《大河移民上访的故事》，三联书店，2001，第387—389页。
③〔德〕韩博天：《红天鹅：中国独特的治理和制度创新》，石磊译，中信出版集团，2018，第26—30页；S. Heilmann & E. J. Perry, eds., *Mao's Invisible Hand: The Political Foundations of Adaptive Governance in China*, Cambridge, MA: Harvard University Asia Center, 2011.
④ 周雪光：《运动式治理机制：中国国家治理的制度逻辑再思考》，《开放时代》2012年第9期。

神,另一方面又精心引导群众,提高其政治觉悟,推进党的根本革命利益的实现。① 这样,中共对乡村人力、物力和财力的抽取是与其对乡村社会的植根、动员、再造紧密联系在一起的,乡村社会以往黯淡衰败的"国家政权的内卷化"和"社会侵蚀"景象为生机勃勃的乡村革命景象所取代。

总之,中共把以往散漫的贫苦农民组织起来,以贫苦农民所代表的社会力为基础,重新建立了一个焕然一新的乡村动员体制。在这个新体制中,基层社会和国家实现了一体化,一方面是贫苦农民自发提供人力、物力、财力来支持党的一元化领导体制,另一方面党又协助贫苦农民建立了一个新的社会秩序,使贫苦农民得以翻身成为主人。②

四 思想层面：从传统德治的危机到"新德治"的诞生

中国的政治思想传统尽管斑驳繁复,但无疑是以孔子的仁政思想为主流的。孔子所谓仁,实际上是熔道德、人伦、政治于一炉;其所倡导的治术以德、礼为主,政、刑为辅。③ 所谓"为政以德"的德治,则是指通过在位者的人格感召来教化大众,匡正人心,使百姓相亲相爱,知礼守法。宋明时期的新儒学进一步强化了君子自觉的修身之道。

但儒学始终存在"内圣"与"外王"之间的紧张关系,这种紧张关系使儒学在面对危机深重的现实时遇到了前所未有的挑战。在器物层面的自强运动和制度层面的维新运动先后失利后,思想层面的革命逐渐成为全社会的焦点问题。严复通过对西方自由主义思想的"误读",用西方人所看重

---

① 应星、刘水展:《在顺应群众与引领群众之间:党群关系的早期调适》,《西北师大学报》(社会科学版) 2019 年第 6 期。
② 陈永发:《中国共产革命七十年》下册,台北:联经出版事业公司,2006,第 1018 页。
③ 萧公权:《中国政治思想史》,辽宁教育出版社,1998,第 57 页。也如瞿同祖所指出的,虽然在战国时代有儒法之争,但从西汉以礼入法以后,礼治、德治与法治的思想逐渐折中调和。瞿同祖:《中国法律与中国社会》,中华书局,1981。

的民族国家利益的"公心""民德"来反衬中国社会道德的狭隘。① 而接受了严复的某些影响，但又不想彻底放弃儒家思想的梁启超则提出了"新民说"，区分了"公德"与"私德"。他认为中国传统德治在促使个人道德完善上仍是有益的，只是在群体凝聚力这样的公德上没有发展，因此，他希望在保留儒家修身的同时，通过"新民"来强化公德、强调"群"和集体主义。② 现代早期思想的这种转变成为新的"道统"兴起的重要基础。

地方军事化的进程使在国家政治中逐渐占据主导位置的军事力量脱离了与儒家思想的关联，科举制的废除又切断了士绅的进退之路，五四运动则掀起了对传统思想尤其是儒家思想的彻底批判。③ 传统德治之路渐入末途。不过，在五四运动的喧嚣很快过去后，五四一代大多陷入了"烦闷"甚至"虚无"状态。随后，"主义时代"的到来意味着对"思想时代"的取代，也意味着"后五四"时期对"新人"、"未来"和"组织"一个崭新的塑造方向：主义、党及党军成为三位一体的塑造力量。④

不过，中国共产党早期还基本上是一个以激进知识分子为主体的政党，其坚守的"主义"更多直接来自苏俄，尚未能找到立足中国大地的根基。1927年以后，以毛泽东为代表的中共领袖在苏区革命实践和农村调查研究中，逐步找到了外来主义与中国社会、知识分子领袖与农民革命的结合之路，并在延安整风时期在思想形态和组织形态上完成了这种结合。笔者把中国共产党用自己独特的政党伦理——毛泽东思想来实现政治治理和权力关系再生产的基本机制称为"新德治"。简略说来，中共建立"新德治"的努力体现在三个方面：其一，重新处理集体和个人的关系，既不以西方的个体为基本单位，也不以中国传统的血缘和家族为基础，而是试图在去自

---

① 〔美〕本杰明·史华兹：《寻求富强：严复与西方》，叶凤美译，江苏人民出版社，1990。
② 〔美〕张灏：《梁启超与中国思想的过渡（1890—1907）》，崔志海、葛夫平译，江苏人民出版社，1995。
③ 〔美〕林毓生：《中国意识的危机："五四"时期激烈的反传统主义》，穆善培译，贵州人民出版社，1988。
④ 王汎森：《思想是生活的一种方式：中国近代思想史的再思考》，北京大学出版社，2018。

我、去家庭、去血缘的基础上建立以"人民"或"群众"概念为核心的新共同体；其二，彻底颠覆传统的社会地位结构，将原来在政治上最边缘的群体（比如农民）塑造为共产革命和国家政治的主体；其三，新德治不仅在德的内容上与传统德治有着诸多的不同，而且在阶级斗争与传统社会所强调的"仁爱"上有着本质的差别，在治理的技术上也与传统德治有着重要的不同。传统的德治首先是针对士大夫的，是以君子的自我修行为基础的；而新德治这种旨在塑造革命"新人"和新世界的道德化政治在长期的军事斗争和政治运动实践中，既在糅合马克思主义阶级斗争理论和中国传统修身理论的基础上发展出一套独特的真理话语（诸如批评和自我批评、共产党员的修养等），又发展出一整套与这种真理话语配套的规训技术，从而深入中国社会的各个角落和各个群体的内心世界。① 这也正是1949年后"总体性社会"得以建立的制度和思想基础。

五　小结

中国从1865年传统社会结构开始瓦解到1949年新的社会结构得以形成，其间经历了漫长的过渡，动荡、战争和革命一直持续进行。贯穿19世纪后半期的是从太平军起义到甲午战争再到义和团运动，而贯穿20世纪前半期的是从辛亥革命到国民革命再到共产主义革命。那些动荡具有累加效应，导致了所谓"总体性的危机"的发生；而这些革命在应对这种危机的时候如高山滚石般不断倾向激进化，直到中共革命结合政治革命、民族革命和社会革命，通过"军事地方化"、社会动员体制以及"新德治"的确立，从政治-军事、社会和思想诸层面完成了对国家和社会的全新塑造，最终导向了所谓"总体性社会"的诞生。②

---

① 应星：《村庄审判史中的道德与政治：1951—1976年中国西南一个山村的故事》，知识产权出版社，2009。
② 邹谠：《二十世纪中国政治》，香港：牛津大学出版社，1994；〔美〕西达·斯考切波：《国家与社会革命——对法国、俄国和中国的比较分析》，何俊志、王学东译，上海人民出版社，2015；王奇生：《高山滚石：20世纪中国革命的连续与递进》，《华中师范大学学报》（人文社会科学版）2013年第5期；孙立平：《现代化与社会转型》。

改革的双轨逻辑：从承包制到项目制

渠敬东[*]

摘　要　"保护存量、培育增量"，是中国改革开放四十多年以来的主导逻辑。从承包制改革开始，便以培育农村社会的增量、财政包干制下的地方增量以及经济特区等方式来启动改革路线，在以存量为基础的增量发展中，通过增量的扩充来实现存量的演变效应。这种体制内外形成的双轨制，又逐渐被以分税制改革为基础的财政体制所取代，从而形成了体制内的双轨治理体系，突出表现出项目制的特征。

关键词　存量　增量　改革开放　承包制　项目制　分税制

一　改革："双轨制"的逻辑

虽说改革是一场革命，但改革毕竟不是革命。改革的特征，是基于肯定的否定性，即从体制上讲，是以存量为基础的增量发展。因此，"'保护存量、培育增量'，形成了两者间的辩证关系：通过保护存量来控制增量的过快扩充，避免增量因偏离路径依赖的逻辑而产生系统风险，同时又通过增量的扩充来实现存量的演变效应，使存量部分可以循序渐进地发生

---

[*] 渠敬东，北京大学社会学系教授。

转化，而不致因为结构突变而出现社会动荡"。①

这说明，改革是一个摸着石头过河的过程，存量既需要保护，也需要改变。不过，这种改变不是直接的变革，不能一蹴而就，而需要不断发现增量，来突破既有的体制瓶颈。这里，增量之所以为增量，恰是因为它不是现成的，并不天然地包含在体制存量之中，不曾存在预设的桥梁，而需要通过脚踏实地的实践，来寻找其动力源和可能性。在这个意义上，改革总是处于一种动态的变化之中，不断寻找增量，也不断定义存量。

这就是我们常说的双轨制逻辑，既是一种存量和增量并行的过程，也是两者在改革中不断改变自身内涵的过程，但总体来说，就是邓小平有关四项基本原则和改革开放之关系的界定，也就是制度原则高于一切，可理解为中国四十余年改革发展的元理论，或政治至上的改革基本原理。

此外，由于培育增量是改革的基本出发点，且增量并非确定明晰的，因此，就必须开辟可发现增量的各类区域，来保证改革的可持续推动。在这个意义上，改革必以开放为前提，只有通过开放，才能释放足够的空间，才能使增量获得存量内部或外部的资源，才能使这些资源得到动员和流动。换言之，只有动员新的社会资源，让这些资源得到充分流动，增量才可成为"增"量。因此，开放必须在以下几个层面展开。

（1）适当脱离原有制度的路径依赖，因而思想需要开放。

（2）必须与外部世界相对接，因而国家需要开放。

（3）开放需要持续稳健的步骤，因而需要进行自上而下的政策推动。

（4）与此同时，增量必须从下层、外部进行有效激发和刺激，所以，增量提供的活力必须来自体制之外。

总之，改革开放的一切前提，便是要从根本上解放思想，将一切标准建立在一切具体的发展实践之上。不过，也正因为改革贯彻的是一种双轨制的逻辑，存量和增量又始终处于动态变化之中，所以，改革进程之判断

---

① 渠敬东：《项目制：一种新的国家治理体制》，《中国社会科学》2012年第5期。

存在一个逻辑上的难题,即在改革行进的不同阶段,如何认识什么是存量、什么是增量,如何把握不同时期的关键节点,是社会经济整体发展的要害。

二 改革的存量

中国的改革,所谓存量体制,绝不是一种抽象的假设。存量体制可依照不同的角度有不同的说法,在意识形态上叫作社会主义制度,在总体社会运行的意义上叫作计划经济体制,在组织学上可称为单位制。但事实上,从存量体制的具体运作来看,并不容易概括出存量体制的统一特征。社会环境变化太大,社会变迁速度太快,即便说是体制的存量,自我更新的周期也是相当短的,因此,考察社会发展的具体过程,不宜做过于一般性的制度设定,应多接入历史性的分析。如果说改革具有双轨制的特征,那么搞清楚改革时代的存量前提及其为改革提供的历史条件,就显得非常重要了。

一般而言,人们常常是用计划体制来理解存量的。何为计划体制?是指国家行政体制对于生产、分配以及消费预先进行计划统筹、事中进行全面管理的经济体制,因此,计划具有指令性计划的特征,经济具有指令性经济的特征。由于几乎所有计划经济体制都依赖指令,因此计划经济也被称为指令性经济。从另一方面看,对于福利制度而言,其也是由国家运用行政权力加以配置的,企业作为社会福利的责任主体,由此形成了"国家-企业"或"企业办社会"的福利运行模式。[①]

从社会学的角度看,新中国成立三十年的时间里,计划体制大体也经

---

① 华尔德(Andrew G. Walder)说明了这种国家-企业福利体系的特点,即社会福利并非以货币的形态,而是以具体的实物,如住房、耐用消费品、生活必需品、补贴食品以及其他社会服务、医疗保健等,均是以在单位中的级别来确定标准,由单位通过其行政部门和单位里的工会来提供。参见〔美〕华尔德《共产党社会的新传统主义:中国工业中的工作环境和权力结构》,龚小夏译,香港:牛津大学出版社,2006。

历过三个发展阶段,而且社会学着重从城乡关系的角度来考察社会发展的进程,不仅重视体制结构的特征,而且关注体制的效应。

从1949年到1957年,是革命后休养生息和重点建设时期,国民经济的调整恢复与"重工业化"的国家治理是这个时期的重点。1949年底,国家便编制出了《1950年度全国财政收入概算草案》,1950年5月又试编发布《1950年国民经济计划概要》,为后来制定国民经济中、长期发展规划确立了基本方向。1954年4月,中央成立了编制五年计划纲要草案的工作小组,拟定了第一个五年计划草案,后由国务院颁布,各地各部门严格遵照执行。

1954年,第一部宪法颁布,其第十五条规定:"国家用经济计划指导国民经济的发展和改造,使生产力不断提高,以改进人民的物质生活和文化生活,巩固国家的独立和安全。"这是对计划体制的原理性规定。总之,在新中国成立后的前几年里,国家以解决失业问题为契机,建立劳动力统一调配的中央集权,通过民主改革、生产改革、五反运动等,废除封建把头、行会,取消工人之间的传统组织连带,确立以苏联为师的工业化模式,即产业政策上向重工业和生产资料倾斜,用工制度上确立统包统配的固定用工制度。同样,粮食问题上,1950年,农业税改由中央征收分配;1953年,建立农村统购统销制度;1955年,实行城市粮食配给制。直到1957年社会主义改造,囊括社会经济整体结构的计划体制才逐步确立起来。

随着人民公社和"大跃进"运动的开展,历史进入了第二个阶段。在这一时期,因为在工业化道路上试图打破苏联模式,国家治理常常在集权和分权之间不断摇摆。不过,因社会主义建设全面开展,城乡关系发生了巨大变化,仅1958年即新增职工2082万人,是前八年净增职工人数总和的1.26倍,其中,从农村招收的职工超过了总数的一半。1960年,城市职工数达到5969万人。这里特别值得注意的是,自1956年底在农村基本普及了高级农业生产合作社之后,土地私有的制度就被废除了。陈锡文认为:"城镇土地、大城市郊区的菜地、重要的大林区、已被征服征用的工矿、基础设施和军事用地等,均实行国有制;而乡以下的农村地区,对

93

农村集体经济组织使用着的耕地、林地和水面等,则主要实行社区性的集体所有制。"① 其中的意义,陈锡文是这样总结的:"农村土地的公有化,真正的意义,在于避免了土改之后农村重新出现经济和社会的分化现象。从这个意义上可以说,实行农村土地的集体所有制,主要的是政治核算而非经济核算的结果。"②

从 1966 年到 1976 年,中国社会的波动性极大。"文革"前三年,知青下乡,城市不招工。70 年代初,又出现了招工猛增、临时工转正的风潮,90% 的临时工(800 万人)转正。1973—1974 年,开始限制招工。到了 70 年代末,知青大量返城,虽招工量猛增,但城市地区出现了大规模的就业危机,造成新老企业负担不平衡,职工代际矛盾突出。从社会保障的角度看,1969 年,国营企业一律停止提取劳动保险金,相关费用在营业外列支。社会统筹部分完全消失,社会保险变成企业保险。70 年代始,由一些大型国营企业或行政部门建立并经营城镇集体企业,解决职工家属或子弟的就业问题。这种类型的职工规模,1952 年只有 23 万人,1978 年则达到 2048 万人。城镇集体企业分为两种类型,即隶属于市一级部门的"大集体"和隶属于街道办事处的"小集体"。

知青下乡的一个非预期成果,则是促进了农村社队工业的兴起。社队工业,就是农村人民公社和生产大队开办的小型集体工业,1978 年的工人规模就已达到 2826 万人。究其原因,"文革"带来的城市工业生产失序为社队工业的发展提供了机会。费孝通认为:"社队工业就是在社会需要大于社会生产,农村局势相对稳定,而且在城市和农村之间有了中介人作联系的条件下产生的。"③ 这里的所谓中介人,即下放知青农工相辅的特点,且不再以家庭为单位,而是集体经济的形式,甚至是赔钱也得搞。"这是因为工厂看来是赔了钱,但是生产队每一家都有人在厂里做工,挣得工资,所以不允许关厂,宁可少拿一点工资。"④ 社队企业,作为改革

---

① 陈锡文:《中国农村改革:回顾与展望》,天津人民出版社,1993,第 102 页。
② 陈锡文:《中国农村改革:回顾与展望》,第 103 页。
③ 费孝通:《小城镇 大问题》,《小城镇四记》,新华出版社,1985,第 29 页。
④ 费孝通:《小城镇 大问题》,《小城镇四记》,第 85 页。

前的制度遗产，以土地集体制之外的工业集体制形式，为后来的乡镇企业增量发展提供了巨大的支撑。

三　增量改革的开启：承包制

1978年，中国进入了一个新时代。改革开放，作为新时代的精神，就是要突破体制的存量，来寻求改变，通过调动、激发基层民众的活力来塑造新型的社会主义政治经济体制。在改革最初的十年间，这套办法的核心机制，即是在农村家庭、国营企业和地方财政诸领域普遍推行承包制。

这一时期，城市中的历史遗留问题对于社会稳定运行的消极影响依然存在，重整从中央到地方政府再到国营（国有）企业等各级行政秩序，重建单位体制，是在政治上"拨乱反正"的有效保证。"与农村改革相比，城市体制改革的难度大得多。家庭是农村改革得以落实的结构基础，而城市改革则落实在单位组织上；企事业性的单位组织，不仅嵌生在行政权力自上而下的纵向计划体制中，也在横向上承担着社会福利的所有职能，牵涉到城市社会结构的所有方面。农村改革似乎通过'无为'治理留出了经济自然发育的空间；而城市改革则牵一发动全身，影响到所有利害关系。"[①] 因此，计划体制的突破，采用了"农村增量，城市存量"的策略，即从体制外围寻求增量发展，从农村地区寻找破解之法。

今天，理解农村地区普遍推行的家庭联产承包责任制，必须有双轨制的基础。这一农村改革的存量，是集体土地所有制，这个基础非常之重要，只有在这个基础上我们才能理解增量的逻辑，即恢复家庭在农村社会结构中的经济生产、社会生活和伦理秩序的核心地位。因此，农村改革的实质，是土地集体制与经营家庭制两者之间的结合，土地的非家庭所有，也就是非私有化的特征，与农业生产还原到乡村社会的基本组织单位，即家庭（私有化），是农村改革的辩证过程。只有在这个意义上，"包产到

[①] 渠敬东、周飞舟、应星：《从总体支配到技术治理——基于中国三十年改革经验的社会学分析》，《中国社会科学》2009年第6期。

户"和"包干到户"在逻辑上才是成立的。没有土地集体制的前提,就谈不上"包"字。

当然,在增量逻辑上,从"包产到户"到"包干到户",也有着实质的发展飞跃。这两个"包"字,含义颇为不同。包产到户,农民"包"的是其承包的耕地上的总产量,这意味着土地所有权归生产队所有,产品自然也归生产队所有,即所承包的总产量之内的农产品,承包农户必须交给生产队,超过总产量的部分,也要按照一定的比例,将产品交给生产队。所谓包干到户,生产队并不是要农民向它缴纳耕地上的农产品,而是将队里所承担的政府统购派购农产品的任务,按地亩分解到各个承包农户的家庭,由农民自己去完成上述交售任务。产品所有权的这种变化,导致了农业中基本核算单位和积累功能的转移。只有在包干到户的情况下,承包农户才真正能够获得产品分配的权利,老百姓称之为"交够国家的、留足集体的,剩下都是自己的"。

存量与增量的原理,也有助于分析农村改革成功后逐渐在城市地区推行的承包制改革之基本问题。我们知道,到了20世纪80年代中期,作为存量部分的城市,由农村改革的增量发展来促发而开始进行多轮改革。其形式,自然也是承包制,从起初有限度地扩大企业经营管理自主权,实行经济责任制、厂长(经理)负责制,到从体制入手实施利改税、拨改贷、承包责任制、价格双轨制、包干制等,目的就是要城市也像农村那样产生增量效应。但今天回头来看曾经的历史,城市的工业改革并没有取得农村改革的丰硕成果,其中遇到了各种困难,到了80年代末,出现了很多难以解决的问题。

从双轨制的逻辑看,因城市工业的存量是国家所有制,即常说的国营(国有)制度,其社会形式为单位制,与农村土地集体所有制有很大的不同。集体制的一个基本特征,就是所有权的边界非常清晰,土地、村落和生产队的规模和界限明确可见,而且权利实施的范围很小,也无行政权力的直接统辖。但国家所有制企业的改革,其存量部分的所有制呈现出层层上递的关系,并无所有权意义上明确的组织边界,因而也不可能形成像农村那样发展而成的"包干到户"的改革逻辑。企业承包制改革并没有完全实现同一时期中央所强调的"政企分开"的改革目标,而产生了双重效果。为国营(国有)企业放权让利,一方面将企业活动落实到经营核心上来,并通过适当的收入调节实现了一定程度上的管理和劳动激励;但另一方面,这一改革并没有改变国营(国有)企业以单位制为基础的行政架构,反而因为有了一定自主经营和利润空间而成为权力干预的场所。因此,以单位制为基础的行政体制和以集体制为平台而运行的模拟市场,① 成了企业承包制运行的两个基本机制。②

在这个意义上,城市的承包制改革主要分为两种类型。第一种是厂长、经理承包的国营(国有)企业,但因国家所有权无法追索,承包权无法具有真正的排他性,因此,这种意义上的承包权是不充分的。第二种是城市社区中的集体制企业所做的承包,主要有厂办集体企业和社办集体企业。这种所谓的集体制企业,在逻辑上并不是农村土地集体所有制意义上的"集体",因此,在单位制委托-代理不充分、集体制产权模糊不清晰的情况下,企业代理人更容易在所属国营(国有)企业的庇护下,成为其盘整、优化、隐匿和转移资产的首选目标。

对于改革的研究,以往过多关注增量发展的情况,但存量的性质也是非常重要的,在某种意义上决定着增量改革的方向、程度和效果。农村地区的土地集体所有制与城市地区的企业国家所有制因特性不同,直接造成城乡之间承包制改革的差异。

当然,从广义的承包制逻辑来看,中央与地方政府之间、地方政府由上至下各层级之间的财政包干制改革,以及沿海开放地区实行的特殊制度,都可看作承包制改革的组成部分。从 20 世纪 80 年代中期到 90 年代中期,中央-地方的财政关系进行了重大调整,实施了近十年之久的财政包干制改革。很显然,这项改革是以中央或上级地方政府为存量,以相应的地方各级下级政府为增量而进行的,即财政包干逐级实行,中央与省级

---

① 参见罗卫东、蒋自强《兰格模式与社会主义市场经济理论——社会主义市场经济理论的历史渊源》,《学术月刊》1994 年第 5 期。

② 渠敬东、周飞舟、应星:《从总体支配到技术治理——基于中国三十年改革经验的社会学分析》,《中国社会科学》2009 年第 6 期。

政府实行财政包干制后,省与地市、地市与县、县与乡镇也依次广泛采用财政包干制,由此加大了地方政府的自由活动权限。

国家治理层面的财政包干制,自然在占有和经营的意义上与城乡区域实行的承包制有根本的不同,其实质是从中央发动,到地方各级政府在行政自主权上所实行的逐层财政自治体系,当然,这里的自治也是在保证上缴包干基数后再进行超收分成意义上的。财政包干制当然有效激发了地方政府的活力,推动地方政府成为自我利益化的行动主体。由此,多个领域推行的承包制,乡村家庭及乡镇企业、城市企业、行政部门等多方结合起来,在定额包干的财政体制下,利用贷款兴办企业,有效增加地方财政收入,扩大就业规模。这样,改革最初的十年,承包制改革普遍扩展出地方自由资源的流动空间,使得由承包制实现的各类行动主体释放出巨大的活力,也分割出无数自我利益的寻租场。①

若说包干制是在既有的行政体制内部展开的承包制尝试,那么经济特区及开放城市的建立,则是带有承包制特征的第四个层面的改革战略。邓小平有关"一国两制"的创造性思想,并不限于为实现祖国统一的外交创建,也是推动国内城市政治经济体制改革的重要举措。通过塑造沿海与内地的新的二元结构格局,构成对内地存量的改革刺激。与城乡分割体制不同的是,只有经济特区的设立才使得中国的现代化转型具有了真正意义上的流动性,无论是外国资本和技术的内向流动,还是内地资源和人才的外向流动,都使改革初期的民间活力不再局限于家庭生产和基层乡镇经济,而在中国经济相对发达的沿海地区大规模释放。"到特区去!"似乎成为拨乱反正后人们洗除"文革"伤痕、憧憬美好未来的唯一出路。经济特区开始充分显现出中国权力集约化和劳力密集化的"发展优势",国家的集约权力可以瞬间扫除一切制度障碍,用低廉甚至免费的土地和制度性特权来装备特区,而广大内地低廉的劳动力,为出口加工业的发展提供了巨大的人力优势。

更重要的是,无论对于实际的生活处境还是人们的价值观念来说,特

---

① 张闫龙:《财政分权与省以下政府关系的演变》,《社会学研究》2006年第3期。

区都展现了极其强大的征服力：它缔造了经济极速发展的神话，体现了现代生活方式的魅力；它瞬间摧毁了媒体反复宣传的新奇的世界，让一切旧的体制和观念都从自己的脑袋中一扫而光。心之悸动，乃一切变革之本，特区最终造就了比社会分割影响更深的人心层面的二元结构，在想象和现实之间，希望即是不满，两者皆构成了人们思想解放和改变命运的最强动力。

总之，在改革最初，也是最具有奠基意义的十年，在存量与增量的辩证关系中，农村以家庭联产承包责任制为基础的生产经营改革以及随之发展壮大的乡镇企业，城市以国营（国有）企业承包制为基调的改革，以及中央与各级地方政府之间的财政包干制改革，一直到特区的设立，都表现出承包制逻辑的巨大能动性，以及二元社会结构对于促进改革的真正意义。当然，双轨制的体制机制依然潜藏着很多风险，特别是在存量和增量的互动上，产生了很多可寻租的空间和地方主义的危险，特别是社会经济结构隐藏的矛盾，有可能形成特别的结构冲突。

四　存量的再造：项目制

20 世纪 90 年代初的全面市场化改革，是解决二元社会结构矛盾的迫切需要。中国市场化改革的基本路向，目的就是要扩大 20 世纪 80 年代增量改革的范围和力度，大规模加强"体制外资源"的流动和增值，以社会主义市场经济为引领，将"经济增长至上"作为改革的主导目标。

1992 年邓小平南方谈话后，在 10 月召开的党的十四大上，提出了建设"社会主义市场经济"的目标。在地方政府的主导下，投资规模迅速扩大，各地大办乡镇企业、加快实行国有企业的承包制、股份制改革。上海交易所的行市 1992 年上半年增长了 1200%。整个国家在短时间内就恢复了因国际贸易中断而一度减缓的经济增长。1989—1991 年的经济增长率分别只有 4.1%、3.8% 和 9.2%，而 1992 年和 1993 年的经济增长率迅速上升到 14.2% 和 14%。全国的固定资产投资，1992 年比 1991 年增长了 44%，1993 年又比 1992 年增长了 62%，其中投资来源主要为国内贷款，两个年度国内贷款用于固定资产投资的增长率分别为68%、39%,[①] 增幅之大,三十年间甚为罕见,成为拉动经济增长的主要动力之一。

市场化改革,似乎将改革初期存量和增量的双轨逻辑发展到了极致,似乎在保证国家行政体制不受损害的前提下,将承包制发展出来的增量扩展为全社会的增量,形成一种更具张力的"国家－社会"二元结构。但事实上,中国改革并未走这样一条极致的道路。1994年进行的分税制改革,表面上是一次财税体制的改革,实际上则是对新中国成立以来中央－地方关系的一次重大调整,也是对政府干预经济方式的一次历史性改革。

按照分税制的规定,增值税变为中央与地方共享税种,中央75%,地方25%。为了照顾改革前的利益分配格局,中央规定按照地方上缴的增值税进行一定比例的返还。增值税的征税范围包括所有的工业企业,即包括国有、集体和私营企业。也就是说,地方政府"自己的企业"产生的主体税收也要与中央共享。

总之,有学者指出,分税制的目的,一是中央和地方的预算收入采用相对固定的分税种划分收入的办法,避免无休止的谈判和讨价还价;二是分设中央、地方两套税务机构,实行分别征税;三是实行税收返还和转移支付制度,即力图改变和调整这"三大关系","使得中央财政在中央－地方关系中保持强劲的支配能力,使得国家财政收入能够随着工业化和企业繁荣的挺进而不断增长,使得地区间的财力逐渐趋向于均衡"。[②]

分税制体制一举解决了中央与地方之间历年来就税收包干基数进行逐一谈判的问题,排除了地方利益、政治和行政因素的干扰,以比较单纯的财政方式规定了中央与地方的利益分配格局,同时集中了大量的地方财政收入,实际上是一次财政集权的改革。在财政包干制下,中央与地方、地

[①] 中国经济景气月报杂志社编《数字中国三十年:改革开放30年统计资料汇编》,《中国经济景气月报增刊》,2008年。

[②] 但是,"分税制实施至今已经超过十年,从这十年的变化情况来看,其主要目标(主要是前两个目标)已经基本实现,但第三个目标却颇成问题,而且也产生了一些意外后果"。参见周飞舟《分税制十年:制度及其影响》,《中国社会科学》2006年第6期。

方各级政府之间大多实行的属于固定基数的"一揽子"包干法,只包税收总额,并不分税种包干。地方政府只要扩大企业投资规模,无论企业效益如何,都能够立竿见影地促进地区生产总值和财政收入的同时增长。但分税制改革后,原有的承包制在财政收束的情况下开始逐渐消弭,块块分权的时代也结束了。因集权形态的政府体制无法适应市场体制的要求,因此,随着分税制的开展,政府体制内部形成了一种独特的双轨制,开启了条条分权的时代。

21世纪以来,在经济全球化的时代里,出口加工和贸易成为国内生产总值的增长支点,外资拉动和贸易依存度急剧加大,国民低收入反而成为制造业的劳动力优势,促使中国的存量体制因应对外部压力而进行自身的改革。中国政治与国际经济的张力,需要从体制内部建立双轨制,确立存量与增量的适度关系。只有用条条分权取代块块分权,才能确立技术治理的体制,应对市场资本主义带来的社会矛盾。在这个意义上,由于分税制为中央政府集中地方财源提供了一条有效的制度路径,中央政府吸纳财政资源后,则通过财政转移支付的形式返回地方政府以弥补地方支出。这样,既可以平衡全国不同地区的支出水平,促进各地区财政支出的均等化,同时因转移支付大多采用专项转移支付或者项目资金的形式,便形成了以条条政府部门为主导、地方政府普遍参与的项目竞赛。

这里所说的"项目制",便是这样一种能够将整体社会结构及机制统合起来的制度或体制。项目现象,是我国近十年来社会治理体制机制运行中的一个极为独特的现象。国家财政若不以转移支付的形式来配置资源,就无法通过规模投资拉动经济增长,数万亿资金的划拨便无从着落,各种公共事业也无法得到有效投入和建设;地方政府若不抓项目、跑项目,便无法利用专项资金弥补财政缺口,无法运行公共事务;甚至本以市场经营和竞争为生的众多企业,也多通过申请国家各级政府的专项资金项目来提高自己的收益率;更不用说在出版、教学和研究领域,若没有基本的课题或项目资助,不仅搞不了大工程,知识分子可能连基本的生活和职位都存在问题。

在这个意义上,项目制不单指某种项目的运行过程,也不仅是指项目管理的各类制度,而更是一种能够将国家内部从中央到地方的各层级关系以及社会各领域统合起来的治理模式。项目制不仅是一种体制,也是一种能够使体制积极运转起来的机制,同时,它更是一种项目思维,决定着国家、社会集体乃至具体的个人构建决策和行动的战略和策略。

由此,项目成了拉动经济发展的活力细胞,成为城市土地和金融经营的支点。① 地方政府借助建设项目枢纽和项目高地,来盘整各类专项资金,并让自己直接作为投资和运营单位,进入市场和借贷操作。② 与此同时,项目制因转移支付、项目配套、考评奖励等措施的启用,加速形成了上下级组织之间以获取资金为目的的"经济关系"。③ 项目制实际上是通过与原有的单位科层制相互嵌套而发生作用的。当项目制这种"新条条"试图限制"旧块块"的扩张时,不仅使部门系统本身形成了"新块块",同时也促使"旧块块"用全新的办法迅速组建"新块块"来培植自己的领地,形成了内部互动的双轨治理体系。④ 实际上,无论上下,在强调用利益杠杆调节社会结构,用绩效思维来调动治理活动的时候,都没有实质性的差别。在财政资金的"汲取"与"下放"过程中,地方对于专项资金的转化与变通,使项目难以按照预期的目标得到落实,而地方政府也因体制的优势,集投资者、占有者、委托者、经营者于一身,辗转腾挪,七十二变,自然使项目制的原初方案大打折扣,公共服务和公共事业建设也难于保证。⑤

项目制将常规行政体制作为存量来看待,并认识到,单位制虽可保持结构的稳定性,却不能提供发展效能;市场制虽可提高效率,却无法维护

---

① 参见周黎安《转型中的地方政府:官员激励与治理》,上海人民出版社,2008,第9章。
② 折晓叶、陈婴婴:《项目制的分级运作机制和治理逻辑——对"项目进村"案例的社会学分析》,《中国社会科学》2011年第4期。
③ 张静:《政府财政与公共利益——国家政权建设视角》,周雪光、刘世定、折晓叶编《国家建设与政府行为》,中国社会科学出版社,2012。
④ 渠敬东:《项目制:一种新的国家治理体制》,《中国社会科学》2012年第5期。
⑤ 平新乔:《转移支付与公共财政的制度性缺陷》,《上海商报》2008年9月3日。

整体社会的包容性增长。项目制有意将自身塑造成一种新双轨制的增量部分，通过财政上的转移支付，将民生性的公共事业尽可能辐射到广泛的社会领域之中，通过强化国家再分配体制来凸显政府在维护社会公平上的合法职能。① 因而，在国家与市场的配合下，形成了独具特色的全面竞争社会，促使范围更广、强度更大。

由项目制所体现的新型双轨体制及其治理逻辑和体制精神，从20世纪90年代中后期开始，直到今天，已经发展成为一种全面的社会运行体制，地方政府只有通过项目化才能获得更多的财政资源，发展公共事业；事业部门在实现知识和技术创新的过程中，也需要依靠项目制提供的路径而获得资源和发展。"项目制与常规行政体制不同，它力图做到专项目标明确、资金分配平衡、预算结构清晰、过程管理严格、程序技术合理、审计监督规范，在实施过程中一统到底，且带有明显的专家治国的倾向。这种技术治理的制度精神，往往容易获得更多的认可。"② 不过，体制的双轨经常发生各种微妙的关联，使整体社会运行常常表现出极其复杂的信号。重要的是，条条部门在项目实施中所运用的技术和程序具有很强的不可替代性，因而会产生很大的项目权力和垄断能力。十八大之后的从严治党等措施，便是针对行政体制的双轨制所产生的部门权力过于集中的问题而出台的。

五　结语

从中国改革开放四十多年的发展看，改革的逻辑总体上呈现为一种"存量"与"增量"的辩证关系，而且两者的外延和内涵都会随着历史的变迁而产生相应的变化。改革初期的双轨制，与改革进入市场化之后的双轨制，具有明显不同的特征。前一个阶段，体制作为存量，承包制作为增量意义上的动力，在全社会释放出巨大的活力；后一个阶段，体制内出现

---

① 渠敬东：《项目制：一种新的国家治理体制》，《中国社会科学》2012年第5期。
② 渠敬东：《项目制：一种新的国家治理体制》，《中国社会科学》2012年第5期。

了一种增量,即通过项目制来调动社会的发展。

在每个历史时期,寻找增量,还有哪些内部和外部资源可供利用?有哪些新的领域可以带来新的社会性刺激?这是改革最终的动力原则。同样,改革的时代,必然时刻面临着一个根本的难题,若存量与增量并轨,改革将走向何方?

作为历史记忆的仪式文本与意义的多重性

——以中缅边境南览河流域布朗族村寨的"巴蒂然"为例

高 兴[*]

摘 要 现今仍广泛存在于中缅边境南览河流域布朗族村寨之间的"巴蒂然"仪式,保留了明清时期鲜见于正史与地方土司谱牒中南览河流域的历史记忆。因仪式仍被不断实践,所以包含了历史与现实的多重意义。仪式实践的背后,是南览河流域山地族群历史记忆与日常互动等多重意义的叠加。

关键词 巴蒂然 中缅边境 仪式文本 历史记忆

一 问题的提出

在中缅边境的南览河（ᥢᥛᥳᥘᥩᥴ）流域,布朗族村寨的人们常说,"每个布朗族寨子,都有一个'巴蒂然'（关系的村寨）",[①] 即每隔三年（个

---

[*] 高兴,北京大学哲学系宗教社会学专业博士生。
[①] 若无特殊说明,本文未注明的材料均源自笔者 2020 年 6 月 12 日至 11 月 10 日在南览河流域的田野调查。

别村寨为两年），"巴蒂然"关系的两个村寨便会你来我往，举行"巴蒂然"仪式。南览河位于西双版纳傣族自治州西南角，是南垒河左岸的支流，为独立出境的流经中国与缅甸的河流，发源于澜沧县竹塘乡北部，流经勐海县打洛镇区域时名打洛江，下游流经布朗山乡曼桑坡脚，出界进入缅甸，汇南垒河东注入澜沧江下游湄公河。① 现南览河两岸分布着许多布朗族村寨，每个布朗族村寨都与一个或多个村寨存在"巴蒂然"的仪式关系。在此，"巴蒂然"仪式广泛存在，且至今仍被不断实践。"巴蒂然"仪式的核心是公开宣读一份以经典傣文②书写的仪式文本。以布朗山乡曼桑寨和缅甸三岛乡曼岗寨的"巴蒂然"仪式为例，通过翻译仪式文本发现，其中关涉一段时期内鲜见于正史和地方土司谱牒的历史记忆；然而除曾学习过经典傣文的"达章"外，其他仪式参与者大多无法听懂仪式文本的内容，因而仪式文本不断被阅读本身而非文本内容，成为举行仪式的重要意义维度。

对史学家而言，"仪式文本"或曰"仪式文献"可被视为一种历史文献，其中包含了特定时期的社会历史情境。在《仪式文献研究》中，刘永华将仪式文本界定为"用于引导仪式或在仪式中使用的文献，作为民间历史文献的一个种类，一般仅限于在民间撰写、流传或使用的文献"。③ 而相对于族谱、碑铭等其他类型的民间文献，许多仪式文献具备相对独立的知识体系和传承谱系。另外，与士大夫书写的谱牒、方志、文集等文献不同，仪式文本中涉及其他文献难以重构的历史信息，因而在文化史研究中具有重要意义。现今仍被不断实践的仪式同时包含了历史与现实的双重意义。

宗教现象可以自然而然地分为两个基本范畴，即信仰和仪式，不论这两大要素之间有怎样的联系，它们的差别十分明显：第一种要素被转换为思想，宗教丰富和组织着这些思想；第二种要素面向行动，宗教要求并调

---

① 参考江应樑《傣族史》，四川民族出版社，1983，第10—11页；周本贞主编《中国少数民族大辞典·佤族卷》，云南民族出版社，2014，第141页。
② 俗称"老傣文""多坦"等。
③ 刘永华主编《仪式文献研究》，社会科学文献出版社，2016，"导论"，第1页。

整着这些行动。① 一旦仪式共同体被制度化，它便呈现自身的存在，尽管最初被制度化的仪式共同体的"决定因素"被忘记了或消失了，但共同体及其仪式一直存在。② 因而仪式实践所凝结的共同体之间的互动，则成为探索仪式现实意义的重要途径。虽然近代民族国家的疆界不断清晰，但在地方实践中，跨境的互动一直存在。中缅边境南览河流域今布朗族村寨之间"巴蒂然"仪式所形成的互动关系，并不限于特定时间仪式中的往来，"巴蒂然"关系的建立与维系还与许多日常互动有关，因而也包含了仪式对于村寨的现实意义。

至今仍广泛存在于南览河流域布朗族村寨的"巴蒂然"仪式是怎样的？作为仪式的核心部分——仪式文本，呈现了这一区域怎样的社会历史情境？村寨之间定期举行"巴蒂然"仪式有着怎样的意义？本文以南览河流域今布朗山乡曼桑寨与缅甸三岛乡曼岗寨，以及打洛镇曼夕寨与缅甸色勒乡曼瓦寨的"巴蒂然"仪式为例，通过对仪式及其结构、仪式文本，以及村寨之间日常互动的分析，尝试厘清"巴蒂然"仪式所包含的历史记忆与现实意义。

二 "巴蒂然"仪式的结构及其基本过程

"巴蒂然"为经典傣文"ပဋိညာ"的汉语音译，意为"宣誓、誓约、诺言、同意"等。③ 根据"巴蒂然"仪式名称的基本意涵及其使用情境，即两个村寨相约定期举行仪式，并在仪式中杀鸡献牲、公开宣读仪式文本，包括邀请神灵见证、公开宣读双方的"约定"以及违背"约定"的诅咒，"巴蒂然"仪式实则为盟誓祭仪的一种形式——"寻盟"。《周礼·秋官·

---

① 〔法〕爱弥尔·涂尔干：《宗教生活的基本形式》，渠东、汲喆译，上海人民出版社，2006，第42、563页。
② P. Steven Sangren, *History and Magical Power in a Chinese Community*, Stanford: Stanford University Press, 1987, p.62.
③ A. P. Buddhadatta Mahathera, *Concise Pali-English Dictionary*, 大马比丘 Mahabano 汉译，2009，第465页。

司寇》中有"司盟掌盟载之法。凡邦国有疑会同，则掌其盟约之载及其礼仪，北面诏明神。既盟则贰之。盟万民之犯命者，诅其不信者，亦如之"。在郑玄注中，"载，盟辞也。盟者，书其辞于策，杀牲取血，坎其牲，加书于上而埋之谓之载书"。此处提示了盟誓的几个重要维度：其一，盟是一种仪式，且需"杀牲取血，坎其牲"；其二，盟必"诏明神"，即需要神明见证监督；其三，凡盟需有盟辞，即"盟者，书其辞于策"，而盟必有誓，郑玄注中的"载书"既是盟书，也是誓文，且载书中一般都会有"苟渝此盟""渝盟，无享国"，① 即对于违背盟誓者的惩罚——诅咒。② 因而，"巴蒂然"仪式可谓是一种盟誓祭仪，且是一种寻盟，即结盟双方或多方在建立了盟誓关系之后，经过一段时间再次举行仪式，以加强和维系盟誓主体之间的联系。③ 另外，根据寨中居民的说法，"巴蒂然"关系的村寨是一种结盟关系，村寨之间有困难则相互帮助，有大的节日也会互相邀请，因而也进一步证实，布朗族的"巴蒂然"仪式是一种盟誓祭仪。其中，在仪式中公开宣读的仪式文本，也称"载书"，是盟誓的核心。

以南览河流域布朗山乡曼桑寨与缅甸三岛乡曼岗寨之间的"巴蒂然"仪式为例，2019年12月14日至16日，曼桑寨代表到曼岗寨拜访，举行了"巴蒂然"仪式。每次举行"巴蒂然"仪式，曼桑寨都会派出代表，约为20人，分别代表20户人家，下次则由村寨的其他20户人家参加，以此类推（截至2020年7月，曼桑寨总共63户人家）。代表随同村寨的"达章""达曼"，以及几位老人（通常是7—8位50岁以上的老人），带着礼物到曼岗寨。曼岗寨居民则会提前在寨门前的"萨拉房"④ 前迎接客人，然后主客一起进入曼岗寨"达章"的家里，举行"巴蒂然"仪式。

仪式过程如下：首先，在仪式开始之前杀鸡献牲。杀鸡献牲是布朗族祭祀中非常重要的环节，例如祭祀寨神、龙神、山神以及新米节到来的时

---

① （清）马骕：《绎史》卷三一《春秋第一·鲁隐公摄位》，中华书局，2002，第896页。
② 田兆元：《盟誓史》，广西民族出版社，2000，第22—32页。
③ 田兆元：《盟誓史》，第56页。
④ 亭子，凉亭，盖在村外供路人过夜的亭子，公共休息场所；或官署，官厅；舍，厅，棚。

候，都会杀鸡献牲。① 然后由曼桑寨的"达章"引导大家跪拜，并诵读仪式文本。举行仪式的基本空间结构如图1所示。

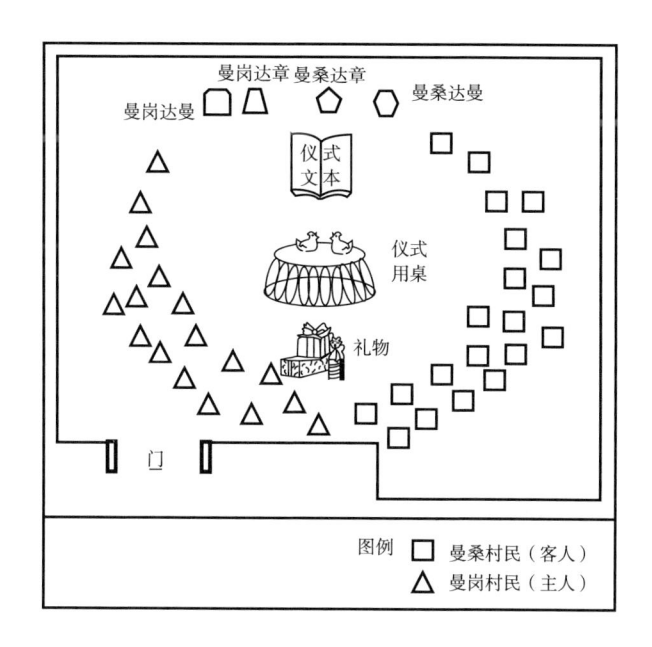

图1 "巴蒂然"仪式中的人物空间关系

"达章"类似汉人社会的"礼生",② 或可称为"司祭"（ritual officiant),③ 是村寨的仪式专家，熟悉村寨的仪式规则，不仅负责管理村寨内部事务以及部落佛教礼仪活动，而且负责整个村寨的大型祭祀，是布朗族村寨宗教事务的负责人。与之相对，布朗族村寨还有"达曼"，是村寨世俗生活的负责人，即村寨头人，负责管理村寨土地等，另外也负责寨神——"寨心"祭祀。

仪式文本阅读完毕后，曼桑寨的"达曼"、"达章"和其他老人，会

---

① 赵瑛：《布朗族文化史》，云南民族出版社，2014，第155—169页。
② 刘永华：《民间礼仪、王朝祀典与道教科仪：近代闽西四保祭文本的社会文化史阐释》，刘永华主编《仪式文献研究》，第177页。
③ Hugh D. R. Baker, *A Chinese Lineage Village*, Stanford: Stanford University Press, 1968, p. 148.

为曼岗的"达曼"、"达章"以及在场的其他人"拴线"祝福,并念诵《拴线词》,这一过程也被称为"作礼"。仪式结束后,两个村寨便会一起用餐、庆祝,年轻人围坐在一起"对唱"布朗族传统"索调"。两个村寨之间举行"巴蒂然"仪式会庆祝三天,而仪式部分仅占一天时间,其余两天主要是村寨之间一起吃饭、娱乐,以及年轻人之间互相对歌交流。再过三年,曼岗寨则会来到曼桑寨,举行同样的"巴蒂然"仪式,以此类推,每隔三年,你来我往。

每个布朗族村寨都有一个或多个"巴蒂然"关系的寨子,通过"巴蒂然"仪式,南览河流域的村寨(也包括个别傣族、哈尼族村寨,例如布朗族村寨曼迈兑寨和哈尼族村寨曼勒的"巴蒂然"关系)联结成一个定期互访、互助协作的网络。

三 "巴蒂然"仪式与南览河流域的历史

在"巴蒂然"仪式中,最重要的部分便是公开宣读仪式文本。《周礼·秋官·司寇》中司盟一职,"凡邦国有疑会同,则掌其盟约之载及其礼仪,北面诏明神。既盟则贰之"。在此,"载",即载书,而"贰之",就是记录下来的载书副本。同盟誓的载书类似,"巴蒂然"仪式的双方都会保留一份载书副本,因而内容基本相同。曼桑寨与曼岗寨"巴蒂然"的仪式文本并未标注文本名称,为论述方便,本文以《曼桑文本》指涉在曼桑寨收集到的曼桑与曼岗寨的仪式文本(如图2所示)。

图2 曼桑寨以经典傣文书写的仪式文本

除了盟誓祭仪载书的基本结构内容（盟誓主体、邀请神明见证、盟誓主体之间的约定以及违背誓约的诅咒）外，《曼桑文本》的大部分篇幅叙述的是曼桑所在区域南览河流域7个"圈"，以及其向车里宣慰使司纳税的"历史"。"圈"为经典傣文"ᥝᥫᥒᥲ"的汉语音译，意为"区域、界限"，指涉的是一个空间范围，类似于今天的乡、镇等行政区划单位；"圈桑"即曼桑寨及其所辖区域。南览河流域在明代为车里宣慰使司与孟艮府（亦名景栋，又名整东）的交界，今孟艮城距今西双版纳边界打洛约90公里；① 在清代，南览河流经今布朗山的河段，位于普洱府与缅甸交界处（见图3）；今南览河在勐海县境内北起勐满乡西北（景蚌）边界线，为中缅界河。② 本文涉及的"巴蒂然"关系的布朗族村寨——曼桑寨、曼岗寨、曼夕寨以及曼瓦寨，均位于南览河流域流经今布朗山的河段，因此，在总体上论述这些村寨时，以南览河流域称之。

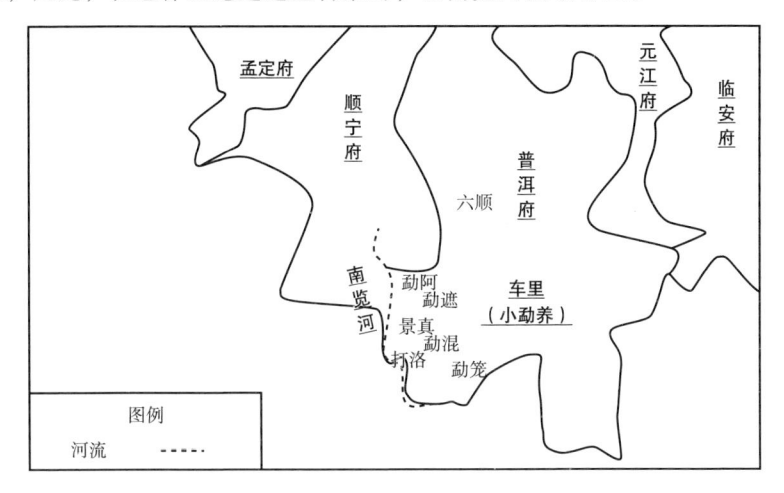

图3 清代（嘉庆二十五年，1820年）普洱府大致范围

说明：按底图手绘，仅保留相关地名、河流信息。
资料来源：参见谭其骧主编《中国历史地图集》第8册，中国地图出版社，1987，第48—49页。

---

① 方国瑜：《中国西南历史地理考释》下册，中华书局，1987，第1017页。
② 云南省勐海县地方志编纂委员会编纂《勐海县志》，云南人民出版社，1997，第34页。

南览河流域在明代属车里宣慰使司管辖，清初车里则隶属元江府，雍正七年（1729）改土归流后则属普洱府管辖。纵观整个明清时期，王朝国家都没有在该地区建立直接统治，而是由地方土官等管辖，直到1956年西双版纳完成和平协商土地改革，土司制度被彻底废除，[①] 在该地设立行政建制，才完全由国家直接管理。

车里，即今西双版纳，当地族群自称傣泐，西双版纳也称"勐泐"，《泐史》以及同类《朗丝本勐泐》（汉译《勐泐古事书》）、《朗丝本勐》（汉译《西双版纳地方史》）、《朗丝折刻召片领》（汉译《召片领世系》）等傣泐文（即经典傣文）的汉译版本，记录了车里宣慰使及其辖区内的编年史，包括车里宣慰使的世系名称、生卒年、在位时间、封地，车里的疆域、典章制度、重大事件以及与中原王朝、缅甸、老挝、泰国等邻邦的关系，与德宏一带傣族的另一分支——傣勒（纳）的土司谱牒相似，所以均被称为泐史类材料，是研究西南边疆史的重要材料。[②] 目前泐史类资料主要有《泐史》《四十四代召片领世系》等。自车里宣慰使刀坎（即刀罕勐）降明开始，明清史籍中便有了关于车里宣慰使及其辖区的记载，明代还设置了"四蛮夷馆"，专门翻译少数民族及邻国文字，这也是元代所没有的，使得明代之后的汉文史籍可以作为泐史类的对照材料。[③]

依据内容，可将《曼桑文本》分为四个部分：第一部分是序言，说明文本的性质、书写时间标记、作者、内容及创建文本的目的；第二部分，关于车里宣慰使在南览河流域建立7个"圈"，设立纳税制度，并在7个"圈"之中任命"圈桑"作为头人管理其他"圈"的历史；第三部分，叙述除"圈桑"以外的其他6个"圈"从"松列帕宾召宣慰法"辖区被划分出去的历史过程；第四部分，记述"圈桑"被车里宣慰使划归

[①] 西双版纳傣族自治州地方志编纂委员会编《西双版纳傣族自治州志》下册，新华出版社，2002，第575页。

[②] 《车里宣慰使世系集解（汉文、西双版纳傣文对照）》，刀永明、刀述仁等译，云南民族出版社，1989，第1页；高立士：《西双版纳傣族的历史与文化》，云南民族出版社，1992，第121—122页。

[③] 朱德普：《泐史研究》，云南人民出版社，1993，第11页。

"勐混"管辖,并承担勐混纳税的历史。《曼桑文本》虽然简略,却勾勒出了明清时期鲜见于正史和泐史类资料,车里宣慰使司辖区一处山地边缘的历史过程:自明代第一位车里宣慰使刀坎开始,南览河流域7个"圈"成为宣慰使的纳税单位;明中期,车里与八百大甸有战事,失去南览河流域3个"圈";而自嘉靖初年以后,缅甸洞吾势力渐长,明朝渐不能制,具体到车里宣慰使司辖区,则又逐渐失去了南览河流域的3个"圈";清雍正年间,车里宣慰使司辖区被逐步改土归流,原属车里宣慰使司管辖的"勐混"地区被清廷改流,设置勐混土便委,而7个"圈"中剩下的"圈桑"也在这一时期被宣慰使划归勐混土司,且以"银子"向勐混土司纳税。

四 明代车里与仪式文本中的历史记忆

明初军队进入车里地区,由此明朝开始影响到该地。根据《明实录》的记载,我们对该过程可以有一个大致了解。明洪武十五年(1382),"征南左副军永昌侯蓝玉,右副将军西平侯沐英,进兵攻大理,克之。……破石门关,下金齿,由是车里、平缅等处相率来降,诸夷悉平……乙巳,置平缅宣慰使司,以土酋思伦发为宣慰使;改车里路为车里军民府,以土酋刀砍为知府"。① 又洪武十七年,改车里军民府为"车里民军宣慰使司,以刀砍为宣慰使"。② 刀砍,在《泐史》中被译为刀坎,"如能归顺,天朝兵当撤去,刀坎觉无法抗拒,乃降……祖腊七四四年(1382)也"。③ 在此,"刀坎"为傣语"ᨧᩮᩢ᩵ᩣᨡᩢ᩠ᨶᨪᩮᩥ᩠ᨦ"的汉语音译。同时,刀坎也出现在"巴蒂然"仪式文本中。据《曼桑文本》载,"有一位'召'(即车里宣慰使)的儿子,叫作刀坎"。尽管我们无法确知"巴蒂然"仪式文本的成书时间,但是可以看到,在该仪式文本中存在关于明初车里地区土官刀坎的历史记忆。

---

① 《明太祖实录》卷一四三,洪武十五年闰二月癸卯、乙巳,中研院史语所,1962年影校本,第2246—2247页。
② 《明太祖实录》卷一六四,洪武十七年八月丙子,第2535页。
③ 李拂一:《泐史》,国立云南大学西南文化研究室,1947,第6页。

明中期，车里战祸不断，甚至宣慰使的金牌、信符都"毁于火"，成化二年（1466），"给云南老挝及车里八百大甸宣慰司金牌信符，以原降者毁于火故也"。[1] 天顺年间，车里与八百发生战争。《明史》载，天顺元年（1457），"总兵官沐璘奏，'刀霸羡自杀，弟板雅忠等已推兄三宝历代承职。今板雅忠又作乱，纠合八百相仇杀'，帝命璘亟为抚谕并勘奏应袭者"。[2] 又天顺二年，"帝以三宝历代者，虽刀更孟之子，乃庶孽夺嫡，谋害刀霸羡致板雅忠借兵攻杀不当袭，但蛮民推立，姑从众愿，命袭宣慰使"。[3] 此处，"八百"即明"八百大甸军民宣慰使司"，"元八百等处宣慰使司，明洪武二十四年六月改置"。[4]《天下郡国利病书》载，"八百大甸军民宣慰使司，夷名景迈"。[5] 这一时期，八百大甸也称"景迈"，即清[6]迈，是泰国历史上孟莱王统治时期的兰那王国。[7]

首先，在泐史类材料中，车里与八百军民大甸军民宣慰使司的战争发生在三宝历代任车里宣慰使时期；因三宝历代继位，勐笼召勐纠合八百攻打车里，战争结束后，车里宣慰使失去了部分辖区。天顺二年，因车里宣慰使继位问题发生争执，后三宝历代继任车里宣慰使；据《四十四代召片领世系》载，三宝历代时期，车里发生了宣慰使继位的争执，各个勐的"召勐"共同商议，由百姓决定谁来继任，"当公布了刀更勐的儿子、思龙法（即奢陇法，明史中的刀弄[8]）的义子——桑波勒傣（ဉ်ပရဆငျ[9]，即明史中的三宝历代）时，百姓通宵达旦欢呼，各村佛寺打鼓齐鸣，声震长空。连续欢呼三日。一大头目言：众推我兄为主，很好"。此处，

---

[1] 《明宪宗实录》卷三四，成化二年九月丙申，第687页。
[2] 《明史》卷三一五《云南土司三》，中华书局，1974，第8157页。
[3] 《明史》卷三一五《云南土司三》，第8157页。
[4] 《续通典》卷一四六《州郡·云南贵州》，商务印书馆，1935，第5页。
[5] （清）顾炎武：《天下郡国利病书·云南贵州交阯备录》，《顾炎武全集》第17册，上海古籍出版社，2011，第3611页。
[6] 景、清为音译，傣语为"ရ႕"，均为"城"之意。
[7] 〔泰〕黎道纲：《八百媳妇国疆域考》，《东南亚》1995年第3期。
[8] 朱德普：《〈泐史〉校补》，《傣族社会历史调查》（十），民族出版社，2009，第141页。
[9] 《车里宣慰使世系集解（汉文、西双版纳傣文对照）》，第407页。

"一大头目",据朱德普考证,应是《明史》中"纠合八百"在车里作乱的"板雅忠",也即勐笼召勐"刀庄霸"。① 又参考《明史》,泐史类资料不同版本中板雅忠"纠合八百"攻车里,应发生在天顺元年,即1457年。

当板雅忠"纠合八百"攻入车里时,泐史类资料均记载了孟艮酋协助三宝历代战胜八百的过程,后三宝历代以勐麻、勐拉地酬谢孟艮。自此,勐麻、勐拉不再属于车里。《四十四代召片领世系》载,"孟艮景栋的召法(土司)西利苏坦玛拉札(သုဝဏ္ဏရာဇ်②)曾派出军队,来到景洪,支援道桑波勒傣即(三宝历代)抗击兰纳军……为了报答孟艮召法西利苏坦玛拉札的大力援助,帕雅勐泐桑勒傣将勐麻、勐拉(在打洛南面)两地赠送给帕雅孟艮,以作酬谢。从此,勐麻、勐拉归属景栋,不再隶属西双版纳了"。③ 又《西双版纳召片领四十四世始末》载,"时有帕雅孟艮名召西利书坦麻拉札,驻扎景栋,出兵助桑玻泐傣,抗击兰纳,终于战胜兰纳。战争平息后,桑玻泐傣将勐麻、勐拉底割赐,以酬谢帕雅勐艮(即孟艮)……自此,勐麻、勐拉底即从属于景栋,就不再属于西双版纳"。④

关于车里宣慰使司在三宝历代时期辖区的变化,《曼桑文本》中则记载土地是以"嫁妆地"的形式划归孟艮的。

> 一直到壬辰年(龙年),五月底六月初,召宣慰法(即车里宣慰使)就有了一个女儿,叫作婻可勐(ဗီဝ၆၃ရွှေ),就嫁去勐景栋建设、统治……"召"疼惜公主,就准备了一万棵菩提树;以班莽作为十个村寨所有"卡"(指山地百姓)的代表,送给公主;又召唤作为公主附属(陪嫁)的五个村寨(原文指三个"圈")的"卡"。因而位于勐外的十五个村寨,时间长了就被称为"给公主的地"。

---

① 朱德普:《〈泐史〉校补》,《傣族社会历史调查》(十),第140—141页。
② 《车里宣慰使世系集解(汉文、西双版纳傣文对照)》,第416页。
③ 《车里宣慰使世系集解(汉文、西双版纳傣文对照)》,第237页。
④ 高立士:《西双版纳召片领四十四世始末》,《西双版纳傣族的历史与文化》,第139页。

《四十四代召片领世系》中载，"道桑波勒傣有五子六女……五女名婻可勐"，祖腊历八三七年（1465），"孟艮景栋召法的儿子召勐卡，前来（景洪）娶帕雅道桑波勒傣的女儿婻可勐为妻"。① 如图4所示，明代车里宣慰使司与孟艮接壤，景栋则为孟艮首府。② 在此，婻可勐即《曼桑文本》中嫁到景栋（孟艮）的婻可勐，原因在于：其一，在泐史类资料中，三宝历代第五女被记作"婻可勐""孃珂麦""婻柯勐"等，均为ငင်္ဂပ်၃ၛ္ဘ③的汉语音译，即为同一人；其二，在泐史同类资料记载的所有世系中，仅三宝历代有女婻可勐，且嫁到孟艮。另外，虽然在《四十四代召片领世系》文本中，"孟艮景栋召法的儿子召勐卡，前来（景洪）娶帕雅道桑波勒傣的女儿婻可勐为妻"；又《西双版纳召片领四十四世始末》中，"帕雅勐艮名勐卡娶桑玻泐傣之五女名婻可勐为妻"；④ 又《泐史》

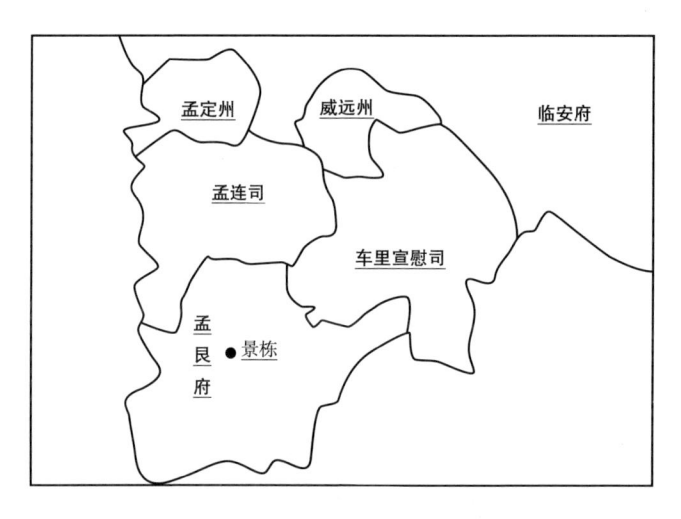

图4　明代（万历十年，1582年）车里地区大致范围

说明：按底图手绘，仅保留相关地名信息。
资料来源：参见谭其骧主编《中国历史地图集》第7册，第78—79页。

---

① 《车里宣慰使世系集解（汉文、西双版纳傣文对照）》，第239页。
② 方国瑜：《中国西南历史地理考释》下册，第1017页。
③ 《车里宣慰使世系集解（汉文、西双版纳傣文对照）》，第410页。
④ 高立士：《西双版纳召片领四十四世始末》，《西双版纳傣族的历史与文化》，第140页。

中,"有叭钦(孟艮酋)之弟名诏猛卡者,娶三宝历代之女孀珂麦",①无法确知究竟是孟艮酋、孟艮酋兄弟、孟艮酋之弟还是孟艮酋之子娶三宝历代第五女婻可勐,但可以肯定的是婻可勐嫁到了孟艮府,且随着她的出嫁,结合《曼桑文本》,在三宝历代时期,车里部分土地被以"嫁妆地"的方式划归孟艮。

明中后期,缅甸洞吾(Toungoo)王朝兴起,不断入侵周边地区(包括车里、八百、孟艮等)。嘉靖十一年(1532)至天启七年(1627),车里再次战乱不断,其辖区也不断发生变化。天启七年,"车里遂亡"。然而在这95年的时间中,正史只记载了两位车里宣慰使——"刀糯勐"和"刀韫猛"②;在泐史类材料中,则出现了"召西利松版""刀温勐""召西利苏年达""召应勐""刀糯勐""召西利苏坦玛"等宣慰使。③且在泐史类文献中,刀糯勐应为召温勐之孙,④正史却将刀糯勐记在前,召温勐记在后为刀糯勐后代。《明史》载,嘉靖十一年(1532),"缅酋莽应里据摆古,蚕食诸蛮,车里宣慰刀糯猛折而入缅",⑤又天启七年(1627),巡抚闵洪学奏:"缅人侵孟艮,孟艮就车里求救,宣慰刀韫猛遗兵象万余赴之。"⑥此处"莽应里"(Nanda Bayin)实则是"莽瑞体"(Tabinshwehti)。据《缅甸史》载,1535年莽瑞体进军白古(即摆古),"于1539年不费一兵一卒,进占白古",⑦而莽应龙(Bayinnaung)⑧为莽瑞体的大将,1555年莽应龙(1551—1581年在位)进军阿瓦,⑨而莽应里(1581—1599年在位)为莽应龙之子。⑩

洞吾王朝兴起,不断入侵周边地区,包括车里在内战乱不断,车里与

---

① 李拂一:《泐史》,第15页。
② 刀韫猛、刀温勐、刀温猛、刀韫勐、召温勐均为同一人,本文正文统一为"召温勐"。
③ 《车里宣慰使世系集解(汉文、西双版纳傣文对照)》,第379—380页。
④ 《车里宣慰使世系集解(汉文、西双版纳傣文对照)》,第244页。
⑤ 《明史》卷三一五,第8158页。
⑥ 《明史》卷三一五,第8158页。
⑦ 〔英〕哈威:《缅甸史》(下),姚梓良译,商务印书馆,1973,第289页。
⑧ 〔英〕哈威:《缅甸史》(下),第371页。
⑨ 〔英〕哈威:《缅甸史》(下),第302页。
⑩ 〔英〕哈威:《缅甸史》(下),第287—295页。

明朝的贡职也时断时续，因而正史中对车里的记载才有缺失。① 嘉靖十一年，车里宣慰使"折而入缅"，到万历十三年（1585），"命元江土舍那恕往招，糯猛复归，献驯象、金屏、象齿诸物谢罪，诏受之，听复职"。②万历十三年五月，"云南车里宣慰刀糯猛来降，献驯象、金瓶花、象齿、西洋布、缅盒旃檀诸物"。③ 万历十八年，"车里宣慰司土官刀糯猛，差头目齐象牙、犀角及缅盒、缅布、绒锦等物来贡，仍传莽哒喇归顺之意。巡抚云南右佥都御史萧彦题，'宣慰刀糯猛者，臣附中国有年，而地近莽，为其所逼而亡，莽者亦已有年。后以元江那恕之招，回心内向'"。④ 天启七年，巡抚阅洪学奏："缅人侵孟艮，孟艮就车里求救，宣慰刀韞猛遣兵象万余赴之，缅人以是恨车里，兴兵报复，韞猛年已衰，重赂求和……韞猛父子不能支，遁至思毛地，缅追执之以去。中朝不及问，车里遂亡。"⑤

实际上自嘉靖年间开始，缅甸洞吾王朝便不断入侵车里。在召温勐继任宣慰使时期，车里的土地开始被侵蚀，车里开始向明王朝及缅甸同时朝贡；另外，车里辖区的山地区域在这一时期被命名为"三岛"，"从那时起，取名三岛延续至今"。⑥ 据《泐史》载，祖腊历八九二年（1530）更寅，"至斯时止，景永迄未臣缅"。⑦ 而《四十四代召片领世系》载，"召温勐任车里宣慰使期间（1560—1568年⑧），缅甸阿瓦王法苏托坦玛拉札，自阿瓦发动战争，吞并了51个勐，然后入侵西双版纳宣慰使的地方……宣慰使召温勐投诚"，⑨ "召温勐在位期间，投诚了缅甸阿瓦的法苏托，失去的土地不少。自此，西双版纳宣慰使属汉、缅双方共管"。⑩ "法苏托又召集孟艮、景线、西双版纳三方，商讨划定三方的交界处，这个地方是布

---

① 朱德普：《〈泐史〉校补》，《傣族社会历史调查》（十），第144页。
② 《明史》卷三一五《云南土司三》，第8158页。
③ 《明神宗实录》卷一六一，万历十三年五月丙申，第2956页。
④ 《明神宗实录》卷二二一，万历十八年三月乙卯，第4129页。
⑤ 《明史》卷三一五《云南土司三》，第8158页。
⑥ 高立士：《西双版纳召片领四十四世始末》，《西双版纳傣族的历史与文化》，第143页。
⑦ 李拂一：《泐史》，第19页。景永，即车里；缅，缅甸。
⑧ 朱德普：《〈泐史〉校补》，《傣族社会历史调查》（十），第144页。
⑨ 《车里宣慰使世系集解（汉文、西双版纳傣文对照）》，第242页。
⑩ 《车里宣慰使世系集解（汉文、西双版纳傣文对照）》，第243—244页。

朗族聚居的地方，按河流山脉一分为三，一份土地划给孟艮（景栋），一份归西双版纳，一份归景线，每个地方设一总头目，称为岛，故取名为三岛（ᨠᩣ᩵）。"①

对此，《曼桑文本》中则记载了车里宣慰使召温勐时期，缅甸入侵，宣慰使在南览河流域三个"圈"的土地失去的历史，包括"三岛"中的岩广岛。

> 法苏托坦玛拉札从王的官殿（议事厅）来，□□蜂拥而至，来掳掠。从外到内，从边缘到中心，□□□失去了，召因答就被掳掠去了，□□□去臣服于召法苏妥，自此才有了"池塘流动，鱼也一起挪动；田地流动，米也跟着挪动"这句话。"召"从南览河往上（即上游），到了三嫩河上游，绕到石头裂开的地方，□□□这是召宣慰法第二次失去土地的事情。三个"圈"内的"卡"就跟着失去了，洪尖、三岛（ᩈᩣ᩵）岩广岛三个"圈"，就有这些了！后来，"召"才平等地向两边天朝（指明王朝和缅甸）朝贡。

在此，《曼桑文本》中出现的三岛"ᩈᩣ᩵"，即渤史类文献中的"ᨠᩣ᩵"，其中"ᩈ"和"ᨠ"是傣语两种"三"的写法。据渤史类材料，《曼桑文本》中的"召应答"应为"召温勐"。《渤史》载，祖腊历八九二年更寅，"至斯时止，景永迄未臣缅"，②而召温勐时期，"自从召应勐（投缅后），才接受阿瓦王的管制，并开始向缅甸阿瓦王进贡"。③而《曼桑文本》中也是自此"才有了'池塘流动，鱼也一起挪动；田地流动，米也跟着挪动'这句话……'召'才平等地向两边天朝朝贡"。也是在这一时期，三岛的一部分被划分出去。《四十四代召片领世系》、《西双版纳召片领四十四世始末》及《车里宣慰世系简史》均载，召温勐时期，"莽应龙到车里划

---

① 《车里宣慰使世系集解（汉文、西双版纳傣文对照）》，第243—244页。
② 李拂一：《渤史》，第19页。
③ 《车里宣慰使世系集解（汉文、西双版纳傣文对照）》，第248页。

分地界时，把接壤勐艮的山区划分为三个部分，每部分组成一个岛（即山区行政区的划分），一个岛划归车里，一个岛划归勐艮，一个岛划归景欠。自此，就把这个地区称为'三岛'"。① 又《车里宣慰世系简史》载，"宣慰使召温勐时期，丧失的领地较多。与老挝接壤的领地划归老挝一部分，与缅甸接壤的领地划归勐艮一部分"。②

祖腊历九三一年，"缅王以宣慰使刀应猛归顺缅朝，特授宣慰使为'左碑国大自主福禄至善王'……于是敬以天朝（指明王朝）为父，缅朝为母"。③ 天启七年，"缅人侵孟艮，孟艮就车里求救，宣慰刀韫猛遣兵象万余赴之，缅人以是恨车里，兴兵报复……缅追执之（车里宣慰使）以去。中朝不及问，车里遂亡"。④ 而在《曼桑文本》中，则更为详细地记载了缅甸自南览河流域一路北上，侵蚀车里地区的历史：

"召"从南览河往上……这是召宣慰法第二次失去土地的事情。

五　清初改土归流与车里辖区内山地族群的纳税制度

天启七年，"车里遂亡"，实际上车里并未亡，而是为那氏所据，"天启七年，宣慰刀韫猛与缅构衅遁入思茅……缅追执之以去，其地为元江那氏所据"。⑤ 到了清代，车里地区又发生了一些变化：顺治十六年（1659），元江府那嵩谋反，吴三桂请大兵讨之，后那嵩兵败，元江土府

---

① 中国人民政治协商会议西双版纳傣族自治州委员会文史资料工作委员会编《版纳文史资料选辑》第 1 辑，1987，第 33 页。
② 《版纳文史资料选辑》第 1 辑，第 33 页。
③ 李拂一：《泐史》，第 19—21 页。
④ 《明史》卷三一五《云南土司三》，第 8158 页。
⑤ 道光《普洱府志》卷三《建制、沿革》，道光二十年刻本，中国国家图书馆藏，第 1b 页。

则被改土归流,①而车里则复归宣慰使管辖。顺治十七年,吴三桂"奏设元江府流官,并设元江副将。……车里宣慰司刀木祷投诚,给印世袭"。②此时,清廷对车里地区仍实行间接统治,真正改变清朝与车里地区关系的事发生在雍正年间,车里宣慰辖区六大茶山与橄榄坝爆发了"麻布朋之变"和"李阿先之变"等一系列叛变,③清廷平定这些动乱后,开始对车里地区逐步改土归流。④

雍正六年(1728),"茶山莽芝夷人麻布朋等为变。总督鄂尔泰遣副将张应宗、参将邱名扬率兵讨之"。⑤雍正七年,"橄榄坝夷酋李阿先等又为变,烧汛房,人俱惊散。提督郝玉麟亲往抚平之"。⑥两次叛变之后,车里宣慰使原辖区内勐遮、勐阿、勐腊等各勐"召勐",因橄榄坝战役有功,被清廷授予土千总、土把总等土司职位,并由清廷直接管辖。雍正七年,"议准元江府所辖之普洱地方置普洱府,以思茅等六版纳地改设流官,其余六版纳仍归宣慰(车里)管理。普洱新设知府一员,经历一员……是年议随征橄榄坝有功者乍虎给易武土把总,刀细闷纳给猛遮土守备,子承袭降等;叭古给猛阿土千总,子承袭降等;叭先给猛笼土千总,侄承袭降等"。⑦雍正十年,"从征普思有功者召糯给猛腊土千总,子承袭降等;召音授整董土把总"。⑧雍正十三年,"裁攸乐同知改思茅厅通判为同知,分车里、六顺、倚邦、易武、猛腊、猛遮、猛阿、猛笼、橄榄坝九

---

① 道光《普洱府志》卷三《建制、沿革、城池、官署、仓库》,道光三十年刻本,中国国家图书馆藏,第13b页。
② (清)倪蜕辑《滇云历年传》,李埏校点,云南大学出版社,1992,第518—519页。
③ 道光《普洱府志》卷十三《师旅考》,道光二十年刻本,中国国家图书馆藏,第12b—13b页。
④ 唐立:《雍正七年云南车里宣慰司管辖山地族群及改土归流》,《清史论丛》2019年第2期。
⑤ (清)倪蜕辑《滇云历年传》,第596页。
⑥ (清)倪蜕辑《滇云历年传》,第600页。
⑦ 道光《普洱府志》卷三《建制、沿革》,道光三十年刻本,中国国家图书馆藏,第15b—16a页。
⑧ 道光《普洱府志》卷三《建制、沿革》,道光三十年刻本,中国国家图书馆藏,第16a页。

土司，攸乐土目计八版纳地方隶思茅同知"。①

改土归流后，勐混土便委隶属勐阿土司管辖，正史文献中记载了勐阿土把总向清廷缴纳赋税的情况。"猛阿土把总管辖目便委四，一猛海土便委，叭龙版纳，一猛混土便委，召普嗒翁萨。"②"实征猛阿土把总，条丁银十七两一钱三分三厘四毫，内分补角土便委项下条丁银五两七钱一分九厘，猛伴土便委项下条丁银十一两四钱一分五厘，补角火耗银一两一钱四分三厘八毫，猛伴火耗银二两二钱八分三厘，折征秋粮米二十二石五升七合内分补角米七石五斗二升二合，猛伴米十五石四升八合。"③对此，泐史类文献中则进一步记载了江外八勐包括勐混的负担情况。《泐史》载，时雍正六年：

> 十二版纳（按：西双版纳）自经缅王法稣妥坦麻逻阇掳掠以来，地方荒芜，居民稀少，无力送粮上纳天朝，遂会议决定，以银两折缴，计共应纳谷米一千零八十四石，分配如下……江西各猛应缴纳粮银（包括解批折明纸札银袋等）：三九一两二钱一分；条丁一九四两七钱五分……共一千一百九十两三钱四分五厘，以上各项，除印信缴价外，以九十五个"呵令"（门户单位）平均分配分担，计：勐遮三十四呵令，猛混十六呵令，猛海十四呵令……议定按照门户多寡分配，山居民族（卡）十户，等于原居民族（歹）五户，照此计算，平均缴纳天朝。④

又《先王世系》载，雍正六年：

> 以勐遮为首的江西 8 个勐应缴的粮银 559.6902 两；金银款

---

① 道光《普洱府志》卷三《建制、沿革》，道光三十年刻本，中国国家图书馆藏，第 16b 页。
② 道光《普洱府志》卷十八《土司》，道光二十年刻本，中国国家图书馆藏，第 10a 页。
③ 道光《普洱府志》卷十八《丁赋》，道光二十年刻本，中国国家图书馆藏，第 8b 页。
④ 李拂一：《泐史》，第 48—51 页。

248.785 两，条丁银 188.581 两，火耗银 37.7162 两，三项合计 475.0822 两，外加补正银 25 两。这些应缴银两以 95 户口分摊……（每个负担户需要缴纳）补正银，每户 2.62 两；条丁银，每户 9.986 两；火耗银，每户 0.398 两；折明银，每户 0.25 两；纸札银袋，每户 0.08 两。

其中，勐遮 34 负担户，勐混 16 负担户，勐海 14 负担户，景真（即顶针）6 负担户，勐阿 10 负担户，勐康 2 负担户，勐满 7 负担户，勐南 3 负担户。"其分配办法，傣族、山区民族共同负担，10 户山区民族与坝区傣族 5 户相等，不论那一个村，那一个勐，都得以此标准共同相待，共同负担。"①

从泐史类文献中可以看出，雍正年间，车里地区的纳税均强调"以银两折抵"，且"山居民族（卡）十户，等于原居民族（歹）五户"，即山地与坝区共同负担。

对于这一时期勐混向清王朝纳税的规定，即国家对该地的影响，也反映在了山地族群的"巴蒂然"仪式文本中。从《曼桑文本》中可以看出，南览河流域受勐混土司（即猛混土便委）管辖，且南览河流域属勐混辖区的山地民族，他们应是按照"山居民族"的标准纳税。《曼桑文本》载：

> 就剩下一个篮子的"卡"（指"圈桑"），□□□□松列翁召宣慰法（即车里宣慰使）就命令"版纳勐混"（ဗေꩼမိူင်းမုၼ်）的召来管理、护卫。"圈桑"的长老□□□□□松列帕宾召宣慰法于是下旨，筹备银子□□□□□□作为"召"的 20 莱（货币单位，ལ་ཙ）……就有了悲悯"卡"的大臣（指"版纳勐混"），□□□"召版纳勐混"就去管理……要安排拿来给召刀罕上税。

在此，文本中称"版纳勐混"即"勐混"，而"巴蒂然"仪式文本

---

① 《车里宣慰使世系集解（汉文、西双版纳傣文对照）》，第 318—319 页。

中的"银子"，与雍正年间在政府的制度安排下，勐混土司对山地的收税应是一回事。

首先，"银"在这一时期是该区域的通货。据张彬村在《十七世纪云南贝币崩溃的原因》中考证，云南地区有一千多年甚至更长使用海贝的历史，直到17世纪贝币才从通货市场上消失，且完全丧失了货币功能。① 1681年，吴三桂逆平，云南开始大规模铸造钱币，且云南财政以"银七钱三"收支，"至民间应纳条银，概以银七钱三为则，制营兵饷，宜令银钱各半，兼支官俸役食及本省一切经费俱结，全钱销算，则钱之用日广"。② "一切经费俱结，全钱销算"，财政上停止用海贝，说明海贝在民间已经失去通货地位。③ 因此仪式文本中出现的"银子"，也应在17世纪80年代之后。

其次，仪式文本中提到的"银子"与泐史类资料中勐混土司缴纳给清廷银子的数量，目前无法完全对应，"巴蒂然"仪式文本中强调以"银"纳税的重要性，这可能源于勐混土司对该地山民的征收方式。《曼桑文本》中载，"就剩下一个篮子的'卡'，□□□□松列翁召宣慰法（至尊的王）就命令'版纳勐混'（ဝၢၼ်ႈမိူင်း）的召来管理、护卫。'圈桑'的长老□□□□□松列帕宾召宣慰法于是下旨，筹备银子□□□□□作为'召'的20莱"，可以看出，《曼桑文本》中的纳税规定应该与当地土官对山地纳税"银子"的要求有关。

六　意义的多重性：历史与现实

《曼桑文本》第一部分序言载：

---

① 张彬村：《十七世纪云南贝币崩溃的原因》，《中国海洋发展史论文集》第5辑，中研院中山人文社会科学研究所，1993，第153—186页。
② 乾隆《云南通志》卷二九《艺文》，第18b页。
③ 张彬村：《十七世纪云南贝币崩溃的原因》，《中国海洋发展史论文集》第5辑，第153—186页。

高　兴　作为历史记忆的仪式文本与意义的多重性

现在，这里将要讲到的是关于这个地方的历史、传说，它写于古老的乙丑（牛）年啊！在此，将要谈及那位"松列帕宾召宣慰法"（即车里宣慰使）创建留下的，给"圈桑"（ဧႜၮၵႃ်ႍ）作为印信（[ဣဃ]）① 的习俗礼规，任何一个"召"（王，即车里宣慰使，以下皆同）都不能破坏它，任何一个官员都不能破坏它，"要让它延续到儿子辈，延续到孙子辈"，要记住，直到 5000 个瓦萨（年）。关于"卡"，要群体给"召"在"圈桑"内的山地上税。

根据序言可知，文本是由"松列帕宾召宣慰法"创建的。"松列帕宾召宣慰法"是傣语"ၮၢ်ႍၷၮႈၵၢ်ႃဴၷၢၬႍ"的汉语音译，"ၮၢ်ႍၷၮႈၵၢ်ႃဴၷ"意为"至尊佛主"，是早期西双版纳地区对其最高统治者的称谓；其中"召"即"ၵၢ်ႃ"，意为"帝王、君主"，②"ၵႃႍ"意为"天、天空"，③"ၵၢ်ႃၵႃႍ"即"天子"，因而只有"王"或"国主"一级称谓才会用"法"；"ၷၢၬႍ"是汉语的傣文音译，即"宣慰"；洪武十七年，车里宣慰使成为明王朝正式任命的土司，自此才有了"宣慰"这一汉语称谓，而"松列帕宾召宣慰法"就是明清时期西双版纳地区对车里宣慰使的称呼。其次，文本的性质是"关于这个地方的历史、传说"，根据下文，"这个地方"指的应该是包括"圈桑"在内的 7 个"圈"。

另外，序言中也指出，仪式文本是由车里宣慰使创建的，作为"圈桑"印信的习俗礼规，且是关于"卡"群体给"召宣慰法"在"圈桑"内的山地上税。明清时期，西双版纳地区最高统治者"车里宣慰使"也被当地人称为"召片领"（ၵၢ်ႃၯၢႍႍ），意为"广大土地之主"，即其辖区内的所有土地均属于"召"，当地人常说"田是召的田，水是召的水"，因而"圈桑"的土地也是"召"的土地。在此，仪式文本是由宣慰使创

---

① 巴利语借词，"标志、标记或公章"之意，有授予的含义。参考岩香主编《傣汉词典》，云南民族出版社，2014，第 311 页。
② 岩香主编《傣汉词典》，第 236—237 页。
③ 岩香主编《傣汉词典》，第 766 页。

建作为"圈桑"的印信,一方面指出"圈桑"被宣慰使授予"印信",另一方面,关于山地的百姓给"召"在"圈桑"的土地上税,也指出宣慰使授予的"印信"是赋予"圈桑"在"圈桑"土地收税的权力。而根据曼桑口述历史可知,"圈桑"曾代替"召片领"在"圈岗"、"圈吡"(即关吡)、"圈木"收税,也进一步提示,"圈桑"是这一区域的山地"税官"。凯瑟琳·贝尔(Catherine Bell)曾指出,仪式的本质是用象征性的方式,将社会秩序、生活价值以一种隐喻性的方式表达、强化出来,产生阶序性的机制。[①] 因而,至今仍在南览河流域的"巴蒂然"实践,正是以"仪式"的方式建立这一区域7个"圈"的组织结构,并确立了"圈桑"作为这一区域的"税官"。在仪式中被公开宣读的仪式文本,在序言中也被称为这一地方的"历史、传说",通过仪式的定期重复建立了仪式与历史的联系,从而确立了曼桑寨作为这一区域的山地税官的合法性。

然而,因在仪式中公开宣读的文本是以经典傣文书写的,除了曾在佛寺学习过经典傣文的"达章"外,事实上其他仪式参与者大多无法听懂仪式文本的内容,因而仪式文本被阅读本身而非文本内容,成为举行仪式的重要意义维度。另外,虽然村寨的"达章"懂得仪式文本的内容,但在解释为什么村寨之间要建立"巴蒂然"仪式的关系时,与《曼桑文本》序言中所指出的原因不同,他给出了"巴蒂然"仪式意义的不同维度的解释:"很久以前,南览河流域的布朗族村寨很擅长使用巫术,那个时候,曼岗寨曾与关吡寨发生战争,双方都以巫术攻击对方,曼岗寨许多人受伤,于是请人到曼桑寨求助,曼桑寨的人便去帮助曼岗,不仅战胜了关吡寨,且平息了战争。出于感激,曼岗寨决定与曼桑建立'巴蒂然'的仪式关系,并约定三年一次你来我往举行仪式。"据曼桑寨"达章"的描述,正因为曼桑在历史上曾帮助过曼岗寨,曼桑寨的代表到曼岗举行"巴蒂然"仪式,都会受到极为隆重的礼遇。寨子里的人也常说,"不能忘记祖先们建立的约定,要在苦难中守望相助……若是哪个村寨先断了关系,哪个村寨就会发生灾难"。在此,我们暂且将口述历史中的"巫术"

---

① Catherine Bell, *Ritual Theory*, *Ritual Practice*, Oxford University Press, 1992, p. 104.

以及"咒诅"的历史真实搁下。曼桑与曼岗寨建立仪式关系虽然也与"历史"有关,却并非通过历史的连续性确立曼桑山地"税官"的合法性权威,而是与村寨之间的互助关系有关,且因不能忘记祖先的传统,仪式重复本身成为仪式举行的意义。出于仪式的缘故,"过去"一方面与时间周期性地联合,另一方面也将后代与祖先联系在一起,列维-斯特劳斯(Claude Levi-Strauss)将其称为"神话的历史",即表现出既与现在分离又与现在结合的矛盾:分离是因为祖先与现代人的禀性各异,祖先属于创造者,而后者属于模仿者;结合是因为自祖先出现以来,除了周期性地消除其特殊性的那些事件以外,没有别的东西传继下来。[1]

其次,村寨之间的互动关系并非限于三年一次的仪式往来,日常生活的交往互动同样构成了维系村寨之间"巴蒂然"仪式现实意义的基础。2007年以后布朗山地区茶叶经济兴起,茶叶成为该地区主要的经济作物,旱谷、辣椒、冬瓜等农作物逐渐被取代(目前仅有班等寨种植少量旱谷),曼桑寨的辣椒、手工纺织的布包以及女士佩戴的纯银手镯、头饰等均来自曼岗寨。按照寨子里的说法,"那边的辣椒好吃,织的布比较好,银子质量很好"。而曼桑寨则会带烟和水果去曼岗,这些东西在曼岗比较缺乏。可以看出,除了定期的仪式往来,日常的交换关系也构成了村寨之间建立和维系"巴蒂然"的基础。关于这一点,从新近建立的"巴蒂然"关系村寨也可以得到侧面论证。位于南览河流域打洛段的曼夕老寨,在20世纪80年代陆续从原来老寨的位置搬迁至现在的曼夕新寨位置。搬迁之前,曼夕寨的"巴蒂然"村寨包括现在西定乡曼马、曼帕岱、曼别寨,巴达的曼皮、曼迈兑寨,以及打洛镇的曼火景寨;而在搬迁之后曼夕寨还与缅甸第四特区小勐拉色勒乡的曼瓦寨建立了"巴蒂然"的仪式关系,每隔三年,两个村寨就互相"作礼"。根据曼夕寨"达章囡"的口述,曼夕寨之所以与曼瓦建立"巴蒂然"关系,是因为搬迁之后曼夕80%的住户租用了曼瓦寨所属的土地种植橡胶,并以每株5元的价格支付"提留"(即地租),平均每亩可种植30株,而整个曼夕老寨这一时期在曼瓦寨租

---

[1] 〔法〕列维-斯特劳斯:《野性的思维》,李幼蒸译,商务出版社,1997,第269页。

种了约 3 万株橡胶树。

在南览河流域，跨境耕种的现象比较普遍，因而也增强了跨境村寨之间的日常交往互动。在此，"巴蒂然"仪式的意义也从"传统"走向了现代，成为因土地租用或其他日常交换而产生的村寨之间相互依赖关系的表征。在此，并非说在其他历史时期"巴蒂然"关系的村寨之间不存在日常的交换与往来，而是说村寨之间的日常交换与依赖也是仪式意义的重要维度。

"巴蒂然"仪式文本中所呈现的仪式意义与村寨的口述历史，以及因日常交换或土地依赖所建立的"巴蒂然"关系，呈现出仪式意义的多重面相，而每一重都可能在不同的历史时期发挥作用。在某一历史时期，"巴蒂然"仪式确立了曼桑作为山地"税官"权威；而现在，虽然仪式仍旧定期举行，但是曼桑不再拥有收税的权力，仪式则仅仅作为保留和维系两个村寨之间友好往来的象征，以及对祖先所建立传统的尊重；除了定期的仪式往来，日常生活中的交换、土地依赖等关系，也构成了村寨之间建立和维系"巴蒂然"的基础。

学术综述

"对话：多学科视野下的中国史"工作坊讨论纪实

穆晨哲楠　刘　建　邓晋武[*]

2020年11月7日下午，"对话：多学科视野下的中国史"系列论坛第一场、"北大文研论坛"第113期以在线上平台直播的形式举行，主题为"历史学、社会学、人类学视野下的共和国史"。文研院院长、北京大学历史学系教授邓小南主持，文研院常务副院长、北京大学社会学系教授渠敬东，北京大学历史学系教授黄道炫，清华大学社会科学学院教授张小军做引言，北京大学历史学系教授赵世瑜、北京大学社会学系教授刘世定、上海大学社会学院教授肖瑛出席并参与讨论。

论坛伊始，邓小南介绍了多学科视野下的中国史系列线上论坛的背景。本系列论坛共有三场，由北京大学历史学系教授赵世瑜等策划，北京大学文研院、历史学系、社会学系共同主办，目的是在历史和当今的时代发展变迁话题上推进多学科之间深度对话的尝试。

首先，黄道炫以"共和国史讨论：社会的隐没和复现"为主题做引言，从党史研究出发，探讨其与共和国史研究的互动性，以及共和国史研究的认知难度。黄道炫认为研究共和国历史之"难"主要有三点：第一，历史研究的对象通常是已完成的历史，而共和国的历史是活着的，还在发展的。历史研究经常讲要有距离感，有距离感才能看得清；

---

[*] 穆晨哲楠、刘建、邓晋武，北京大学文研院助理。

但共和国史研究中，研究对象和研究者之间是如此接近，造成了共和国史研究的难以触碰。第二，中国共产党比国民党更加难以把握。作为政党，国民党相当具有张力与开放性。而中国共产党成为国家的主导以后，政党特质与中华人民共和国的国家特质相互磨合，表现出了更多可能性。因此，二者相叠的结果是，中华人民共和国的历史比中国共产党的历史更加难以理解。第三，当下中华人民共和国历史的研究在主客层面均存在一些限制，但即便有限制，黄道炫也强调积极开展关于共和国史相关研究的重要性。

黄道炫认为，1949年共和国的成立只是中国共产党历史的一个胜利节点，是它从地方走向全国的转变。中国共产党在中华苏维埃时期就建立了整体的执政体系，在苏区进行根据地的政权治理，有完整的证券系统、经济体系，建立了国营工厂，并进行了相应的土地改革的实践。这个过程持续到抗战时期并不断强化，使得中国共产党成为中国历史上第一个把权力体系扎根到村一级的政治力量。这个社会的关键，也是和传统制度形式最为不同的地方，是政治利益亦即政治权力全面渗入社会，形成了高度政治化和组织化的社会。共产党胜利建立共和国以后，这样的社会形态也自然而然地带到了共和国时期，并不断地自治巩固，加强发展。

黄道炫将共和国的特征总结为：在国家权力的推动下，政治力量不断拓展，不断占据传统社会力量控制的空间，"公共的新社会"意味着从1949年到20世纪50年代初期建立的新社会形态，以及社会整体改造的一种状态，比如打击黑恶势力、取缔妓院、禁毒、收容社会移民、整治社会秩序等。借由这一过程，国家、社会的面貌迅速焕然一新。

这样的社会改造，作为新政权引入政治权力的产物，其结果也是两面的。公共政策的介入，在新中国成立初期有其必要性和伟大之处，但随着时代的演变，又呈现出另外的样貌。例如计划经济体制的出现，计划经济体制看起来是一种"经济"的计划形态，但实质是国家权力全面接管社会的一个结果。计划经济的"计划"不仅意味着生产的计划，更意味着分配的计划。民国之后就有"计划"的提出，但中国共产党的"计划经济"包括分配层面及整个国家资源层面，呼吁一种

"全面掌控",这是中国共产党和苏联计划经济体制的一个核心。

同时政治力的强制介入及计划经济强化了社会的原则性。黄道炫指出,20世纪50年代到70年代,中国社会在整体上是井然有序的,但这种有序也带来了经济活力的问题。改革开放无论是对农村还是城市都是种松绑,松开原来那种宏观改变、计划经济高度控制的状态。黄道炫补充道,人们谈论改革开放,通常会从解放思想、对外开放的角度,但如果从政治和社会之关系的角度看,重新赋予社会活力,应是观察改革开放的一个重要特点。在此基础上,通过一次次的言说逐步向前推进研究与观察,可以帮助我们渐次逼近历史的核心。

最后,黄道炫分享了个人观察共和国史的感触。第一,共和国初期辉煌而震荡的10年与中国历代王朝的前期有相似之处,从长历史的角度比较秦唐宋明等王朝初期的大变化、大增长,也就不难理解共和国前10年的震荡。当然,在结构性的历史之外,中国共产党、领袖个人的特殊性也需要被考虑其中,这也是共和国史研究的魅力之所在。第二,作为共和国历史的亲历者,谈论共和国史可以从改革开放史入手。20世纪70年代开始改革开放的时候离共和国的成立已有近30年,而改革开放至今也已经有40多年了,针对改革开放史投入更多研究正当其时。当今中国的发展可能是多方努力的结果,但没有改革开放的成功,很难想象中国会有今天的辉煌。因此时代呼唤改革开放,改革开放也已经更多地进入历史研究的思路。

接下来,渠敬东针对改革开放史作题为《改革的双轨逻辑:从承包制到项目制》的发言。

渠敬东运用"存量""增量"的辩证关系从社会学的角度对改革的历史进行了分析。首先,渠敬东援用了经济学对改革的解说"保护存量,培育增量",通过保护存量来控制增量的过快扩充,避免偏离路径依赖的逻辑而产生系统风险,同时又通过扩充来实现存量,将改革归纳为一种双量、双轨的逻辑。

渠敬东指出,改革时代的特点在于不断地寻找增量,造就新的轨道,同时不断地定义存量市场。作为整个体制的地盘,"存量"在不同历史时期的界定是不同的，因此社会发展的过程也是一个有趣的辩证运动，尤其是在历史的节点处，双轨之间的关系会非常明显地紧张起来。与此同时，研究者也需要考虑"改革"和"开放"之间的关系。在既有的计划体制下，要产生增量，必须同时动员存量内部和外部的双重资源，因此自有资源得到流动而形成的增量，既有可能是体制被压抑和遮蔽的活力重新绽放产生的结果，也有可能是受外部刺激产生的结果。

随后，渠敬东指出了改革开放必须具有的三个关键条件。第一，要适当脱离原有的路径依赖，解放思想。《实践是检验真理的唯一标准》受到领导人的重视，正是出于制造"增量"的思想动力的考量，因为思想的动力是一切增量迅速积累的源泉。第二，要开放，与外部世界实现对接。第三，要以持续稳健的步骤进行开放，所以需要进行自上而下的政策推动。在这样的思路之下，改革开放40多年来"特区—市场—国际融资平台"稳健的开放步态也就清晰起来。要保护存量，便需要自上而下的、控制增量的、开放性的政策推动，与此同时，增量必须从下层外部进行有效的激发和刺激，其动力必须来自体制之外、存量之外。讨论增量的前提是对存量有清晰的认知。这也是研究者常围绕"何为计划体制"展开探讨的原因。

对此，渠敬东展开了具体解释。首先，新中国成立前30年的治理模式和在集权与分权中摇摆的治理特色，并未影响社会主义体制产生集体主义的制度遗产，这为后来中国改革开放过程中土地联产承包责任制的推行做了良好的铺垫。虽然农村开展的承包制以包产到户为基本原则之一，但是它的土地制度以集体所有制为主，保留了非常重要的平台基础。进入20世纪70年代，承包制正是要以农村作为增量，以城市作为存量，在其给社会结构带来的影响中，排第一位的是家庭地位的恢复。从这个意义上看，改革的本质是还原中国社会经济生产和生活伦理的秩序：在集体制之后，家庭必须重新作为核心存在，并且成为经济的原始积累的结构性基础。

其次，相比农村来讲，城市单位制的重建其实确保了存量的稳定性。

所以改革之初，城市是"按兵不动"的，甚至到了城市进行承包制改革的时候，仍然没有像农村那样全面铺开推进，而是逐次渐进地发展；实际上，有限度地扩大企业经营管理自主权等举措取得的效果并不理想。因此，城市所维持的存量地位，也正是邓小平所认为改革的"最重要保障"。

再次，渠敬东谈到了中央与地方行政关系的变化。在改革过程中，原有体制下"中央高度集权"或"中央放权的静态模式"二分的状态得到改变，地方权力得到了发展。渠敬东指出，改革中存在中国传统制度的因素：中央政府对省级地方政府财政收入实行固定基数为基础的承包制度，即采用"定额包干"的财政包干制。在这样的制度下，中央政府以地方政府的财政作为增量。这一增量的释放使得中国出现历史上难得一见的地方活力提高的现象。如果拉长中国历史来看，那么在对外开放的意义上，开放使特区成了增量、内地成了存量。因此，整个80年代在乡村、城市、中央/地方政府以及沿海开放特区4个层面上进行了承包制改革，全面地培养出一种"增量逻辑"。之后，过快扩张的增量使存量露出了底线，造成了1989年的诸多风波。从党和政府的角度来讲，双轨制的"双轨"之间拉开足够的距离的时候，存量便会提出相反的逻辑。改革不同于革命，是以保护存量作为其推进的一个基础。因此，在1989年"保护存量"就成了体制最突出、最紧要的特征。

此后，共和国开始开始探求新的增量，也就是"政治作为存量，经济作为增量"的一个普遍改革。邓小平南方谈话过后，中国经济迅速发展，但市场化带来了"三农"问题和下岗问题；而90年代中期的分税制改革也产生了重大影响，其具体逻辑是当市场化改革出现突出的结构性问题的时候，中央、地方政府和市场关系进行新的组合，就需要在存量的体制内部重新制作出一套增量来。这就是所谓分税制改革，亦即转移支付型的财政的增量。它在中国的存量体制中分割出一个增量体系，在承包制不断消弭，"块块分权"时代结束之后，形成了一个"条条分权"的结构。在之后的发展中，"条条分权"也出现了风险。这种新的双轨制产生了以部委或"条条"为核心的巨大无比的项目权力,也产生了巨大无比的项目垄断,将技术、资本、信息集于一身,所以产生了政治在"条条"意义上的分权之系统风险,对中央权威构成了挑战。总而言之,可以看出,改革开放以来40多年的历史,经历了这样一种不断寻找增量和存量机制的改革变化的节奏。

最后,渠敬东提出了一个问题,如果从存量和增量的角度来理解改革的话,便会发现改革的基本逻辑是存量和增量并行双轨,那么问题就在于如何在不同历史阶段寻找到新的增量。到今天为止,还有哪些内部和外部资源可以利用。假如没有新的增量,改革就将终止;假如存量和增量得以并轨,改革便会迷失方向。

第三位引言人张小军从"什么是共和国史""谁来书写共和国史""如何书写共和国史"三个方面出发,介绍了人类学视角下的共和国史观。

首先,张小军介绍了史学、社会学与人类学作为面向整个人类社会的横向学科,与政治学、经济学等面对某一个领域的纵向学科相对比的异同。结合系列讲座的学科背景,张小军引出了在三门横向学科的集合——历史人类学的史观指导下,对共和国史的理解不能忘记本土资源、人民的历史和人民本身。人民的国家当然是由人民来书写历史,而历史学家需要注意的,是如何从传统上关注特定的政治权力、人物思想和行动的政治史,转而关心那些不具名之人的态度和信仰。结合黄道炫对共和国史研究之难的观点,张小军表示,人民的学者不光要有学术的能力,还要能够站在人民的主位,从人民的立场书写历史。

从历史文学的方法论出发,张小军谈到两点对共和国史的研究启发:一是新文化史学派"从地窖到顶楼——走向心态史、意义史、观念史"的研究,转向表征性的历史;二是应对"文化的真实"这一挑战,实际上挑战了历史标准化之绝对真实。

随后,张小军从观念历史的理论发展出发,介绍了历史理论中,人类学的转向是一种朝向文化人类学或象征人类学的转向,这一转向是心态史研究的重要支撑。张小军接着探讨了文化转向的结果,并提出在文化和社

穆晨哲楠　刘　建　邓晋武　"对话：多学科视野下的中国史"工作坊讨论纪实

会结构的视角下，人类学和社会学是可以相互补足的。既往人类学研究对此提供了很好的案例。例如，对杭州一家丝绸厂女工的研究，跨越解放初期、"文革"时期、改革开放时代三个时段的历史维度，展现了女工对现代性的理解。因此，文化史研究在共和国史研究中占据非常重要的位置。在"真实的历史"问题上，张小军认为没有唯一的、绝对的真实，在学理上讨论的真实性其实都是文化的真实，都是处于历史的象征结构之中的，也就是表征性的历史。

接下来，张小军就口述记忆生命史的研究，回溯了中国早期的历史研究。自传体的小说可以作为家庭生活史的范本、不同文化中的幼儿教育、林村的故事等研究，共和国史也可以通过口述的生命史得到呈现。张小军认为，若从不同学科的角度去理解共和国史，人类学是更加微观而以小见大的。通过对微观意识形态、观念史等研究，学界能自下而上地更加贴近人民的共和国。即便标准的共和国史有其存在的正当性，但是新中国所面对、蕴含的内容是非常广泛的。因此，对共和国史的研究不能局限在一个很窄的路数里，而应该采取广阔的思考方式。

此外，张小军也就多学科互动交流的方向提出了自己的建议。首先是共和国史中的革命史或者政治史面相，需要看到多阶段历史中不断革命的特质。不同于保有基本秩序的改革，革命带有巨大的颠覆性，革命研究中政治文化的视角是非常重要的。其次，需要共同关注一些关键问题，包括集体化、集体制问题，如何理解社会主义革命、积极治理运动的问题，以及如何理解共产党对国家的领导的问题。

最后，张小军也回应了前面两位学者的发言。针对渠敬东提出的"增量"和"存量"的互动问题，张小军认为研究深入之后会变成"测量"的问题，即制度改变后，在度量社会结构的方法上会出现变化。另外，看待改革开放史也要有"问题意识"，发现不同历史阶段中的研究问题，比如土地改革的问题、人民公社集体化和承包到户等产权的问题、医疗改革的问题、教育改革的问题和市场化的问题等。种种现象性问题的背后是要理解中国社会的文化经济的探索。张小军援引人类学家萨林斯的主张，认为要建立"人类学的经济学"。共和国的历史是一门非常厚重的历史，要真正地理解其中的逻辑非常困难，但这也是所有学者的责任。

在对谈环节，赵世瑜从明清史学视角出发，对三位引言人的发言进行了评说。赵世瑜认为，黄道炫对共和国初期历史的总结，符合明朝建立初期"政治利益全面渗入社会"的历史特征，为重新审视明初制度提供了启发性的思路。同样，渠敬东的"从承包制到项目制"的阶段性历史研究，同明清史研究经典议题"从一条鞭法到摊丁入地"的思路亦相通，历史学也可以从"存量"与"增量"的关系角度理解整个明清财政体制的变革，审视明清历史中国家、地方政府与民间三方的博弈关系。赵世瑜肯定了张小军对人民的立场的重视，他指出，在历史学和社会学共同的思考模式中，应当重视社会自身的活力，检验这种活力是否只能在国家重新赋予的语境下才能得到恢复。

肖瑛主要从四点讲述了个人的启发。一是受张小军启发所产生的关于"历史落到一个具体可见的集体或者个人头上会是什么样"的思考。肖瑛指出，对比黄道炫和渠敬东的研究对制度结构的宏大叙事的表达，张小军更为关注的是制度政策的构成和变动在日常生活中的体现和效果，表现为对民众的日常生活以及心态所产生的影响。二是"如何理解和评价双轨制"。从费孝通先生到钱穆先生再到韦伯的相关研究，肖瑛分析了双轨制研究的思路，并认可了黄道炫的"政治与社会属于双轨制的范畴"这一表达，而渠敬东提出的"存量"与"增量"双轨制是"政治"与"社会"这一普遍的双轨制在共和国具体的历史情境下的一种不同的表现。肖瑛认为，虽然共和国创造了全新的历史，但新的双轨制与历史上的双轨制之间的内在联系是不能被切断的，研究者应当超越某些普遍性的表达，更为深入地研究推动共和国历史变化的双轨制的根源性质，判断其在历史中发挥的具体作用。三是"研究共和国史的中外古今的视角"。肖瑛回应了渠敬东所提出的新冠肺炎疫情所带来的封闭状态对于重新理解、调整改革与开放之间的关系的启发。四是关于家庭联产承包责任制中"家"这一概念的消失与复现。肖瑛认为，延续儒家"一本"的讨论，承包制一方面以家为单位，另一方面导致了阎云翔所说的家庭主义的流失。正如今天的商品房和养育制度在很大程度上扩展了家庭在当代社会的价值，但也加固了家庭的核心化和家庭价值观的模式。

刘世定的对谈从三点展开：第一，对历史研究的不同理解，并非讨论什么是历史学科的研究，而是讨论什么是历史研究。对此，刘世定主要讲述了对历史研究的两种理解之区分和对比：一是从研究要处理的资料的特征的角度来区分"历史研究"与"非做不可的研究"；二是以待研究的资料的特性去理解，不是一个横截面或静态的研究，而是作为一种方法来处理。第二，对国家组织制度的组织社会学研究，哪些研究可以被纳入共和国史的研究这一类目还有待考察。前者中，无论是宏观的还是微观的研究，都有一个基本的特点，那就是在研究的过程中渗透着共和国国家组织和制度的影响。研究者应注重个案研究的总体背景，将个案放置于中华人民共和国的时空范围中，这既是共和国史研究的视角之一，也是基本的影响因素。目前社会学领域中已有通过基层政府、条块关系等角度分析制度变化的众多研究，但针对中国共产党以及与党组织相联系的系列制度安排还有待深入研究。第三，关于理论分析和条件匹配分析。刘世定对共和国史研究的理论框架发表了建议，他指出，理论分析框架有助于研究的推进。以倒叙的方式，历史结果看似是唯一的，但从发生学的角度，不同变量和历史条件的匹配却有多种可能的结果。理论框架梳理了历史中条件制度安排之间不同的匹配方式，有助于研究者看到更多的可能的现实条件，不同的制度安排和这些现实条件组合后可能导致的后果。刘世定认为，今后的历史研究发展，仅有理论的分析框架尚不足以支持研究的深入，仿真模拟等研究方法可以被引入，用于处理历史发生之可能的演变进程。

2020年11月14日下午，"对话：多学科视野下的中国史"系列论坛第二场举行，主题为"历史学、社会学、人类学视野下的现代转型史"。文研院工作委员、北京大学社会学系教授周飞舟主持，中国人民大学历史学院教授杨念群、清华大学社会科学学院教授应星、香港科技大学人文学部教授马健雄做引言，北京大学历史学系教授王奇生、北京大学光华管理学院教授周黎安、中山大学社会学与人类学学院教授张应强参与讨论。

杨念群的发言主题为"中国史学引入社会科学方法的阶段性表现及其限度"。他首先从"社会学对历史学研究的影响"谈起，中国历史研究自新中国建立以来一直遵从的是"社会学化"的论述策略。因为马克思是三大社会学创始人之一，故历史唯物论不妨被当作社会学的一种表达形式。其好处是让每个研究历史的人都简明扼要地了解到历史发展的阶段性走势，缺点是在这个结构里面往往看不见"人"的存在，"人"是历史结构的附属物。例如在发生农民起义和"革命"时，"农民"才会出场，而在日常生活的"常态"中，民众是缺席的。

社会学方法入史的另一个问题是，容易把对中国历史的判断限定在以近代性为标准的评价尺度之内，中国历史的演变实际上有自己内在的逻辑，但社会学秉持的进化逻辑基本上会用近代这把唯一尺度去衡量其优劣，裁量其短长，而把"文质之辩"这些中国古代的传统历史观斥为"循环论"或"退化论"。以清史研究为例，清史原本是一个整体，却被硬性切割成"清代史"和"近代史"两个时段，这与费正清（John King Fairbank）把中国历史当作"区域研究"，将其分割成"旧社会"与"新世界"的逻辑颇有相似之处。

其次，杨念群认为人类学对史学研究的影响显而易见。20世纪80年代，随着改革开放局面的形成，中国史学界出现了从"革命史叙事"向"现代化叙事"转型的趋向，以适应中国面向全球化的转变。但随着"现代化悖论"的出现，"现代化叙事"的有效性不断遭到质疑。"现代化悖论"指的是当经济高速发展时，并没有同时带来传统的消亡，即经济基础的变化并未连带促成传统的崩溃，最突出的例子是经济越发达的地区却出现了高密度的宗族组织的回归。社会学的结构分析完全无力解释此现象出现的原因，"人类学方法"开始介入历史研究，历史研究的"人类学化"遂成为主流。

"人类学化"的历史研究特别强调"人"在历史现场的具体情境、人生际遇与常态状况，同时消解掉"革命史"与"现代化叙事"过于强调历史线性变化与整体社会动员之决定性意义的叙述策略，促成历史尽量回归"常态"，最著名的口号就是"回到历史现场"。在社会史视角向下大潮的冲击下，上层政治史研究并没有出现问题意识的突破，反而因为制度史研究的日趋琐细而趋于专门化，大量研究限于"制度史分析"层面，而缺乏"思想史"的内在力量。美国"新清史"的长驱直入对国内清史研究构成的巨大挑战就是鲜活的例子。

近四十年来，"思想史"在中国历史学界越来越趋于边缘化，大致有两点原因。一是为了区别于意识形态化的历史研究，史学论著日益强调论述的"实证化"，强调精细化的专门研究。学术研究不但强调"实证"，回避"虚证"，同时也避谈那些历史上的"非客观性"的因素，或者把它们列为应该反思的"迷信"。如对谶纬和君主表现出的"怪力乱神"言行，并没有将它们视为君主活动的"正常"状态予以审视，而是将其视为历史发展的意外现象。

二是只注重历史记载中"客观"部分的内容的结果，使得史界对中国历史的特性之理解陷于固化，即按照单一的科学尺度加以衡量，表现在观察历史过程大多以"实"代"虚"。过度注重历史实证的"客观性"，只"务实"而不"务虚"的结果是使"思想史"研究越来越"中国哲学史化"，即把原本与各种历史语境相关联的一些概念抽离特定的环境，做纯概念史的分析。

最后，杨念群指出，过度的社会科学化会造成中国历史学界"常识性缺失"，表现为以下三个方向：其一，极力用抽象性的态度美化传统价值，刻意回避其负面性。从"反传统"走向了一个极端，即无原则地极力维护传统价值，从而淡化"五四"以来对传统的批判意义。其二，如果仅仅依赖社会科学规则观察中国历史，往往有失去从基本人性感知历史能力的危险。例如，有些学者将"文革"看作中国式"大民主"的表现形式。其三，过度凸显"民众史"的地位，使"帝王之学"的研究趋于边缘化。值得思考的是，"民众史"研究逐渐脱离"革命史"背景之后，处于"常态"之中的民众生活研究的意义是什么。

接下来，应星发言，题为《社会学视野下的中国现代转型概观——以政治/军事和社会为重心》。首先，应星归纳了中国现代转型的基本特征，一是漫长的过渡，即从传统的瓦解到"总体性社会"的建立；二为总体性的危机，即传统政治的解体与社会结构的解组；三是城乡关系的重构，即从"乡土侵蚀"到乡土动员；四为持续的革命与战争，诸如鸦片战争、太平天国起义、甲午战争、辛亥革命、国民革命和共产革命等，主张"把革命带回到社会学视野"；五是思想的激进化。

随后，应星从四个层面主要论述现代化的转型之路，侧重论述政治/军事和社会层面的转型。第一，国家层面的转型。学界一般认为国家层面的转型是从帝制秩序（朝贡体系）到民族国家的转变，传统研究看到更多的是"断"，现在研究关注更多的是"续"。现在学界有更多的研究希望打破这种观点，如王明珂先生从长时段论述"华夏"（农耕）与"边缘"（游牧）共生生态的近代演化。

第二，政治/军事层面的转型。孔飞力提出清朝于1865年开启"地方军事化"，深刻影响了文武关系、央地关系和地方士绅，具体表现为从"绅军"（曾国藩）到"军绅"（李鸿章）再到"军阀"（袁世凯）的变化。军事武装逐渐脱离了与中央政权的关联，脱离了与绅士及儒家伦理的关联，脱离了与地方社会的联系，成为一支效忠于军队统帅个人、漂浮在地方社会的自主性力量。

毛泽东在苏区的革命实践也是地方军事化的集中体现。红四军的"地方军事化"具体表现在三个方面：一是提升地方村社各级的军事化水平，使外来军事力量与本地的军事力量形成对接关系；二是争取秘密会社的势力，使兵与民在接受共产主义革命的前提下尽可能融为一体；三是高度重视军民关系，使外来军事武装有良好的地方基础。当然红四军和湘军在"地方军事化"方面有所差别，一是士绅领军变为党人领军，二是兵为将有变为兵为党有，三是招兵买马变为地武升级，四是就地筹饷变为废止军饷。以上变化彰显出红军的地方军事化是军事革命和社会革命的结合。

穆晨哲楠　刘　建　邓晋武　"对话：多学科视野下的中国史"工作坊讨论纪实

　　进入抗日战争和解放战争时期，中国共产党在所创建的革命根据地进行局部执政时展现出来的一种组织形态为"军事发包制"，即一方面在中央层面建立起一元化的领导体制，另一方面在各根据地军区和军分区两级分别建立起与上级的军事承包关系。这种关系具体体现为三个方面：军事决策的自由裁量权；财经的自给自足；在属地建立一元化领导，实行属地化管理、战果导向和人格化担责。军事发包制有效解决了动员和控制、集权和分权的张力问题，把分割状态下的局部执政当成铸造现代政党之军政能力的重要通道，为1949年后全面展开的国家政权建设做好了准备。

　　第三，社会层面的转型。陈旭麓先生提出的"中等社会"是理解地方士绅的一种角度。从士绅到中等社会的变化，一是从整体性到杂多性，杂多性就是陈先生归纳的三种类型——"自居于士类者""出入于商与士之间者""出入于方术技击与士类之间者"；二是道德伦理意义上的一统性到地方性。另外，最重要的在于中等社会对上等社会和下等社会的影响。一方面，中等社会对上等社会有破坏性作用，如新学堂学生的"反体制活动"；另一方面，中等社会对下等社会有提挈性作用，如对底层秘密社会的影响。

　　另一条线索可以借鉴钱穆先生的提法，将社会理解为四维社会——城市、乡村、山林、江湖。首先是城乡关系重心的转移，近代以来乡村不断衰败，进而有"乡村重建"实践的展开，但在国民党统治时期并未真正完成。真正实现"乡村重建"是从革命意义上来说的，如中国共产党领导农民在土地革命中的动员，在此意义上，农民的角色经历了从政治边缘到政治中心的转变。此外，江湖伦理与"五伦话语"也有所变化，表现为朋友（兄弟）一伦的上升，在革命话语中，同志（阶级兄弟）占据重要地位。

　　第四，思想层面的转型。近代以来，一方面"中体西用"和儒家思想出现了危机，另一方面"五四"也是一个过渡时期，如王汎森先生提出的"烦闷"与"主义时代"的来临。对于知识分子而言，"五四"有着深刻的传统，当然"五四"对于政治、思想和文化的影响也十分深远，可以称之为"新德治"。这种"新德治"以阶级斗争伦理为核心，重视对

"新人"的塑造,注重政治和伦理的结合。应星最后总结道,无论是上述哪个层面的转型,都经历了一个漫长的过渡时期,通过对这些时段的梳理,不仅可以更好地理解革命与战争时期,而且对于理解共和国史也是一条重要的线索。

马健雄的发言主题为"文字、文本及近代滇缅边疆的转变"。他首先从人类学与历史学研究方法的比较讲起,并结合个人的边疆研究做延伸说明。在地方志中,后代著述者往往会重述前代记述,再加上一些当时的采访资料,并糅合著述者的观点。显然,史料跟著述者及他们所处的时代背景是紧密结合的。从这一点来说,历史学者与人类学者所面对的问题仍然是相似的,即文字材料创造过程和社会现象的记录者的社会角色以及他们与读者的关系,既会影响事实的陈述方式,也会影响意义的传达效果。

在人类学的研究中,现成的文字材料与口述史访谈记录、参与观察的记录,都需要将田野笔记及形式多样的研究资料转换为文字材料。其中,日常生活中的各类活动,包括仪式的程序、内容、歌谣等来自研究者参与观察的记录,成为田野笔记的重要内容,经过逐步整理和组织,转化为可供研究使用的文字材料。因此,田野研究也是一个文本化的过程。此外,在田野工作中,人类学者面对的研究对象,即不同类型的人群共同体,往往需要从现实生活中重构过去,并使之成为诠释的主体。

其次,马健雄围绕人类学与历史学研究方法的不同展开了论述。他指出,从田野工作的经验性研究方法和民族志入手,人类学者往往倾向于从当下的社会生活状况出发来追溯其历史根源与过程,尤其关心"过去如何塑造了现在的人群关系和文化价值"之类的问题。简言之,这是一种以"从今溯古"的方式来追溯社会关系的谱系的研究倾向。

历史学者在探讨历史的复杂性的过程中,并非一定要从当前可观察的社会关系、从当代的经验性研究资料出发来研究和解释历史。在长时段的历史发展的过程中,有一些曾经广泛运作的制度逐渐被新的制度替代,其中一些历史变化对现今社会的影响可能很深刻,但是这样的影响并不见得能够在当下的日常生活中观察到。

文字记录与文字记录的文本化过程,需要从民众的生活日常中理

穆晨哲楠　刘　建　邓晋武　"对话：多学科视野下的中国史"工作坊讨论纪实

解具体产生的脉络，理解生活场景中"话里"和"话外"的意思与表达方式。因此，人类学家和历史学家在方法论、研究实践和对从社会生活中产生的关系及其解释方法方面虽然各有侧重，在方法上却是密切相关，人类学者尤其侧重文字记录的文本过程，探究意义及其载体的层次和诠释的方法与方向，希望能够尽量将文字记录背后的社会关系揭示出来。

最后，马健雄重点论述了"边疆土司的近代转变与滇缅边疆的民族主义"。滇缅边疆的摆夷土司与外国的朝贡存在根本差别。明清以来形成的相对稳定的西南边疆，是与另外一个国家即"外国"之间的界线，即便这个外国仍然可以称为"朝贡土司"，但是从司法体制、赋税制度、继承权的确认、官方的文书体系等政治因素来界定，"土司"仍然属于明清国家体制的一个内在组成部分，土司并非外藩。

杜文秀起义之后，地方士绅牢固控制着在长期的战争中兴起的团练武装。随着云南讲武堂的建立，滇军发展为西南地区新兴的军事力量。来自北洋政府或者南京政府的国家力量在云南变得若有若无，地方士绅集团的联盟成为政治、军事和经济上的主导力量。边疆土司在与地方士绅力量周旋、妥协的同时，也参与民族主义动员，巩固自己作为国家代理人的角色，重新适应边疆政治和社会的变化。在近代滇缅边疆民族主义的动员和发展过程中，地方士绅和土司联合建立的政治力量，对于边疆社会和边疆政治的现代转变起到了重要的作用；少数民族文化和族群身份在这样的政治经济框架中得以持续重构，边境少数民族区域也延续着清代以来的族群化。

在对谈环节中，王奇生的回应主要集中在学科问题和方法问题两个方面。在学科问题上，王奇生首先回应了杨念群的观点，他认同杨念群提出的历史学研究近些年的"社会科学化"趋势，认为历史学的研究越发借鉴社会科学的研究方法，不仅历史学的研究借鉴社会学的方法和理论，而且社会学也广泛借鉴了历史学的研究成果，一个明显的趋势是社会学的历史转向，即历史社会学的兴起。学科之间的交叉和借鉴是大势所趋，学科之间的界限越发呈现出模糊化的状态，如哈佛大学裴宜理（Elizabeth

J. Perry）教授的研究就是多学科交叉的典范。然而，历史学和社会科学的研究在研究主题、研究内容方面有所不同。历史学更喜欢研究"变"的主题，注重研究历史情境的转变，重视历史事件发展过程中的"质变"和"突变"部分，特别是关于历史事件转折点的研究；而社会科学更偏爱研究"不变"的内容，关注的是事件的常态化和渐变过程，注重研究稳定的结构和机制，追求标准化的范式归纳。当然，社会科学也不是不关注"变"，只是更侧重对结构和机制的分析。

在方法问题上，王奇生指出，学科方法并不是最重要的考量，只要对历史研究有所帮助，能够提供新的视野和启发，都可以学习和借鉴。法国著名社会心理学家古斯塔夫·勒庞（Gustave Le Bon）在其著作《法国大革命与革命心理学》一书中指出，研究革命事物有四种不同的逻辑，分别为理性逻辑、情感逻辑、集体逻辑和神秘主义/信仰逻辑，但以往研究法国大革命的学者往往只关注革命中的理性逻辑，而忽视了其余三种逻辑。借鉴勒庞的四种革命逻辑分析近代中国革命就很有启发性。中共在土地改革运动中通过"诉苦"等方式将农民动员起来可以视为情感逻辑的表现；中共早期发动的多次群众运动可以视为集体逻辑的表现；中共革命中的"乌托邦"色彩、"神秘主义"和组织成员的忠诚化、狂热化等都可视为信仰逻辑的体现。其中，中共革命的研究借鉴了很多社会学的研究成果。

接着上述革命研究的思路，王奇生认为应星的引言可以看作站在中共革命立场上的归纳，忽视了对在1949年之前国民党执政的研究。从社会转型来说，国共两党彼此遵循不同的路径。国民党的革命是"小革命"，是一种政治革命，局限于政治范畴，缺少社会革命的发生，对于社会传统方面革除较少；而共产党的革命是"大革命"，是一种社会革命、文化革命，从影响程度和范围来说，这是根本的革命。但在此处要思考的是社会革命的界限，因为政治革命的界限非常清楚，即推翻旧政权，建立新政权，但社会革命不同，它的界限较为模糊，很难判断社会革命在何种程度上取得成功和应该停止。

周黎安以"传统－现代分析范式的局限"为题对上述内容进行回应。

周黎安认为，长期以来学者从"传统－现代"的视角看中国的经济社会变迁，对这些变迁在"现代转型"的语境下加以理解和分析。"传统－现代"又与"落后－先进"或"传统中国－现代西方"联系在一起，具有强烈的指向性和归宿性。社会科学总体上深受"西方中心论"的影响，西方理论和西方经验不仅是分析基准，也扮演了价值基准和预测基准的角色，即中国是"此岸"，西方是"彼岸"。

接下来，周黎安以"革命研究"为例进行具体说明。在晚清至民国的社会转型过程中，共产党革命及其胜利无疑是所谓"现代转型"叙事中最重要的事件。其中毛泽东领导的工农武装革命和中国革命在长期战争中塑造了独特的革命理念、组织文化和治理模式，对中国后世影响深远。这些理念与模式融合了马克思主义、列宁政党、农民运动、儒家传统等多重因素，独创一体，区别于苏联红军、传统军阀乡勇、国民党军队，很难用"传统－现代"的范式去界定。

革命时期中国共产党形成了独特的组织文化，其特征集中体现在五个方面：一是价值和使命驱使，实现民族独立，建立人人平等的社会主义；二是支部建在连上，坚持党指挥枪，创建政委制，实现思想与组织的统一；三是高度分权的"军事发包制"，即属地管理、财经自主和人格化担责；四是官兵平等，干部与士兵打成一片；五是人民战争观，寓兵于民，发动群众。

共产党组织文化的影响集中体现在宏观和微观两个方面。从宏观而言，相比于苏联的高度集权，中国进行了多轮的大规模地方分权。相比于苏联的地区专业化和分工协作体系，中国发展了自成体系的地区经济和地理上高度分散的地方工业。从微观而言，以苏联的"马钢宪法"与中国的"鞍钢宪法"为例。马钢宪法是中国人命名的苏联管理模式，即以马格尼托哥尔斯克冶金联合工厂经验为代表的苏联"一长制"管理方法。总体而言，马钢经验基于上下级严格的权威关系，是韦伯意义上的企业科层制，实行厂长负责制、垂直的科层控制以及技术主导和工资绩效制度。而鞍钢经验则深受革命时期组织文化的影响，实行党委负责制，即党的一元化领导，弱化技术和专业色彩；实行干部、工人、技术人员三结合，打破职务、职权和岗位的组织界限；采取团队协作、平等化协调、团队间竞争等措施；淡化物质激励，以精神奖励和政治思想工作为主。

改革开放以来，中国央地关系、政府治理进一步深化地方分权和"行政发包制"，但党的领导毫不动摇。革命时期的"军事/行政发包制"与市场化改革、融入全球化相结合。在企业管理方面，革命时期共产党组织文化在民营企业也有传承和升华，例如阿里巴巴公司的"政委体系"和华为公司的"员工资本主义"。

周黎安最后总结道，19世纪中叶以来西方主导的全球化冲击，国际竞争是主旋律，"落后就要挨打"，导致中国社会的内在创造性反应和持续演化，这是社会转型的真正意涵。在国家竞争的压力之下，救亡图存、经济赶超和市场竞争的需求与中国经济社会传统相互作用，展现了上述中西元素的创造性融合。国家间生产技术日益现代化和趋同化，但体制模式千差万别，无法用"传统－现代"加以概括，也不以"彼岸"为目标，更多的是多样性和开放性演化。

张应强从学科的交叉与借鉴开始谈起，虽然不同学科各自的研究视野存在明显差异，但现在多学科的相互联结、借鉴、启发和合作的可能性也是显而易见的。杨念群在主题发言中指出的中国历史研究的"社会学化"和"人类学化"，以及对叙述逻辑和框架所产生的深刻影响，是很中肯的。实际上，对于社会学和人类学来说，这种从概念、理论到方法的"拿来主义"，更是有过之而无不及。一方面，这样的借鉴、批判性的应用是在所难免的；另一方面，这些外来的理论方法怎样适应中国的实际情况，怎样用来观照和解释中国社会的历史现实，会不会水土不服，作为研究者我们又怎样去超越和创新，等等，都是要去面对和值得思考的问题。

张应强以自己在贵州清水江流域的区域研究为例进行具体阐释。清水江流域研究是一项历史人类学的工作，借鉴的是历史学和社会学的方法，与传统民族志研究有所不同，同时也尝试关注和回答区域社会史关心的问题。在此过程中，我们似乎也触碰到了在这个特定的区域社会历史发展过程中所包含或者说呈现出来的整体性、流动性，甚至类似历史动力的，可以做一些"概念化"处理和理论提炼或理论提升的问题。故此，以开放的心态学习和借鉴相邻学科的理论视野，尤其是对历史学和社会学的理论方法和研究实践的学习借鉴，是我们应该坚守的基本态度。比如，应星在主题发言中从政治层面和社会层面对中国现代转型的描述分析，就可视为我们也有兴趣去探讨的区域社会"结构过程"的一个范例，包括怎样系统辨析时间的前后关系、相关因素的关联与互构等；而马健雄基于田野经验，从民族志入手，对近代滇缅边疆转型史的条分缕析，也是人类学历史研究如何去理解和解释社会生活中社会关系塑造和文化价值传递及其意义的很好的个案。

由于历史人类学同时注重田野调查和文献解读，所以能够深入了解和整体把握特定区域的历史发展脉络。而西南地区社会文化的丰富性和多元性则提供一种可能性，即探索联结过去与现在、历史与现实的地方性知识，并通过比较的视野，整体性地分析区域社会的结构过程。从这个意义上，立足于具体地域社会的精细个案研究，有其无可替代的价值。其实，这也是很基础性的工作。

张应强认为，或许是强调田野工作方法的缘故，在人类学的研究中，国家制度时常有意无意被忽略了，至少是重视不够。但是在地方社会结构过程中，制度的影响往往全面而深刻。事实上，长期的田野调查恰可使我们能够更加清楚地看到国家制度在地方社会中的实际运转，甚至可以让我们去做一些有地域特色的制度史研究，即"在地的制度史"，这可能与传统制度史研究有所不同。国家的典章制度以及主流的文化价值，在特定的田野点上有着独特的地方性表达，而这些地方性表达恰恰是构成地方性知识的重要方面。例如，在他所熟悉的清水江流域，规范木材种植采运贸易活动的制度，当地人叫"江规"，其实背后也都有王朝国家的制度和国家意识形态深深的印记。

张应强指出，三位引言人从各自学科的角度表达了同一个观点，即国家的在场，或是"国家在地方"：杨念群强调应该关注"思想史"的内在力量，包括"正统性"的观念和意识形态的影响力；应星讲到政治

147

动员，以及社会转型中士绅的有机整体性问题；马健雄讲到缅宁彭氏的时候，也是在讲述一个同样的道理。于历史人类学而言，田野工作由于其特性，最能够深入对象社会，最能够接近真实的民众，相信也最能够走进历史现场；但是，无论是田野还是文献，我们更多接触和认识到的，还是社会精英或掌握话语权的人物，那么他们的活动，他们传导的"正统性"观念和主流文化价值，以及对地方社会产生的影响，是我们不能忽视的。比如，在清水江研究的实践中，我们也注意到了王朝国家倡导的主流文化价值对当地苗侗社会的影响，如清代乾隆、嘉庆时期，整个区域有一个普遍的风俗改革，其中在地方社会层面积极的推动者，在后来族谱关于祖先事迹的追述中留下了厚重的一笔。宗族观念的形成、宗族组织的建构，当然是探索清水江流域苗侗社会转型和文化演变的一个很重要的方面，从中我们还看到了与东南、华南地区很不一样的历史过程和表现方式。

当然，区域社会的结构转型是一个非常复杂的历史过程，除了制度、社会、文化、观念层面的因素，其他比如市场的力量也是要充分考虑的。就清水江研究的经验来说，下河地区对木材的持续需求、区域市场网络的发展，从根本上改变了清水江流域的社会结构和文化形貌，甚至原本基于山川江河等自然地理条件而形成的社会关系，也因为木材种植采运活动，因为市场和国家力量的影响而发生了新的变化，包括生计方式、村寨关系、人群关系等；另外，人们关于自身历史的记忆与叙述，也因地制宜、因应时事做出了调整。所以，生态环境、资源禀赋及其演变等，似乎也可以纳入关于区域社会转型的考量之中。

还有一点特别有感触，就是马健雄讲到的文字与文本的问题。因为在清水江流域，我们看到了巨量的民间文献，据粗略统计，在比较集中出现的清水江下游地区的四五个县，就收集到了将近30万件文书，包括契约文书、账簿、诉讼词稿、书信、族谱、科仪书等，还有海量的各种性质和类型的碑刻。有这么多的民间历史文献以供进行历史人类学取向的区域研究，当然是我们梦寐以求的。

一方面，我们研究的时间尺度可以比较容易地延伸到清代甚至更早的

穆晨哲楠　刘　建　邓晋武　"对话：多学科视野下的中国史"工作坊讨论纪实

时候，而这些成系统的、能够回到一个个家庭家族层面的民间历史文献，可以帮助我们比较清晰地梳理区域社会演变的历史脉络；另一方面，也使我们面临许多新的问题和挑战。比如，在原本没有文字传统的苗侗社会，文字的书写、文书的大量出现意味着什么？如何根据他们的文化传统来理解和解释文字所具有的不一样的社会意义？文字的观念、文字的力量怎样影响了区域社会的日常生活与历史建构？如何看待清水江下游地区民间文书的大量生产和丰富遗存，而周边地区特别是与清水江只隔一条分水岭的都柳江流域却很少有民间文书的事实？等等，这些都是非常具有挑战性的问题。

除此之外，还涉及历史人类学研究该如何结合田野调查对历史文献进行解读，这个在方法论层面比较关键的、需要认真检讨和探索的问题。在这些年的研究实践中，我们也在做一些尝试和努力，可能有一些不一样的体会。不管是出于学科专业的特性还是对田野信条的遵循，我们比较倾向于通过长期的田野工作，建立起对区域社会整体的概念，而不是将这些民间文书当作个案研究的资料，直接从文本分析入手来处理、分析解释；也就是说，我们的重点放在对文书形成与使用这个特定区域的历史与社会文化形态的整体性研究上，从而建立起对文书的社会脉络的深入理解，再根据研究者所关注问题的需要，将文书的解读纳入各自的研究之中。或许，这可以视为对历史人类学和民间历史文献学研究，能够有一些建设性和理论提升的研究路径。

周飞舟最后总结道，上述六位分别论述了学科方法、革命史和地方史问题。在对革命史和地方史的讨论过程中始终贯穿着历史学与其他社会科学之间关系的张力，看似是科学方法的问题，如王奇生谈到的到底是"社会科学化"还是"碎片化"，但在实际研究过程中又不只是科学方法的问题，背后其实是"转型史"的问题。而转型史问题无论是涉及"传统与现代"，抑或"进步与落后"，真正需要讨论的是"西方中心论"的问题。在认识到"西方中心论"影响之后，再去研究中国现代转型，需要当代学者深思。

2020年11月21日下午，"对话：多学科视野下的中国史"系列论坛第三场举行，主题为"历史学、社会学、人类学视野下的帝制时代史"。北京大学历史学系教授赵世瑜主持，清华大学历史系教授侯旭东、浙江大学社会学系教授赵鼎新、北京大学社会学系教授王铭铭做引言，中山大学历史学系教授刘志伟、北京大学社会学系助理教授田耕、中国政法大学社会学院教授赵丙祥、清华大学社会科学学院教授张小军、中山大学社会学与人类学学院教授张应强、香港科技大学人文学部教授马健雄出席并参与讨论。

论坛伊始，侯旭东以"帝制时代中国史研究的新可能"为题发言。他从既往研究的主要思路所关涉的主题谈起，指出研究目的是"汇集并反思古今中外多学科的研究，探索如何继续前进"。通过回顾20世纪形成的主流史学研究方式，如事件史、以权力斗争为中心的政治史、就制度论制度的制度史、体现在《中国革命和中国共产党》一文中的地方化的宏大叙事、以进化论为代表的线性史观，以及中国史和世界史二分、中国史内部的断代史、专题史与通史三足鼎立的次级学科分类的固化的史学分类方式，人物、制度、事件、思想观念、生活等的常见对象划分，常用的词汇术语本身（如事件、权力、制度、家、国、社会、共同体等），还有以关注独特性、变化为核心的史学与关注典型行动模式的社会学等的取向划分，认识上简单的反映论等，侯旭东认为这些主流研究方式均有需要反思之处。

基于以上，侯旭东认为历史学研究应当走向"常"与"事"。首先需要超越的是社会学和历史学的划分。在主流研究方式划分里，历史学被认为主要研究"变"，社会学主要研究"常"，而侯旭东指出历史学也应当研究"常"，且"常"有着不同的侧面，既包括常态、常情、常识与常理，也包括历史上反复出现的现象、制度与机制。侯旭东以以下现象为例对制度性内容做出阐释：传递文书、接待官员的邮驿机构，从秦到清不断设置，名称不尽相同，但功能相近，管理方式亦有限，各代面临的问题也相近；《春秋》以降的历史人物书写、孝子烈女、朝堂上的先例论证，到20世纪的各路英雄与典型等，古代中国对主要角色的分类式典型形象划分及其在王朝中的意义值得探讨；"宠"的机制，尽管在过去的历史研究中不太受重视，但这样的机制性内容也需要关注。在关注行为、行动模式

穆晨哲楠 刘 建 邓晋武 "对话：多学科视野下的中国史"工作坊讨论纪实

或制度性内容之外，也应关注"事"。侯旭东指出，从甲骨文到当下，"事"的含义被窄化为事件，但事实上事物、技事、职事等都包括在内，"事"与人的存在分不开。侯旭东介绍了华东师范大学哲学系杨国荣教授探讨的"事的哲学"，并提出历史学也应当从关注"事件"发展到对"事"的全面研究。从对"常"与"事"的研究过程中认识异常、非常、反常和事件，能够在传统历史学关心的"变"之外有新的观察角度。

对"常"与"事"的研究实际上是对主角"人"的研究，因此需要走向人-事关系的历史世界。对人的研究也不限于社会学研究方法所关注的常人，还包括统治者，甚至皇帝。这些精英人物、某种意义上的关键少数在历史上的影响也相当大，但在过去事件史或制度史的框架下的研究遮蔽了很多其他侧面，现在需要在"常"与"事"的新的视角下关注这些人。另外，日常大于生活，日常也不只属于普通人，侯旭东展望，未来的研究是对所有人存在状态的追问，以及对他们的存在如何构成了绵延不绝的过去的追问，社会学所关注的结构便是在"常"与"事"中形成与维持的。关注历史上的"日常统治"，是对文明史的新观察。

接下来，侯旭东对于历史上的日常统治研究提供了四种视角：主位观察优先，辅以客位观察；顺时而观优先，辅以后见之明；日常视角；以人为中心的关系思维。这四个视角在很多方面受到了人类学的影响，此外，还有比较的视角，目的是突破既有的领域划分，通过开拓新的视角，提供新的观察，拓展眼界，发现更广阔的世界。从关系的视角探讨历史有若干个方向，这些方向在某种意义上与传统意义上社会科学的很多关切有非常密切的联系，具体表现为：传统意义上社会学、人类学、政治学关心人与人的关系，传统意义上宗教学关心人与神的关系，传统史学关心较窄意义下的人与事关系，传统意义上经济学关心人与物的关系。从关系视角展开的研究，可以为构建中国自身的社会科学提供一种新的可能。

最后，侯旭东总结，要搁置20世纪西方社会科学与新史学支配下形成的概念、分类方式和宏大结论，先有顺时而观，才有后见之明。当然，贴近现场的同时也不偏废后见之明，打通断代，跨越专题，开辟认识过去的新可能。当前的具体研究往往不是填补空白，而是借助为老问题提供新的视角、新的洞见,借助新角度化旧为新。另外,传统史学也需要做认真的反省,只有通过多角度的反省,才能更好地返回历史现场,在贴近历史中不同位置上的古人的基础上,不断书写帝制时代的历史,这些也能帮助当下的人更好地认识自己、创造未来。

第二位引言人赵鼎新以"社会学视野下的传统帝国"为题发言。赵鼎新首先指出,帝国研究是社会学的传统研究,他从人的生存条件(human conditions)的角度开始介绍,并说明帝国作为一种政治形势并未完全过时,因此这里讲的是传统帝国而非帝制时代。接着,赵鼎新从社会学的视角出发,从九个方面分析传统帝国。

第一,传统帝国渗透和汲取能力有限,属于"弱小利维坦",需要考虑"天高皇帝远"的问题。第二,传统帝国边界模糊多变,除了核心地域外基本都进行间接统治,并且一国多制。第三,帝国扩大后会对边界形成压力,在渗透能力有限的情况下,不得不采取间接统治、一国多制。这时候,作为当地代理人的"少数民族干部"起到了重要作用。这些"少数民族干部"吸收了核心地区的文化和统治方式,当核心地域转弱时,他们可能成为下一个朝代的核心人物,由此构成了边缘和中心地位的转换。第四,帝国形态发展规律及宗教的重要性。针对核心干部不忠的情况,中国出现了强化血缘力量管理周边事务的传统,这时统一文化的重要性便开始显现,而统一文化的软实力往往由宗教提供。和国家力量合作后,宗教起到了扳道岔的作用,宗教的影响也有助于构成世界帝国大体系的形态。另外,帝国的"宽容性"也是重要的意识形态研究对象。第五,游牧帝国的特征。游牧帝国和中国战国时期的扩张消除了游牧和半游牧地区的缓冲带,在中国形成了游牧/半游牧帝国和农业帝国几千年来的竞争。通过对生存条件的分析,赵鼎新指出游牧地区稳定的政体形式是部落联盟而不是帝国,而游牧帝国之所以产生,原因有两点:农业帝国压力下自我保全的需要和卡里斯马作为合法性来源的出现。游牧/半游牧帝国也对欧亚大陆起到了整合作用,但在18世纪前后衰亡。中国最后的游牧帝国是噶尔丹的准噶尔帝国,除了准噶尔帝国,欧洲、小亚细亚等地的游牧帝国体制也同时在走向衰亡。第六,技术发展、知识积累和制度记忆。首先,

17世纪以后的发展需要的不仅是知识，还有技术；其次，17世纪之前的技术发展主要是组织技术，17世纪后出现了集约型技术，但制度记忆都很差，基本被后世遗忘。第七，帝国统治下的经济和贸易问题。不同帝国均支持经济贸易，不过在不同帝国统治下的商人权利不同。第八，世俗循环和帝国循环。帝国垮台的根本原因有二，一是忘记初心后失去认同感，二是繁荣后的人口爆炸。第九，从帝国到民族国家的转型。赵鼎新认为，民族国家中发展出的革命都是帝国政治的产物，包括二战后和苏联衰落后第三次民主浪潮兴起出现的民族国家，都是帝国政治的结果。

第三位引言人王铭铭以"帝制作为背景、类型和方法"为题，从三个要点发言。

第一，帝制时期作为背景。人类学和社会学一样主要关注当下的社会，看似与帝制时代的历史研究没有关系，但是这门学科从一开始就关注帝制时代。以燕京学派为例，吴文藻、费孝通、林耀华等的社区人类学要求纵横结合的研究法。横指区位的组织结构和区位领域间的关系，纵则指传统社会现代化的历史维度，可以认为这一历史维度的进程是帝国时期向后帝制时期、传统社会向现代社会的转变。这种将帝制时代作为现代社会背景的做法未必有充分根据，但也启发了李安宅、瞿同祖等所做的专门的帝制时期社会学研究。20世纪50年代，国内民族大调查得以实施似乎可以理解为去帝制的学术努力，国外的弗里德曼与斯金纳一方面不满于燕京学派社区调查法的当代主义，致力于使人类学历史化，另一方面把历史化的人类学用作理解帝制时代晚期社会的手段。在他们的笔下，帝制时代相当于人类现代性的历史背影。战后美国作为区域和国别研究的跨学科综合体中国研究也出现了较有水平的新成果，其中相当一部分是关于帝制晚期和近现代的礼仪社会与民间文化。

第二，帝制作为类型。作为现代社会背景的帝制晚期乃至末期，也产生了有整体主义追求的研究，如盖茨（H. Gates）的贡赋-小资本主义和何伟亚（J. Hevia）的多头利益帝国、政治经济学王权国家等。王铭铭认为，在当代主义的狂欢中历史学科被肢解为越来越细化的时段论的专门学科的时代，复原帝制时代的整体性仍旧重要。在时空形态的问题上，冀朝鼎指出帝制时期存在两个历史大循环，杨联陞指出朝代内部与之间的乱世、中兴的小循环，认为治乱轮替构成了帝制时期历史时间性的总体特征。这一特征明显不同于西方上古、中古和近代的直线型特征，差异本身是否蕴含帝制时代的内部困境或治乱轮替的模式能否解释帝制时代内部的动力都是引人关注的问题。而从地理空间看，中国版图不仅以华夏为中心，与长城外的地区也有密切联系。联系拉铁摩尔《中国的亚洲内陆边疆》的长城内外图景和华夏内部区域性的综观和围观的研究，有助于我们理解治乱循环的历史内部特征。20 世纪 50 年代民族志学家进入中国西部，借助政治经济学和古典人类学方法，发现中国的民族地区有着多社会形态和多宗教信仰。若用马克斯·缪勒提出的范畴来看中国西部的宗教多样性，可以得到欧亚大陆诸文明系统的外在与内在联系。帝制时期中国正是在横向的圈层与众多域外文明关联导致内部始终充满他者的元素，成为有着超级多样性的帝国。用鸟瞰的方式探查帝制时期的时间和空间，可以看到被称为整体的历史时期充满了活跃的动态。历史摇摆在一和多、治和乱、兴和衰之间，既有自身古今之五行之变的规律和谈论古今之变的理论，所有这些动态又是以条条块块、圈圈层层的民族和文明关联着的。这些作为帝制的类型有着特殊的复合性，我们不应该只把其当成背景，而应作为整体研究，也不应认为其是在近代跟西方文明碰撞以后才有意义的。

第三，帝制时期作为方法。王铭铭指出，今日人类学的一代青年被鼓励以自己为方法，其率性正在演变成缤纷多彩的表达方式，跳过必然王国一下子进入自由王国，人类学给不少人带来了解放的感觉，因而自身也被时尚化了；尽管这个时代背景下格雷伯（D. Graeber）所言"无政府主义碎片"容易被接受，复原帝制时代的形态学面貌仍是必要的。雷德菲尔德（R. Redfield）认为现代性、个体化的文明存在之前，还有其他离土著和农民更近的原初文明，对人类学家的"地方性知识"影响更为深刻；莫斯（M. Mauss）也告诫应依照事实进入超越社会边界的广阔地理覆盖面的技术知识和宗教文明体系。

王铭铭最后总结道，帝制时代时空形态的勾勒符合人类学内部对于雷德菲尔德和莫斯提出的社会内外和上下关联的互动模式进行新综合的需要。当这一需要得到满足之后，对于帝制形态的研究，特别是对于其时空动态的研究，将有助于我们理解作为关系的社会理论意义。

主持人赵世瑜总结说，三位引言人所做的引言和我们传统历史学的观察角度非常不同，不仅把帝制当作历史的本体，对人类学学者来说，帝制也可以当作历史认识和历史方法。三位引言人从不同学科角度讨论了本场主题，具有以下共性：都把学术史的梳理作为讨论的出发点，都重点展示了各自学科关注帝制时代的重大主题和角度，具有非常大的张力和讨论的空间。

第一位与谈人刘志伟指出，三位引言人所谈及的都是非常大的问题，也关涉今天学者对帝制时代历史的关怀。接下来，刘志伟从学术史角度回应三位引言人的发言。首先，针对侯旭东谈到"人"与"事"的存在状态研究作为历史学者的任务，换言之史实作为任务，刘志伟认为从19世纪末梁启超新史学到20世纪建立起的完整的史学体系，都是在18世纪以来社会理论影响下建构起来的史实，现代人的关怀、认知的方式，包括使用的整套概念、整套话语，包括我们建立起来的历史事实的体系，其实都深受社会理论的影响。古代的史学也受到世界观、认知逻辑和政治动机的建构。与传统史学对应的新史则有深受社会理论影响、不脱古史原有体系两个特点，今天所说的历史事实相当多是原有史学体系中的概念加上社会理论的组装。

刘志伟认为，战后社会科学本身的飞快发展及改革开放后曾经被禁断的理论进入中国影响了学者对中国历史的认知。今天希望重建新史学的体系，即侯旭东所言重建以人为中心的关系，赵鼎新、王铭铭所说综合更多的文明、历史文化的社会科学发展推动对帝国认识的新发展、重新认识中国帝制时代历史的要求背后，首先要重新考虑历史事实的呈现与历史叙述的建立。在中国历史学界与国际人文社会科学学者交往的几十年里，国外的学者对中国历史事实的叙述进行了新的研究，这从侧面反映了中国史学界所做工作的不足。历史学者批判社会科学路径陈旧是因为历史学科没有提供很好的历史事实。重新书写帝制时代的历史，不是借鉴其他学科的方法，而是真正贴近历史现场，提供历史事实，以期与社会学、人类学、政治学、经济学等学科有更多的对话与合作。

第二位与谈人田耕谈到，本场论坛承接断代意识和不同学科对特定时代理解的主题。断代这样一个具有历史学特色的工作与跨学科的现代学科的特点很自然地产生碰撞和交流。关于帝制的主题，三位引言人有两种理解方式。第一种是断代。从持续的角度来说，帝制的时代实际上被视为在封建性的国家和现代完整的、军事财政理性化的国家之间的形态。这样的历史形态为结束封建和贵族制度的统治特点与社会结构做出了什么样的重要的制度贡献，这些制度贡献对现代国家又起到了什么样的作用，就形态学的讨论来讲体现出对帝制时代的研究的重要性。这一重要性在不同的学术传统中被反复地讨论。譬如梁启超欧游时感叹中国过早进入专制帝制，造成了早熟的帝国形态，并探讨这一现象在19世纪末面对国际秩序时造成的后果。当年的中国学者非常关心早熟的中国帝制跨越长时间制度积累的形态在贵族制度和现代国家之间有什么样的制度的影响。20世纪中叶的形态史观学者认为，中国过长的帝制时代直接造成了在动员现代国家所需要的民力方面明显的制度欠缺。这些西学出身的学者做了很多形态比较，比如中国的帝制之于其他的帝国有什么样的特殊性，较之于西方国家贵族制的结束所采取的形式有何不同等，涉及我们切入帝制时代的第二种方式，即不是讨论帝制时代，而是讨论帝国、讨论中国在帝国比较的形态里具备怎样的特点。

在这样的比较中，中国的帝国特性就需要在一些讨论帝国所必须面对的共同的标准上进行考验，无论这个标准是建立在中心和边陲的关系，集权和分封之间的混合，还是意识形态上的集和分的努力下，我们都必须在比较帝国的时候将其纳入考量范围。今天讨论的帝制，一方面是从断代上面去理解帝制时代在政治统治，特别是国家形态演变中所发挥的作用，另一方面实际上是从帝国比较的意义上去理解不同帝国面对类似问题的时候所采取的有差异的统治策略。比如王铭铭讨论的边陲问题不是简单的中心和边缘的关系，实际上是以中间圈的形式加以讨论。这样的讨论有着突出优势：帝国统治形态有潜在的完成结构，那么不同环层面临的地缘政治组

穆晨哲楠　刘　建　邓晋武　"对话：多学科视野下的中国史"工作坊讨论纪实

织策略可能有很大的分别，所以当我们在环状结构里面去讨论帝制国家有意识的区分时，这种区分就要比仅仅讨论中心和边缘以及由此带来的直接与间接统治的区别更进一步。田耕认为，在中间圈层的讨论里，中国元代以后的历史特别关键，行省制形成后在明清两代发生了重要的变化，省治开始向边疆或中间圈层推进。

田耕谈到自己关于帝制时代主题的两点体会。第一，我们需要进一步讨论帝制比较上有具体成效的概念以推进我们对帝制的理解。第二，既然侯旭东提到的用日常统治史的观念对待帝制时代的顺时而观与后见之明分有主次，我们就需要有方法地在历史写作中区分顺时而观和后见之明。断代即典型地通过后见之明而成立，其所依据的或是帝制国家自身的盛衰周期，或是它在面临外部和地缘竞争的时候所体现出来的支配和被支配的转移，或者简单来说是地缘政治里中心化的转移。那么，回到帝制时代的主角，无论是君臣还是所谓的一般的人，对时事的观察如何区分顺时而观与后见之明都是非常有意思的议题。

第三位与谈人赵丙祥从自己所从事的人类学角度谈了心得。一方面，几位引言人都在强调如循环治乱等历史进程的问题，另一方面都谈了在研究时如何处理社会学、人类学、历史学等所共同面对的比较的眼光与做法的问题。王铭铭承接了如潘光旦、费孝通、林耀华、李安宅、瞿同祖等先生对于传统中国的重要论述，又承接了莫斯等学者对古典人类学的兴趣，希望从这个角度反思人类学研究现状。赵丙祥指出，对于人类学学者而言，当今多多少少会感受到相当一部分人类学甚至社会学、历史学研究，越来越碎片化。如果对帝制中国的研究只是从历史中挖出一小块领地，那么和20世纪八九十年代一度流行的新型填补空白的研究没有两样，归根到底是边角料的研究，这也是历史学界意识到需要回到正史的原因。那么，当人类学在置身于或面对中国这样一个典籍特别发达的文明体系时，究竟应该从历史学学科里受到什么样的启发？赵丙祥认为，人类学如果过于强调对边缘下层等所谓的内部他者的研究，只会越来越无力应对中国历史和中国社会的基本问题。跨学科的互相学习、具体的研究方法或技术固然重要，但更重要的是如何重新审视人类学应当面对什么样的问题以及应当怎样思考这些问题。

接着，赵丙祥就一些例子做具体说明。首先，各位引言人尽管角度不一，但都谈到了皇权，而关于王的研究一开始就是人类学最基本的问题。譬如，直到今天，从涂尔干学派里衍生出来的如韦尔南、巴黎学派等对于希腊王权及其神话的研究影响深远，但对王的研究在中国研究中很大程度上被忽视了。以往对明清土司等地方政权的研究取得了相当大的成就，但对于帝制中国体系本身及其核心地带的相关研究可以说相当薄弱。第二个问题是帝制中国的意识形态、官僚制度、经济制度等各种政治体制的运作。如果人类学继续对社会经济史等核心领域无动于衷，那么研究时就缺少了必不可少的基础。第三个问题是地方和边疆的研究。如果我们考虑帝国边陲的特点时，加入如帝国传统、文明论等新的视角，以及在某种程度上加入超越民族国家这一比较稳定的现代框架，情况也随之变得复杂。一方面，所谓的边陲未必一直是边陲；另一方面，如果以文明论的眼光来看，一些所谓的边陲地带，可能恰恰会成为一个远比帝国的核心地带更为复杂和多元的关系纠结的地带。我们如果要超越晚近的民族国家框架，就需要重新审视边疆地区。

最后，赵丙祥指出，对人类学家来说，帝制中国的文明论可能存在一种潜在的困难，甚至不小的陷阱。目前田野民族志的叙事涉及帝制中国时往往带有复古主义式的叙事氛围，尽管这样的叙事方式有其一定的合理性，对历史学家不是问题，但对人类学家可能存在时空错位的问题。因此，人类学面临现场和历史的两难处境。如果我们现在置身于这种新型文明的田野现场，却只用一种考古挖掘的方式处理田野，那必然会丢掉许多真正的东西。如何解决这一问题是人类学面临的难题。

三位引言人与三位与谈人发言结束后，在场学者进行了热烈的讨论。

张小军介绍了华南学派的观点来回应三位引言人。张小军认为，对于侯旭东的史学方法论问题，华南学派的研究已经解决了其中的主要问题。在华南学派的研究中，既有日常的研究，也关注历史、形态史研究，还有以小见大、打破年代的研究。关于赵鼎新对渗透、间接统治的探讨与刘志伟的回应，华南学派提出很著名的"共谋"说法，无论是渗透还是间接统治，都可以归结为共谋的范畴。华南学派对于种族问题的研究也可以回应赵鼎新的很多问题。对于王铭铭提出的人类学相关问题，其脉络中有很多文化的思考与历史的视角，而华南学派形成过程中也有相关的对话。

侯旭东回应，如何从前人、后人留下的历史碎片进入历史现场是我们需要思考的问题。对于如何做到顺时而观，侯旭东谈道，做出土材料研究时可以从官员处理的文书等档案性材料出发，通过细致地分析其心态与工作态度，汇集背景，发现透视文献记录的新观察点；再通过与后人书写的历史文献的后见之明进行穿梭与对照，能够帮助我们回到历史线上，从而有顺时而观的可能。侯旭东认为应当尽可能地瓦解过去研究中过多的一元性认识，也希望能够将更多传统问题纳入人类学为中心的视角，这些问题材料丰富，有相当大的研究空间，若能把华南研究的视角拓展到各个领域，重写中国史的工作将更进一步。

赵鼎新从两个方面做了以下回应（这部分保留第一人称）。因时间关系，大家要知道我在20分钟内其实没能系统地讲，只是强调了一些我们知识分子在做研究时往往容易忽视的一些最基本的人类生存条件。用打牌做类比的话，我只是想提醒我们作为学者在看他人打牌时必须对打牌的规则以及打牌的人手中牌的大小等这些基本条件有所敏感。如果没有这层敏感，我们的各种理论和分析势必不靠谱。比如说我在讲古代国家渗透力有限时，想到的是前现代帝国没有现代的因特网、高速公路、铁路、飞机等东西的支持，对社会的控制力因此很有限，但是我从来没有说过前现代帝国在对地域的控制能力上没有差别，只是想提醒大家去考虑前现代帝国在非常有限的技术条件下是如何面对和克服各种局限的，以及在这过程中出现了什么差异。

比如，我们都知道退避三舍这个成语，小时候我第一次听到这个故事时认为晋文公对善待他的楚成王很不够意思，但是又感到奇怪，为什么楚成王听后却没有不高兴，因此我经常会想到这个问题。后来我了解到三舍就是九十里地，或者说三天的行军距离，慢慢就懂得了晋文公给楚成王的回答在当时的含义：三天以内的行军距离士兵自带些干粮就足够，但是三天以上的行军距离军队必须有后勤保障。这话背后的意思就是，如果在晋国的军队退避三舍之后楚国还在进攻,那就说明这不是边境冲突,也不是一时赌气,而是有备而来,晋国就不再退让,而三舍之内的冲突晋国都可以忍让。对于这样的回答,楚成王当然满意。可以说,如果没有生存条件这一视角的话,我是很难对退避三舍这一成语的含义及其背景有进一步理解的。

此外,我在评论中经常听到诸如"丢掉了真正的东西了""要走进历史现场"等这类说法,我想指出,在受到后结构主义理论、后现代理论、后殖民主义理论和现象学等认识论层面的理论反复冲击后的今天,这样的评论其实意义不大。比如,今天这个会议的存在,我还做了报告,对这些基本事实我想很少有人会否定,但是当你想走进今天报告会中"真正的东西"的时候,你会发觉其实没这么容易,因为在理论上,我们可以对今天报告的意义做无数种提炼和解读,但谁也不敢说自己的解读就一定抓住了今天报告会中"真正的东西"或"走进历史现场"了。除非一位学者能在他的叙事中加上一些别人达不到的认识论准则——你的叙事有片面性,我的叙事也有片面性,但我的叙事依据了某种认识论准则,因此与某种"整体"的关系可能要比你的叙事更贴近一些——任何人都不能声称自己抓住了"真正的东西"或"走进历史现场"了。换一种说法,如果没有一定的方法论和认识论的支持,学术方向一转,新的组织材料方式就产生了,声称他人的叙事没有抓住真正的东西其实是非常容易的。这种学问虽然是视角一转就是新的一套,对青年学者来说非常新鲜,但是对看多了的人来说,往往是老掉牙的东西又回来了。这是我从方法论角度对今天一些提法的回应。

底层失语现象对于唐以前的历史来说的确非常严重,但是我认为这一现象对于唐以后的历史不见得就会比今天更严重。明清两朝留下的东西非常多,虽然那些东西都是带着某种目的留下的,并且至少是会写字的人留下的,但是这些材料留下的目的高度多样,材料的作者社会地位高度多样,材料的性质也高度多样,大量的"底层"声音在其中经常有很好的反映。

今天,底层声音似乎多了很多,但是底层声音往往因此成了"白噪声"，而通过知识分子过滤后的"底层声音"不见得就会比历史材料中留下的"底层声音"更真实。就我自己的经验来说，训练一个做明清底层社会研究的学生其实要比训练那些通过"采访"来研究今天的底层社会的学生容易不少。虽然明清留下的一大堆"底层"材料都很片面，但是这些材料是不同人带着完全不同的目的留下的，因此我能与学生一起读，慢慢深入。而今天的采访材料，即使是某人说他采访了一百个人，甚至好几百人，结果也可能是一大堆挤入了耳朵中的非常无聊的噪音，似乎是底层的声音，其实全是采访者自己声音的回音，材料单薄到有时连我这样有经验的学者也挤不出太多的信息，但是学生要靠这些材料写出一篇论文。因此，带好一个以采访为方法的学生不但非常累，而且没有固定方法可循。当然，这背后是比较复杂的方法论和认识论问题，由于时间关系我只能点到为止。知识分子往往忽略人的生存条件的问题，譬如对于古代帝国控制能力有限的问题，应当研究在有限的控制条件下帝国怎样克服、出现怎样的差异性的问题。

对于一些学者研究的循环治乱问题，赵鼎新认为不应局限于此，而应积极与西方进行更广泛的研究对话。对于走进历史事实的问题，应当有从方法论上解决怎样缩小诠释圈的欲望，否则走进历史现实也没有其意义。

王铭铭回应，今天的引言主要针对时间和空间两个方面。一方面20世纪以来的中国研究受新史学接受基督教的累积性时间观的影响，重回中兴、乱世、循环论；另一方面，针对中国文明空间的界定，历史和社会科学过去在观念上受制于国族边界、疆域的考虑，现在则试图从人类学的研究原理出发，寻找解释中国案例的一套观念与制度。

论坛最后，赵世瑜总结，本次论坛圆满完成了三场系列论坛的对话，各位学者提出的问题在今后的一段时间内，需要在理念、实践和方法的层面开展工作解决。通过论坛的对话，赵世瑜看到了达成共识的可能性，也希望看到更多观点的碰撞和交锋，作为论坛的组织者对论坛所达到的高度与成果感到非常满意。

学术评论

白川静的殷代社会结构认识评说
——读《殷文札记》

刘 浩[*]

摘 要 收录于《金文通释》中的《西周史略》是白川静西周史研究的一次尝试,他一直希望能够以类似的形式通过研究殷代金文撰写殷代史。2006年出版的《殷文札记》便是他在这一方面的尝试,《殷文札记》是《金文通释》的续编。《殷文札记》一书是其早期殷史研究的延续,深入分析了有关金文材料和考古材料,在神政国家的认识基础上进行了广泛的殷代社会结构的研究。他通过甲骨文、殷代金文、考古资料、传世文献等多种材料讨论了殷代王权的性质、殷代的社会性质、殷代社会结构等问题。书中对殷代王室结构与族氏铭文所反映的殷代社会结构做了详细的分析。虽然在讨论图像铭文体系时与日本的上古史做比较显得比较武断,但是整体研究框架依然很有参考价值。

关键词 白川静 《金文通释》 《殷文札记》 商周青铜器图像铭文 殷代社会

---

[*] 刘浩,北京大学历史学系博士研究生。

一 《殷文札记》与《西周史略》
——白川静的殷史与西周史写作

　　《殷文札记》一书是《金文通释》的续编，2006年7月10日出版，主要利用殷代金文与考古资料讨论殷代史，收录于《白川静著作集别卷》之中。《白川静著作集别卷》自2002年1月起由平凡社刊行，2019年9月全部刊行完毕，收录了白川静的各类专著及论文集。《金文通释》修订版亦收录于《白川静著作集别卷》之中。《金文通释》是白川静花费一生精心结撰的著作，主要研究两周金文，著作集别卷版《金文通释》共十册，其中西周金文占五册，再加上通论部分的《西周器的断代编年》《西周史略》及"补释篇"中新出土的西周铜器15件，西周金文与西周史研究占此书绝大部分内容。东周列国金文有一册，亦有根据列国金文所作之《列国器编年》。白川静在做《金文通释》计划时，就已经将殷代史的研究与写作列入其中了。①

　　白川静想要作与《西周史略》相对的《殷史略》，②但《殷文札记》的创作方法与《西周史略》有明显不同。《西周史略》侧重通过铭文构建西周史，在审视文献史料的前提下，重视年代学研究，在确定年代框架后按年代对西周史进行了再构成。由于殷代金文材料较为零散，难以构成详细的年代框架，故《殷文札记》主要从图像铭文入手，讨论殷代的族与社会的构成。

　　《西周史略》首先分析《史记·周本纪》中西周部分的原始材料，认为其材料来源不如青铜器铭文这样的同时期材料，需要依照青铜器铭文进

---

① 《殷文札记》附录《关于白鹤美术馆志的刊行》追记部分："这本《殷文札记》，原本将要作为《殷金文集》，在白鹤美术馆志57辑以下共发行4辑的，但是由于各种原因，我的讲义中断了，直到今日才得到了执笔的机会，在此将本书追加为平凡社版《金文通释》的续卷。"
② 《殷文札记》序："与以上所提《西周史略》相对，我的夙愿是尝试以殷甲骨金文资料作一个殷史略的概观。而这次出版的这个札记，不过是提供了殷史略的一个概要而已。"

行西周史之重建。《西周断代与年历谱》① 为西周铜器做了一个整体性的断代编年，是《西周史略》的编写基础。《西周史略》以时代为纲，从殷周之际开始，论述了周初之营建、弇京辟雍、政治秩序之建立、夷王时期与淮夷的动向、贵族社会之兴衰与西周的灭亡等问题。篇幅虽短，但分时代与专题介绍了金文中所反映的西周社会与经济状况，是一部自成体系的西周史著作。《西周史略》能够依据王年划分时代早晚撰写，是因为西周金文材料的纪年铭文数量较多，可以依据四要素俱全的器物排比出相对可靠的年历谱，由此确定这些青铜器的绝对年代，将青铜器铭文史料化并对其进行研究，正如《金文学史》中所提到的那样，"金文之学以彝铭的史料化为究极之目标"。② 断代编年工作是他两周金文研究的重点，西周史的重建是他整理西周金文的最终目标。

但相比于纪年铭文丰富的西周金文，殷代金文信息丰富者相对较少，很难单依据殷金文复原殷代历谱。白川静在撰写《殷文札记》时没有采用断代编年的方法正是基于这个原因。他采取的方法是以殷代王权与王朝结构为中心进行讨论。为了讨论王权形成以前的古代共同体，他首先将古文字中能够反映古代共同体的材料作为史料并对其进行了分析，以此作为中国古代共同体形成的参考数据，这些文字的分析都可见于《说文新义》中。③ 然后分别梳理《殷本纪》及《竹书纪年》中有关殷史的材料，将其与甲骨文中所见史实进行对比。《殷文札记》成书以前，他曾给初期王

---

① 著作集别卷版《金文通释》收录的《西周断代与年历谱》是改版后的《西周器的断代编年》，关注最新的考古发掘成果，利用了2003年出土的宝鸡眉县杨家村窖藏器，此文是白川静两周铜器断代编年的最新成果。但著作集别卷版《西周史略》并未随之全面改稿，依据的依然是《西周器的断代编年》中的断代编年体系，个别地方加脚注进行说明。
② 著作集别卷版《金文通释5》，第176页。
③ 《说文新义》是白川文字学最成体系的总结性著作，《白川静著作集别卷》版共分八卷，解说与通论两部分，前七卷为解说，按《说文》部首进行，解释汉字将近四千个，第八卷通论部分为《说文学史》，总结自《说文》成书及其后唐宋到明清的学术脉络、文字学的研究方法与目的，并附有《说文解字文献要目》与《文字学参考年表》。

权研究委员会主编的《古代王权的诞生·东亚篇》①撰写第三部中国的第二章"殷王朝的成立及其构造",这是《殷文札记》的雏形。从篇名我们就可以看出,白川静通过金文研究殷代史的切入点是王朝的成立及构造。《殷文札记》无论是从古文字角度分析古代共同体的情况,还是从文献上的世系、神话等入手,对考古上的都城、墓葬进行分析,抑或直接分析图像铭文的形态和长篇铭文内容,皆以解释殷代王权成立为最终目标。分析墓葬时,他主要通过墓葬的陈列配合铭文进行,对墓主人、墓葬性质以及其能够反映的社会结构做分析。针对墓葬中出现的图像铭文,他会搜集其他的著录情况做全面分析,他在该书中主要做了冀、戈、🅧、竹等铭文器物的分析,尽可能触类旁通,进行器物和铭文的系联。

《殷文札记》只是白川静提供的"《殷史略》之概要",我们要注意"札记"之名,此书论述相对零散,有些观点并不明显,若想要了解此书的主要内容,尤其是其中关于殷代社会结构的认识,还需以了解白川静早期甲骨文与殷代史研究为基础。②

二 白川静早期殷史研究概说

白川静早期甲骨文研究的主要对象是殷代社会与文化,重视宗教神话与社会组织结构,希望通过这些研究认识作为一种文明类型的殷代。他很重视中国古史分期问题和中国古代社会形态问题,这些都是很重要的社会史研究专题。这一情况与当时中国及日本的历史研究的大环境密不可分。他的甲骨文与殷史研究论文集中发表在 20 世纪五六十年代,当时正是中

---

① 《古代王权的诞生·东亚篇》,东京:角川书店,2003。
② 《白川静著作集》第 4 卷《甲骨文与殷史》集中收录了白川静早期的甲骨文与殷史研究论文,其中收录的《卜辞的本质》(1948)、《殷的社会》(1948)、《殷的族形态——关于所谓的亚字形款识》(1950)、《殷的基础社会》(1951)、《古代中国的共同体》(1958)五篇文章是专门从社会史角度讨论甲骨文与殷金文材料的论文。《殷的王族与政治形态》(1954)是具体讨论殷王室关系与政治形态的文章,反映了白川静早期对殷代社会的认识。这些文章的内容与《殷文札记》关系密切。

国讨论古史分期与社会性质的火热时期,这一时期中国的古史分期研究可以参见林甘泉等所著《中国古代史分期讨论五十年（一九二九——一九七九年）》。① 其中白川静讨论最多的是郭沫若、胡厚宣的学说。日本的中国史研究者也极为重视历史分期,白川静在《殷的基础社会》中提到重泽俊郎、平濑巳之、宫崎市定、中江丑吉等诸家见解,由此可见一斑。② 白川静认为,历史分期是古代史研究的一个本质问题,但中国历史分期各家分歧巨大,例如中国及日本各家对封建制的划分,就有着从殷末到宋两千年的时间差。他以封建为例,指出对中国的历史理解存在很多困难点,提出克服这种困难的方法之一,是发现能够成为中国古代史出发点的存在。③ 白川静探索殷代基础社会就是希望寻找到理解中国历史的基点。

　　白川静早期甲骨文研究的最主要目的是了解中国最古老的社会形态。在《卜辞的本质》④一文中,他从宗教的角度解释卜辞的性质,确定了认识殷代王权与社会的角度,即神政国家,认为殷人占卜刻写卜辞是为王权服务。此后白川静对甲骨文材料的解释都从这一基础认识出发,这一点需要注意。⑤ 在《殷文札记》中,他从社会及思想史的角度深入讨论了古埃及、东方国家（the Orient）及中国古代王权的差异,可见其对王权研究的重视。他指出埃及王权是拥有绝对性的与神同格的神权,东方国家的王权是拥有契约关系的神官,神是契约的管理者,在城邦国家中,王并非必要的存在。他指出中国早期的王权与两者皆不同,认为殷代神话是在黄河下游诸族斗争中,整合了其自身早期神话而形成的,这一神话支撑了殷代王权的神圣性,而这一

---

① 林甘泉等:《中国古代史分期讨论五十年（一九二九——一九七九年）》,上海人民出版社,1982。
② 《白川静著作集》第4卷《甲骨文与殷史》,第372页。
③ 《白川静著作集》第4卷《甲骨文与殷史》,第373页。
④ 《白川静著作集》第4卷《甲骨文与殷史》,第293—323页。
⑤ 如其对汉字研究的《载书关系字说——古代的诅盟祝祷仪礼与文字》(1956)、《媚蛊关系字说——基于古代社会的咒祝仪礼的一面》(1958)二文,即是以殷代神政国家为思考背景认识甲骨文的。具体分析与评价案例,可参看刘海宇《白川静〈字统〉"载书"文字学的译介与研究》（硕士学位论文,山东大学,2007）,文章第三章使用以裘锡圭《文字学概要》为首的中国主流文字学理论批判了白川静的"载书说"。

点与日本早期的神话与王权的关系有相似性。①

利用当时可以见到的殷墟卜辞材料,白川静分析了殷代王室的家族形态,其研究深入王室结构内部。白川静对多子与多子族的认识是在对贝冢茂树《中国古代史学的发展》② 一书的讨论中建立起来的。贝冢茂树在书中认为殷代存在一个"多子族集团",其是由多子组成的集团,由子某统治,率领小子、小臣行动。白川静的观点与之不同,认为应区分多子集团与多子族集团,多子集团是由多位子组成的集团,而多子族集团则是由多子下属的小子、小臣所组成并率领的集团。在《殷的基础社会》③ 中,白川静对子的认识与贝冢茂树和董作宾相同,认为子是殷代王子之称,而在《殷的王族与政治形态》④ 中,白川静分析子的成员构成,认为子是相对的,商王的兄弟辈与子辈都可称子,有了比较深入的理解。

白川静进一步结合殷代金文与甲骨文材料,分析了殷代族组织的成分,他认为殷代的族以血缘性氏族为主体,包含其下统领的非血缘成员及部分非自由民,这一认识较同一时期学者的研究更为深入。白川静反思郭沫若的图腾族氏铭文说,结合他对殷代族组织的分析结果,认为殷代的图像铭文应该有着更为复杂的来源。他分析殷代的图像铭文的来源与结构,试图通过分析图像铭文的形体构建出一个商代氏族或部族间的体系。他以子形图像铭文为例,将子形铭文与多子集团相联系,认为这类铭文表示子的身份,将䘒与小子、小臣身份相联系,构建了一个从多子到小子、小臣的结构体系,以子为身份的王室血缘成员被称为子某,多个子某组成多子,此多子为一个独立的组织,可以被王号令,多子集团共同行动,统率者被称为大子,多子中的子某统率小子、小臣,小子、小臣是子某之血亲,小子、小臣率领的族为多子族,多子族主要参与商代的战争。白川静将殷代王室构建为以王为最高点的层级分明的组织。

---

① 参看《殷文札记》第二章"古代王朝的意识形态"。
② 贝冢茂树:《中国古代史学的发展》(《中國古代史學の發展》),弘文堂书房,1946。
③ 《白川静著作集》第 4 卷《甲骨文与殷史》,第 372—408 页。
④ 《白川静著作集》第 4 卷《甲骨文与殷史》,第 470—509 页。

除了分析多子集团与多子族集团这样的血缘集团，白川静还分析了亚字形铭文在青铜器铭文体系中表现出的意义。在《殷的族形态——关于所谓的亚字形款识》①中他罗列了自宋到清对此字形的认识，又分析了以亚为次义之说、亚为职官说，最终认为亚应该表示一种身份。联系甲骨文中的多亚及亚可以与不同图像铭文结合的情况，认为亚是一种超氏族、超部族的职能组织。殷代各族中皆有亚职者，亚职集体行动时被称为多亚。

多子、多子族研究与多亚研究是白川静认识殷代社会的基本点。在分析卜辞与铭文的基础上讨论了殷代族组织与社会组织复杂的内涵，由此推广到整个殷代社会，提出图像铭文所代表的殷代族组织有着复杂构成及相应的社会意义。这一研究成果直接影响了以殷金文为主要研究对象的《殷文札记》，书中对殷代墓葬出土的铜器铭文和传世器铭文做了更深入和更具体的分析。

三　白川静殷代社会结构认识评说

白川静认为多子是多位子某的集合称谓，不将多子集团称为族，反对贝冢茂树之说，将多子集团看作一个共同行动并受大子指挥的集团。否定多子族为多子组成的族，将多子族理解为多个子族的集合名词，白川静的这个观点与朱凤瀚师的论述有相似之处。② 但由于白川静研究时材料有限，甲骨文的释读水平相对较低，没有进一步梳理殷墟王卜辞中多子的复杂身份，而是统一将卜辞中被称为子者看作殷王的子辈或弟辈，这些人都有自己的族属，集体被称作多子集团，多子集团的族属被称为多子族集体。白川静认为王族是王家下属的各族，③ 若以此理解白川静之说，则认为王家下属的族包含子族与非子族。林沄先生在《从武丁时代的几种

---

① 《白川静著作集》第 4 卷《甲骨文与殷史》，第 358—371 页。
② 朱凤瀚：《商周家族形态研究》，天津古籍出版社，2004，第 56 页。
③ 《白川静著作集》第 4 卷《甲骨文与殷史》："卜辞中有王族（乙 5311、簠·人 58）之语，这就如同是与多子相对的多子族，指的是王家（粹 197）下的多数氏族吧。"（第 504 页）

"子卜辞"试论商代的家族形态》（1979）中指出，小屯所出三种非王卜辞的占卜主体皆为子，属于与商王有血缘关系的父权家族。在《商史三题》（2016）第二讲"商王国的社会结构"中分析了三种子卜辞的性质及其与商王的关系，分析了花东卜辞的性质，指出子与商王的血缘关系有远近之别，远者与其他方国首领有联系，独立性强。朱凤瀚师在《商周家族形态研究》一书中，将王卜辞中所见的子分为依附于王族的子与分出独立成族的子，[①]认为王族与子族两者是不同的独立氏族，[②]这一点与白川静有很大不同，白川静认为多子与多妇皆是王家成员，王族是王家下属的族，不认为两者拥有对等的独立关系。

总的来说，白川静注意到了子某的身份性质，分析了多子、多子族的内涵，通过卜辞信息构建了殷代家族的整体结构，与贝冢茂树的多子族卜辞研究相比有进一步的发展，很多观点与国内学者的研究不谋而合，《殷文札记》即是在这一基础上继续展开的。但由于多种原因，白川静的研究精力转移到了金文与《说文》之上，故其后期研究对甲骨文的关注相对较少，尤为可惜的是没有利用到《殷墟花园庄东地甲骨》（2003）[③]这一批对研究商代的"子"有重要意义的科学发掘的甲骨材料，故我们可以认为《殷文札记》中关于殷代社会结构的论述与对子妇的认识基本延续了其早期的研究成果。

林沄先生的《商史三题》是近期发表的与《殷文札记》研究内容相似的著作，此书以"商代的国家形式""商王国的社会结构""商王的权力"三讲分析了商代的社会与王权，第一章指出商代的国家形式是方国，认为商王"不是集权大国的统治者，而只是'国联'主席，更是多国联军的总司令"。[④]第二章指出"子"是各大家族族长，不一定与商王有血

---

① 《商周家族形态研究》："由此可推知王卜辞中作为王子的诸'子某'，有的在其父王逝后，即从原来的王族分化除去自立族氏，成为卜辞所见'子族'，而本身为其族之长。"（第56页）
② 《商周家族形态研究》："每一个宗族，同时也是一个独立的经济与政治的实体，有自己的农、牧业经济。"（第211页）
③ 中国社会科学院考古研究所编著《殷墟花园庄东地甲骨》，云南人民出版社，2003。
④ 林沄：《商史三题》，台北：中研院历史语言研究所，2018，第45页。

缘关系。第三章首先讨论了商王王权的来源，指出商王通过不断的对外征战而取得、巩固和强化王权，由此对外征战问题引出了对商人王位继承问题的讨论，指出兄终弟及是由于前王之子未成人或武功不及众叔叔，这一对继承制的认识与白川静有相似之处。但我们可以明显看出，两者对王权来源的认识是有明显的区别的。白川静认为王权来源于宗教上的优越性，宗教上的优越性比战争与经济的优势更具有基础地位，[1] 他重视殷王宗教上的优越性，这与其对"东洋"文明的思考不无关系。[2] 林沄先生则认为战争是获得王权的方式，从政治军事的角度出发认识商代社会，而指出商王国内"政教合一"对维持王的权威有很大作用，可以认为商王的宗教权是辅助并巩固其军事权力的。两人通过不同的角度，讨论了商代的"国之大事，在祀在戎"。林沄先生的认识基于细致的甲骨文考释与翔实的考古发现，他由此得出了自己的认识体系，他的解释体系可以让我们更好地看到白川静甲骨文殷史研究的一些时代局限性及其理论体系的问题。

白川静在研究殷代王朝成立时多参考日本，其研究在甲骨金文等材料的基础上，充分借鉴了日本上古史中王权与社会结构形成阶段的情况。他的对比与借鉴研究多比较直接，基本上是套用了日本神话与王权的关系讨论殷王权力，套用"部"这一组织的形成与组织结构研究图像铭文所显

---

[1] 《殷文札记》第二章"古代王朝的意识形态"："古代王朝的成立，必须在武力和经济力方面拥有比其他部族更为优越的力量，而更为基本的重要条件是所谓的在宗教上拥有优越性。"白川静对殷代神话的重视，也是出于其与日本对比的研究思路，白川静指出日本的《古事记》与《日本书纪》两书中所见的日本神话，是融合了多种类型的神话后产生的，而这种神话构成了日本王权在神权上的绝对性。他认为殷代也存在相似的情况。

[2] 白川静对青铜祭祀文化的认识与张光直的有相似之处，张光直的具体论述可参见《从商周青铜器谈文明与国家的起源》（《中国青铜时代》，三联书店，1990）。文中指出中国古代文明以青铜器为特征，巫教与商周青铜器有密切关系，商代的酒器是为了让巫师精神恍惚而通天使用的器物，在巫教环境之内，中国古代青铜器是获取和维持政治权力的主要工具。这些认识与白川静自《金文集2》（1964）以来的认识也有很大的相似之处。

示的族的关系。白川静在《殷文札记》中列出了他的理由。① 但我们知道，日本王权形成时中国已是魏晋时期，此时中央集权的帝国体制在中国已经形成，殷周氏族社会的形态早就已经解体，殷至魏晋时期已经有一千多年的时间。白川静用日本的情况做对比，其实是一种运用民族志做研究的方式，民族志的使用要极为慎重，《先秦史研究概要》指出："中外民族志在一定前提下（比如生产力、物质文化发展水平接近）也可以用作比较资料。"② 虽然中日的环境气候有一定的相似性，其历史的进程或许可以作为研究中国早期历史的一种参考，但我们使用此类材料的时候要谨慎，若像白川静这样直接套用，则显得过于武断。白川静基于其"东洋"观念进行的这一对比研究，包含了他对"东洋"文明同源的期待。青铜器图像铭文所反映的具体情况，至今争论未休，这是由于材料所限，白川静的这些论断也需要更多的材料才能够进行进一步的分析与评价。

需要特别注意白川静对殷代王权与社会的认识都是在神政国家这一认识的基础上建立的。如今我们所能见到的史料有限，与殷代有关的同时代史料或多或少都与宗教有关，故白川静的神政国家认识在现阶段仍然有合理之处。我们需要加深对殷代宗教的认识，进一步辨析宗教神权在殷代及此前社会和政治生态中的作用，才能够更好地吸收和利用白川静的学术研究成果。

---

① 具体讨论参看《殷文札记》第二章"古代王朝的意识形态"第三节"我国的古代王朝的成立"。总结起来白川静的理由有三点：一是日本与中国在气候等自然环境方面相似；二是日本王权的形成受到以中国为主的外部影响，其中可能存在中国早期王权形成与社会形态的残留；三是日本上古时代的遗存丰富，便于考察。
② 朱凤瀚、徐勇编著《先秦史研究概要》，天津教育出版社，1996，第11页。

找寻民国时期的军事专家[*]

——评邝智文《民国乎？军国乎？第二次中日战争前的民国知识军人、军学与军事变革，1914—1937》

陈　默[**]

摘　要　学界关于民国时期军事专家的讨论尚不多见。香港浸会大学邝智文教授的《民国乎？军国乎？第二次中日战争前的民国知识军人、军学与军事变革，1914—1937》一书围绕军事专家、军事学术和军事变革三个概念展开讨论，较为完整地重现了民国军事专家的多个面相。作者将民国军队中的多数成员排除在"知识军人"之外，是一种精英化的倾向，而他所关注的军事知识生产者、军事学术机构管理者、军事变革推动者，实际上更接近于军事专家的定位。该书最大的贡献在于发现了民国军事专家的专业水准，并如实地复原了他们关于持久战理念、一战后新战术技术装备的运用等方面的独到见解，也未回避他们在空军决胜论等问题上的谬误。作者将抗战时期国军"表现欠佳"归因于战前军事变革的不成功。此种看法实际上是一种"倒放电影"的取向。该书所论之战前的军事变革，其实已经将中国军事现代化的进程向前推进了一大步。

关键词　邝智文　军事专家　军事学术　军事变革

---

[*] 本文为国家社科基金后期资助项目"全面抗战时期国民党军的组织形态研究"（19FZSB005）阶段性成果。
[**] 陈默，四川大学历史文化学院副教授。

陈　默　找寻民国时期的军事专家

在充满变数的今天，公众对于与军事相关的诸多问题兴趣日增，媒体时常邀请不同领域的军事专家对相关问题进行解读和评论，一大批军内学者也因缘际会地为世人所熟知，在电视和网络上频频露面。和平年代的军事专家尚具备不小的知名度，那么在烽火连天的民国岁月中，是否也有类似的学者，他们通晓军事知识，并在各类平台上发表见解，用专业知识对军队乃至社会施加影响呢？长期以来，学界对于这个问题虽有关注，但相对系统而全面的研究尚不多见。而在我们的认知中，似乎也只有蒋方震（百里）、杨杰、白崇禧等少数几个模糊的身影与此相关。

清季民初废科举、兴新学后大量新阶层、新社群、新团体如雨后春笋般出现，而新军官兵是其中重要的一个社群。[①] 接受了新式军事教育的军人们，不同程度地掌握了西方现代军事理论、方法、技术等知识，其专业知识水平并不低于同时期的其他群体。而在庞大的军人群体内部，还存在一个略显小众的小群体，其成员在军事学术方面的修养其实不低，且长期活跃于某一些军事期刊中，充任编辑或撰稿人。他们是民国时期的军事专家。

毋庸讳言，中国近现代军事史的研究，较之政治史、思想史、文化史、社会史明显滞后，因而民国军事专家这个群体一直未能正式进入研究者的视野。幸而香港浸会大学邝智文教授慧眼独具，找寻到了军队中的这拨读书人，并广泛搜集材料，将他们的知识、思想和实践一一复原，丰富了民国军人的复杂面相，并可能拓展了知识社会史（social history of knowledge）的新领域。

阅读这本名字稍显冗长的《民国乎？军国乎？第二次中日战争前的民国知识军人、军学与军事变革，1914—1937》，[②] 我们看到了全面抗战爆发之前，民国的军事专家们在国防建设中付出的不懈努力——他们为了

[①] 熊志勇：《近代军人社群崛起与传统"四民"结构的整合——以晚清社会变迁为视点》，《人文杂志》1997年第1期；罗志田：《清季科举制改革的社会影响》，《中国社会科学》1998年第4期。
[②] 邝智文：《民国乎？军国乎？第二次中日战争前的民国知识军人、军学与军事变革，1914—1937》，香港：中华书局，2017。下引此书只注页码，不再独立出注。

影响并推动这场以"强军"为目标的改革,传播着知识,宣传着思想,并积极投入诸多具体的实践中。

这本书围绕着军事专家、军事学术和军事变革三个关键词展开讨论,为我们逐渐展开了一幅内容丰富的画卷。在全书的导言部分及第一、二章,作者着力于复原军事专家这个群体的基本情况,包括其出现的语境、受教育的环境、所依托的专业平台以及群体的主要成员(约100人)。之后,作者便围绕"军学"一词,进行了相对充分的论述。第三章关于军事专家们对于抗战之前中国所处的战略形势的分析;第四章概述了军事专家们对两次世界大战所使用的新战术的讨论,如游击战、空军、机械化战术等等;第五章是全书的重点,讲述了军事专家如何将自己的专业知识运用于战前的军事改革;第六章与第七章相对要独立一点,分别讨论了军事专家们对于其时的热门词"总体战"的看法与对中国传统"兵学"的再发现。

一 "知识军人"抑或军事专家

作者邝智文在论及民国时期的这群军事专家时,使用了一个特殊的概念——"知识军人"(intellectual officers)。这个概念最先由著名政治学家简诺维兹(Morris Janowitz)提出:"知识军人为他们的军事专业带来知识面相,其知识层面限制在军事专业需要之内,并以职业军人为首要身份。"(第7页)在美国军队现代化的进程中,这些"知识军人"起到了不小的作用。

作者认为在民国的背景下,"那些建立军事教育机构、管理军学出版、生产军事知识、创设考核制度、编写典范教令、推动军事变革,以及在社会传播军学的军人都可算是知识军人"(第7页)。他还对"知识军人"进行了分类。第一类多是军校里的教员,是军事知识的生产者;第二类是领导军事变革、制定军事制度的高级军官,是军事学术机构的管理者;而周亚卫、杨杰、徐祖诒等人则同时属于这两个范畴。邝智文对于"知识军人"还加了一个限定——"知识军人"须"曾接受现代教育和完整的正规军事教育"(第8页)。

从上面的数个界定可以看出,作者心中的"知识军人"显然存在精英化的取向,这大概缘于我们关于军人形象的历史记忆:自唐宋之际文武分途以来,人们心目中文臣、武将的形象逐渐固定,并随着文学艺术作品进一步加深。与文人白面儒冠、知书达理的形象相对应,黑面虬髯、不通文墨成了武人们的脸谱。进入民国之后,文治的传统被武夫当国的现实打破,军人形象由文向野转变,尤其是随着一些受教育较少的军人登台,军人们甚至被讥讽为"绿林巨盗"。[1] 当社会风气由"尚武"向"右文"转化后,人们在谈及军人时,的确较少将他们与"知识"二字相联系。

不过真正回到民国的语境思考,难道那个时代人数众多的军人群体,是一个缺乏"知识"的群体?而只有那一小撮杰出的军事知识生产者、军事学术机构的管理者以及军事变革的推动者才配得上"知识"二字吗?这样精英化的取向,显然经不住推敲。

其实进入近代以来,中国各社会群体中专业化程度最高的恰是军人。民国时期中国军队内部参差不齐,个体差异较大,但其中不少成员确实受过现代的、正规的军事教育,尽管以西方的观念来看这样的教育多不完整、系统。比如蒋介石本人,青年时期先后辗转于国内外军事学校,对于军事知识的各个门类还是广泛涉猎的。[2] 难道就因为他没有正式被日本陆军士官学校录取,就将他划在"知识军人"之外吗?另外,知识并非全然来自书本和学校。对中国军人来说,合用的知识更多来自实践。战事频仍的旧中国就像一处天然的试验场,初通军事的青年军人将学到的基础知

---

[1] 参见罗志田《五代式的民国:一个忧国知识分子对北伐前数年政治格局的即时观察》,《乱世潜流:民族主义与民国政治》,中国人民大学出版社,2013,第143—146页;杨天宏《北伐前夕中国政治中文武关系的变化》,《社会科学研究》2001年第5期。

[2] 涉及蒋介石军事专业水平的著作及文章有黄道炫、陈铁健《蒋介石:一个力行者的思想资源》,山西人民出版社,2012;刘维开《蒋中正在军事方面的人际关系网络》,汪朝光主编《蒋介石的人际网络》,社会科学文献出版社,2011;〔日〕野岛刚《最后的大队:蒋介石与日本军人》,芦获译,社会科学文献出版社,2016。

识投入实践，通过不断的扬弃缓慢地得到成长，习得不少进阶的技能和本领。抗战时期第九战区司令长官薛岳，在数次长沙会战中逐渐摸索出"天炉战法"的新战术，取得了对日作战的良好效果。① 根据张发奎的回忆，他的这位广东老乡仅受过陆军小学的训练，并非如坊间传说是保定军校毕业生，② 但时人均认为其军事才能出众，似乎也不能将其排除在"知识军人"之外。

作者在定义"知识军人"的时候，潜意识里脱离了当时中国的环境（milieu），将英美的标准套用在中国的军人群体上，自然就损之又损地将很多本该算入"知识军人"行列的个体划在了范畴之外。这样的区分多少有些狭隘。20世纪六七十年代"上山下乡"的"知识青年"，绝大多数是初中生、高中生，但他们相对于不识字的贫下中农来说，当然是算"知识分子"。在近现代中国，"知识"的门槛或许真不该设置得那么高。

不过，该书描述的那个相对小众的群体，倒十分符合一般人对于"军事专家"的认知。这群相对精英的军事知识生产者、军事学术机构管理者、军事变革推动者，其专业水平实在不低。他们扮演的社会角色，与今天他们的后继者也颇为相似。用"军事专家"称呼他们，似乎更为适当。

二 军事专家的专业水平

民国军事专家的专业水平是该书作者邝智文关心的重点。与同时代列强军队相较，民国时期中国军队现代化程度实在不高。物质上的困窘影响到了民国军人们的思想世界，根据张瑞德在《山河动：抗战时期国民政府的军队战力》一书中的描述，中国军队官兵文化水平普遍不高，专业

---

① 薛岳：《天炉战》，陈寿恒等编著《薛岳将军与国民革命》，台北：中研院近代史研究所，1988，第387—390页。
② 张发奎口述，夏莲瑛记录，郑义翻译、校注《蒋介石与我——张发奎上将回忆录》，香港：文化艺术出版社，2008，第36—40页。

知识缺乏。[①] 不过，作者所讨论的军事专家们则是一个例外，他们与同侪们相比，不仅对于西方军事理论和方法有相当程度的了解，而且关于前沿问题的讨论基本与西方同行同步。而且，东北军和后来的国民革命军（以下简称"国军"）中的专业人士，有时还颇具独立思考能力，并不一味跟风西方军事学术，而多是批评性地吸收，对于某些问题不乏领先于时代的见解。

作者显然是注意到了其研究对象在军事学术上之所长，故用了大量篇幅复原了军事专家们围绕战略、战术、技术方面进行的论争，让我们在今天能够零距离地接触到他们的观点和想法，了解他们的专业水平。

起码早在1932年，国军高层就接受了"持久战"的战略。与之配套地，军事专家们也开始制订各种腹案：周亚卫在著作中提到了迁都的可能性；黄寿朋撰文提出了固守粤桂滇三省、力保广（州）九（龙）铁路等外援路线、开发西南地区的构想；最具原创性的当数杨杰的计划，他建议在西安建立"国防中心区"取代长江三角洲"成为中国政治、工业和军事中心，以一举解决缺乏重工业和资源分散等问题"（第163页）。此外，有专家还注意到了西部边疆问题，指出要加强对西藏的控制并获得资源，以巩固国防（第164页）。较之文官群体中潜藏的投降主义情绪[②]和大而无当的"以空间换时间"的宣传，[③] 军事专家们的战略思想无疑更胜一筹。

论及战术、技术和装备等专业化程度更高的问题，军事专家们更是显露出过人的敏锐。分别留学法国和美国的丘卓云和曾锡珪在1929年不约而同地指出国军不应继续效法日本，而是需要吸收欧战的经验，重视欧洲战场甫才出现的"战斗群"单位，并提高部队中轻机枪等自动火器的比例（第178页）。相应的，军事专家们对现代火力有深入的理解，均强调疏散

[①] 张瑞德：《山河动：抗战时期国民政府的军队战力》，社会科学文献出版社，2015，第6—10页。
[②] 王奇生：《抗战第一年的政略与战略》，《读书》2015年第9期，第103页。
[③] 陈诚：《抗战方略》，《陈部长最近言论选集》，国民政府军事委员会政治部，1940，第24页。

战术的概念,反对日军之中仍然流行的密集步兵冲锋战术,认为那样"根本不适合现代战场"(第180页)。攻击需要疏散,防御则讲究纵深,军事专家们专门讨论了"数线阵地"的问题,倡言防御时布置多条防线,迟滞敌方攻势;减少第一线的人员,以避免伤亡;而自动火器如重机枪的配置,也应倾向于方便从侧面射击(第181页)。过去学界认为上述战术知识和思想多是由稍后来华的德国顾问传授的,现在看来并非全然如此。①

这样的例子还有很多。全面抗战爆发之前,军事专家们在坦克的使用、空军的建设等各个方面,都提出过不少领先时代的见解,的确令人赞叹。今天的人们片面地理解梁启超的思路,认为中国的现代化经历了"器物—制度—文化"的演变过程,② 因而必须先实现物质上的现代化,人的观念才可能走向现代。然而实际上,现代化常常表现为一个同步发展的过程,而且在中国往往是观念先行。因而民国时期的军事专家们具有一定的专业水平,也在情理之中。

作者在过去未被重视的史料中细细爬梳,挖掘出民国时期的军事专家们的学术成就,这是该书的重要贡献。而且作者十分注意尽可能全面地展示军事专家们的不同面相。历史学家都知道"说有易、说无难"的道理,要在浩如烟海的民国军事报刊和文献中找到若干条闪耀着智慧光芒的观点和想法,依托今天便利的史料条件,已经不是难事。但若据此判断大多数民国军事专家水平如此之高,鲜有因循守旧、抱残守缺、跟不上潮流之辈,似乎也难以成立。作者发掘出部分军事专家的过人见解后,并没有忽视其他军事专家过时或谬误的军事见解,以求准确地反映其整体学术水平。

这在该书复原军事专家们关于空军建设的讨论时,就体现得十分充分。20世纪二三十年代,当时世界上最流行的空军作战理论是意大利人杜黑(Giulio Douhet)提出的空军决胜论,其寄希望于凭借轰炸机歼灭敌

---

① 王春:《1928—1938年德国在华军事顾问团主要军事工作评析》,《军事历史研究》2013年第2期。

② 梁启超:《五十年来中国进化概论》,申报馆编《最近之五十年》,申报馆,1923,第125—126页。

方军队，瓦解其战争潜力。① 惜乎这个理论后来被证明存在较大偏颇：没有战斗机夺取制空权，轰炸机发挥不了太大作用；即便取得了空中优势，战争的胜败仍由陆军决定。作者搜集和列举史料时，对杜黑在中国的反对者和支持者的观点均有关注：部分民国军事专家不同意杜黑的理论，并考虑了中国航空工业贫弱的实际，支持优先发展防空事业，建议将空军定位为陆军的支持力量；然而当时国军中更大多数专家（尤其是著名的蒋方震）是杜黑的拥趸，支持空军决胜论，并提出了以空制海等不切实际的设想（第191—199页）。

因而，虽然作者对于民国军事专家持欣赏态度，对其某些观点和看法不乏赞美之词，但在很多地方对于这些专家的专业水平亦有所保留，并不回避其谬误。通观全书，作者的多数评论可算持中平允，令人信服，然而，作者对于战前军事变革的分析和判断，却似有可商榷之处。

三　军事变革的成败得失

作者邝智文在该书序言中便说明了其问题意识的来源。他发现抗战初期国军的"表现欠佳"，因而质疑此前国民政府的军事变革出了问题，进而希望探知军事变革背后的"军学"对变革起到了什么作用，而军事专家们又扮演着什么角色。作者逆向回溯的思维，自是众多研究者广泛采用的路数（第4—5页）。不过他思考的起点——战前的军事变革遭遇了挫折，本身就值得再度评估。

一般认为，1932—1937年，国民政府为应对迟早会来的日寇入侵，进行了一系列的军队改革和国防建设。国内学界多称其为"国民政府的抗战准备"②或"整军备战"③，既有研究对此的评价都不算低。在该书作者看来，这是国民政府自20世纪20年代起在新军事学术引导下进行的

---

① 〔意〕杜黑（Giulio Douhet）：《空权论》，耿振达译，华中科技大学出版社，2016。
② 郭汝瑰、黄玉章主编《中国抗日战争正面战场作战记》，江苏人民出版社，2015。
③ 刘维开：《国难期间应变图存问题之研究》，中国大百科全书出版社，2014。

一场整体性的军事变革，其初始目的是使军队"可以支持长期的现代战争"（第277页）。而他对于此次"军改"的评价似不太高，并在多个方面进行了相当专业的分析。

作者认为，国军军事变革的一大问题，体现在"购械"方面。国民政府的军事采购或忽视国家薄弱的经济基础，添置了少量如德制150毫米榴弹炮等一批美国武官口中的"昂贵玩具"（第244页）；或干脆胡乱购买，分别从英、意、德三国购买轻型坦克，维护困难且协同作战不易（第250页）。这样的灾难在飞机采购上尤为突出。1937年中国空军装备了609架飞机，型号却多至23种，仔细分析这些装备，一大半都不是成熟的设计，还有很多在当时属于临近淘汰的型号（第269—270页）——仿佛外国飞机厂商提供型号，只要价格合适，中国便会买下。如此大干快上，结果的确不容乐观。

在作者看来，此次军事变革不尽如人意的地方还有教导总队的编练、现役部队的整编、军事演习的尝试和作战计划的制订等。由于这些问题都未能得到令人满意的解决，战前的军事变革谈不上成功。因此，1937年7月全面抗战爆发之后，国军在战场上承受了可怕的损失，摆脱不了丧师失地的命运。

然而，如果将国军的"表现欠佳"归结于战前军事变革中的种种问题，这首先可能夸大了军事变革的意义，因为抗日战争正面战场上军事上的失败，其原因或许更得从军事之外找，比如国力的差距、动员能力的优劣以及国家政略水平的高低。[①] 其次，这样的思维实际上是典型的"倒放电影"，[②] 倘由结果倒推其原因，则可能在相当程度上忽略了战前军事变革的成就。

其实该书关于军事变革的论述中，已经提到了两大不可低估的成就。一是新式操典的制定和颁行，二是武器制式化的初步完成。关于操典，内

[①] 参见李君山《为政略殉：论抗战时期京沪地区作战》，台北：台湾大学出版中心，1992。

[②] 关于"倒放电影"的评论，参见罗志田《民国史研究的"倒放电影"倾向》，《社会科学研究》1999年第4期。

行一点的研究者都会发现"典范令"一词在军事文献中的高出现率,包括蒋介石在内的高级将领于抗战时期就不断强调典范令的重要性。① 其中,操典作为"典",又是典范令的核心。作者已经注意到,自北伐后期到抗战前夕,东北军和国军都围绕操典进行着讨论,并终于在1935年编成了里程碑式的《步兵操典》并开始实施(第254页)。至于武器制式化,此一时期著名的俞大维所负责之兵工署,在这方面做出瞩目的贡献:将步、机枪弹口径统一为7.9毫米,以世界先进的捷克式轻机枪和仿制毛瑟短步枪的中正式步枪为制式枪械(第237页)。② 这都是国军军改中的大成果,也是过去研究中一直被忽视的内容。

按照新操典,国军每个连统一编为三个排九个班,每个班都是独立的火力单元,其合成化程度在世界范围内已处于高水平。事实上,战时国军的小单位与日军的小单位火力差距并不大,恰佐证了这一点。而将枪械口径统一为7.9毫米的武器制式化,对于战时后勤的简化、火力作用的发挥,自然具有不可忽视的意义。可以肯定,倘没有这些实实在在的改变,国军在战场上的表现恐怕只会和他们的先辈一样——甲午战争的陆战经验表明,编制不统一、武器新旧混杂恰是参战淮军节节败退的重要原因。③

平心而论,战前这场"差强人意"的军事变革,在不少方面将中国军事现代化的进程实际向前推进了一大步。而该书作者之所以对于战前的军事变革评价不高,固然有失之于过度倚重"后见之明"的原因,但其更深层次的问题在于找错了参考系。虽然并未明言,但作者心中的理想军队模型或许是当时中国所师法的德国。因而在该书的论述中,被德国顾问建议过且国军勉力完成的改革项目,多被计为成果;反之,则易被视为失败。实际上,评价这次军事变革成与败的标准,似乎应为北洋政府时期的

---

① 陈默:《不教而战:抗战时期国民党军士兵的教育与训练》,《民国档案》2016年第2期,第108页。
② 近来的研究者已经关注到战前武器制式化对于全面抗战的意义,参见高翔《1928—1935年国军陆军制式武器的选定》,《抗日战争研究》2018年第2期。
③ 〔美〕拉尔夫·尔·鲍威尔:《1895—1912年中国军事力量的兴起》,陈泽宪等译,中华书局,1978,第28页。

中国，南京国民政府时期的一切尝试，只要较过去有明显进步，则可视为收获甚至成就。回到历史发生的现场，并且多一份了解之同情，可能更为公允。

尽管存在一些商榷之处，但这本《民国乎？军国乎？第二次中日战争前的民国知识军人、军学与军事变革，1914—1937》仍不失为一本中国现代军事史的佳作。目前关于中国近现代军事史的讨论，大多还集中在比较"实"的部分，如战略、军制、组织、派系、装备等，而相对"虚"一点的思想、文化、学术尤其是"知识"，尚较少走进研究者的视野。而就中国近现代思想史的写作而言，民国时期军事知识的生产、掌控、销售、传播和应用的过程，亦较少被人提及。无论怎么看，这本关于"军学"的著作都可算一个新的尝试。该书作者邝智文让我们认识了广大知识军人中的一个小的精英群体，并领略了他们的观点和想法，看到了他们的努力及努力的成效。通过作者的引荐，我们在一段历史中找到了民国时期的军事专家。

前贤遗泽

张传玺先生学术生涯及其主要成果

岳庆平[*]

张传玺先生是著名的历史学家,一生致力于将马克思主义哲学中历史唯物主义理论应用在史学研究与教学上,史学研究与教学的突出特点是注重理论与实证相结合。中国社会科学院古代史研究所在"唁电"中评价:"我国当代著名马克思主义历史学家,长期致力于中国古代史研究,特别是在秦汉史研究领域成绩斐然……推动了学科理论建设和方法创新……为推动中国古代史学科高等教育做出卓著贡献……在共同推进中国古代史研究、学科建设、人才培养方面做出了重要贡献。"

先生是翦伯赞先生第一个和唯一留校工作的研究生,长期给翦老当助手。翦老是著名的马克思主义史学家,生前长期担任北大副校长和历史学系主任。据先生回忆,攻读研究生期间,翦老曾问今后怎样研究秦汉史,先生说了三个专题:一是研究秦汉时期的社会性质,从土地制度入手;二是研究社会生产力,从铁器(犁)牛耕入手;三是研究政治制度,从中央集权制入手。先生秦汉史研究的代表著作有《秦汉问题研究》《张传玺说秦汉》《从"协和万邦"到"海内一统"——先秦的政治文明》等。代表论文有《论秦汉时期三种盐铁政策的递变》《汉高祖刘邦新评》《论春秋至西汉中期的盐铁包商政策》《两汉国营手工业中的弊端与救弊措施》《秦汉中央集权制度的形成与大一统疆域的奠定》《古代政治文明的

---

[*] 岳庆平,原北京大学历史学系教授。

历史典范——秦汉时期中央集权制度的创造与推行》《睡虎地秦简〈法律答问〉"狱未断"诸条再释——兼论秦及汉初刑罚体系构造》等。

先生的学术贡献以秦汉史研究为重点，左右开弓，上追下连，主要体现在三个方面：中国土地制度史研究、中国契约史研究、中国铁器牛耕史研究。此外，先生对中国历史地理、北京史、民族史等也有很深造诣。

首先就中国土地制度史研究而言，先生的代表论文有《汉以前封建地主土地所有制的发生和确立》《两汉地主土地所有制的发展》《论中国古代土地私有制形成的三个阶段》《论中国封建社会土地所有权的法律观念》《战国秦汉三国时期的国有土地问题》《中国封建土地制度的历史变迁》《西周春秋战国时期土地制度的演变》等。

关于中国古代土地制度，先生赞成"私有制"说。对于"国有制"说，先生认为对所用资料有"牵强附会"之嫌，在理论上，也有"教条主义"之嫌。马列关于"自由买卖"是土地所有权的最高标志说是一个普遍性的原则。中国在春秋后期，已出现了这样一些记载。如《礼记·檀弓下》曰："丧不虑居。"郑玄注："谓卖舍宅以奉丧。"《韩非子·外储说左上》曰："王登一日而见二中大夫，（赵襄子）予之田宅。中牟之人弃其田耘、卖宅圃而随文学者邑之半。"所记反映了当时的"舍宅""宅圃"已先于田地而进入买卖的流程。到战国中期，秦"用商鞅之法，改帝王之制，除井田，民得买卖"。此事应作为土地私有权（制）在秦国率先法典化的标志。其他六国，或先或后，相继效法。到公元前221年秦始皇统一六国后，下令"使黔首自实田"。古代中国的土地私有制从此开始，并在全国范围内确立。

据《张传玺教授的学术思想和研究方法》一文，先生认为土地制度是一个大问题，事涉上下几千年，如只囿于一朝一代，或囿于一个片段，不可能窥其全豹，也不会解决根本问题。要进行全面的重新研究，从土地国有制形成及瓦解，土地私有制产生、发展、演变中，找出其基本的发展、变化规律。先生撰写《论中国古代土地私有制形成的三个阶段》一文，就是为了这一目的。此文的资料根据有诸多方面：中国古代文献，云南、海南岛、内蒙古的大兴安岭、黑龙江等地区的少数民族资料，以及欧洲、日本的有关资料。理论方面，先生遵循马克思的提法，即一切文明民族都是从农村公社土地公有制开始的，后来转变为私有制。关于中国古代土地私有制形成的三个阶段，先生主张第一阶段开始于农村公社的时期，就是"房屋及农作园地"开始私有的时期；第二阶段开始于农村公社解体的时期，就是"破坏耕地的公有制"、农田开始私有时期；第三阶段开始于"破坏森林、牧场、荒地等等的公有制"时期，即作为农村公社经济基础的土地全面转向私有的时期。先生认为，对"山林川泽不以封"制度的破坏，是土地私有制第三阶段确立的主要标志。而山林川泽的买卖关系，发生在西汉中期。

其次就中国契约史研究而言，先生的代表著作有《契约史买地券研究》《中国历代契约粹编》《中国历代契约会编考释》等。代表论文有《从土地契约形式的演变看我国封建土地所有制》《中国古代契约形式的源和流》《中国古代契约资料概述》《论中国历代契约资料的蕴藏及其史料价值》《〈百济国斯麻王买地券〉释例》《关于香港新见吐鲁番契券的一些问题》《新见鸽子洞元代契约识读》《买地券文广例》《买地券用名的历史考察》等。

先生全面系统地研究中国古代社会各种形式的契约，取得了这一研究领域的标志性成果。先生研究契约始于 1958 年至 1959 年，目的是研究傣族和彝族的土地制度问题。认为中国古代契约发展可大致分为四个阶段：第一阶段是西周至春秋，邦国约与万民约并用时期；第二阶段是战国至西晋，使用私约时期；第三阶段是东晋至五代，使用文券（红契）时期；第四阶段是北宋至民国，使用官版契纸和契尾时期。

先生的《中国古代契约形式的源和流》一文发表后，不仅为中国的学界人士所瞩目，也震动了日本的有关学者。日本敦煌学名家池田温教授在台湾举行的"简牍学会议"上，向与会者郑重推荐了此文，引起了与会者的兴趣。此文的资料兼及文献、考古、民族学、人类学，时间所及上下数千年，对历史研究及当前的票据之学都有重要参考价值。

中国古代契约的最早形式是"判书"。先生对中国历史上许多少数民族的有关资料进行了查阅研究，发现这些民族在没有文字的时期，都

"刻木为契",这就是判书。而汉族在周秦汉代已用文字,但仍用判书,并把判书分为三种,各有名称和用途。如《周礼·天官·小宰》曰:"听称责以傅别""听卖买以质剂""听取予以书契"。

契约的合同形式出现在隋唐以后,主要用于抵押、典当、租赁、借贷、雇佣等活契关系。之所以这样,是和缔约之后在相当长的时间中,缔约各方互相存在权利与义务关系分不开的。绝卖关系多采用单契形式。单契大约发生在南北朝中期,由质剂演变而来。唐代单契的使用广泛,绝卖关系几乎全用单契。在活契关系中也有使用单契的,出具契约的一方一定是债务人。单契之所以在绝卖关系中受到欢迎,是因绝卖关系之成立,其协议事项同时履行,一般不保留义务。这种契约的成立,主要有三个条件:一是当事人对标的有完全的所有权或完全的处分权,二是标的须确定,三是当事人的意愿不得低于一般法律行为及契约之原则。这三个条件表现在契约文字上,大致可分为八项:立契时间、业主姓名、标的确定、钱主姓名、契价和交割、业主担保事项、业主署名画押、中保人署名画押等。自税契制建立以后,官府对立契的情况加强了监督,唐代因有"申牒"之制,宋代又行官版契纸,单契的契文日渐规范化。

先生所编《中国历代契约会编考释》,从全国范围精选契约文件1400余篇,连注释共124万余字,上自西周,下迄民国,几乎涉及全国各地区,包括的古今民族有汉、鲜卑、吐蕃、契丹、西夏、维吾尔、蒙古、满、彝、壮等,契约原件选自汉晋木简、吐鲁番和敦煌文书、徽州和各省发现的契约原件等,契约录文选自历代碑刻和有关文献,含有契约内容的资料则选自青铜器铭文、碑刻和文献,而且对多数文件详加考定、注释,精心分类编排。

再次就中国铁器牛耕史研究而言,先生的代表论文有《两汉大铁犁研究》《两汉铁犁影响我国古代农业两千年》等。先生之所以重视中国铁器牛耕史的研究,一方面是因为马克思、恩格斯在许多著作中充分肯定铁器牛耕出现后给社会生产力带来的巨大影响;另一方面,也是研究土地制度问题的需要。按照马克思主义理论,生产力决定生产关系,中国古代开始土地国有,后来土地私有,都和生产力发展有关系。

关于中国铁器牛耕史，先生重点研究的是两汉大铁犁。目的有二：一是对两汉的农业生产力有一个比较恰当的评估，二是摸一摸中国古代铁犁牛耕的由来和发展状况。自 1980 年 1 月至 1981 年 11 月，历时 22 个月，先生三进中国历史博物馆，三进北京大学仪器厂，三进北京缝纫机制造厂，五进北京农业机械化学院，为出土的西汉辽阳大铁犁和东汉滕县大铁犁制图、制模、翻铸、配制犁架并用拖拉机牵引试耕。

铁器牛耕在中国已使用了两千余年，但以往学术界对这一问题缺乏研究，论述时随意性很大，常与事实不符。如说"春秋时期已开始使用铁犁牛耕"，"秦汉时期已在全国范围广泛使用铁器牛耕"，"唐朝已出现了新式的曲辕犁，用一牛牵引，大大提高了生产能力"。这些说法都是夸大其词，没有资料根据的。先生将亲自试验取得的第一手用两汉大铁犁耕田的各方面数据，与历史文献中关于牛耕的各方面记载相比对，认为春秋时代并无铁犁。到战国中后期，始见 V 形铁犁冠，俗称铁口犁，非常原始，数量较少。直到西汉前期仍如此。西汉中期以后，全铁犁渐多。但秦汉两朝时之江南广大地区，以"火耕水耨"为主，翻土用铁铲类而不用铁犁。汉唐宋元，主要用二牛抬杠和长直辕犁。至明清，曲辕犁始与短直辕犁并行。这项研究在一定程度上开辟和开创了文献、考古、实验结合的历史学研究新途径、新方法。

据《张传玺先生生平》的评价，先生一生致力于历史教学工作。除承担北京大学历史学系的教学工作外，还兼任中央广播电视大学主讲教师、多所大学的客座教授，受邀到国内外大学讲学和访问。先生编写的历史教材有《中国古代史纲》《简明中国古代史》《中国通史讲稿》《中国历史文献简明教程》《中国古代史教学参考手册》《中国古代史教学参考地图集》等。其中《简明中国古代史》在 2016 年获得北京大学优秀教材奖。

先生长期担任国家（教育部）中学历史教材审查委员会委员、全国普通高校招生统一考试学科命题委员会委员、全国各类成人高等学校统一招生考试大纲审定委员会副会长兼历史学科组组长。他主持编写的中学教材《历史（初中卷）》，深受广大师生的好评。

先生作为翦老的助手，投入大量的时间、精力整理研究翦老的史学遗著和手稿资料，整理出版了《翦伯赞史学论文选集》第 2 辑、《翦伯赞全集》、《翦伯赞诗集辑注》。为让后人了解翦老光辉的一生，先生从 1978 年 9 月就开始筹备撰写《翦伯赞传》，历时 18 年收集资料，到四川、重庆、湖南长沙和桃源，探访翦老的故乡及生活工作过的地方，采访翦老的亲友和文博单位，并阅读大量当代人的传记、年谱、回忆录等。之后又用一年时间完成了 50 万字的《翦伯赞传》的写作，在北京大学为翦老举行"百年诞辰"纪念大会的前夕，该书由北京大学出版社出版。尤其令人感动的是，先生直到病重前一天，还在认真修改完善回忆翦老的《翦伯赞画传》《学习翦老　传承翦老》两部书稿。目前两部书稿已完璧交给华文出版社，在确认落实了所有出版细节后，预计 2021 年底前出版发行。

先生一生出版学术著作 30 余种，发表学术论文 200 余篇，可以分为教材、著作、论文、主编、整理五个部分。

张传玺先生主要论著目录

一　教材

《中国通史讲稿》（上），北京大学出版社，1982（多次再版，累计 200 余万册）。

《中国古代史教学参考地图集》（合著），北京大学出版社，1982，1984 年 3 月增订本。

二　著作

《北京史》（合著），北京大学出版社，1985。

《秦汉问题研究》，北京大学出版社，1985，1995 年增订本。

《翦伯赞传》，北京大学出版社，1998。

《新史学家翦伯赞》，北京大学出版社，2006。

《翦伯赞诗集——纪念翦伯赞先生诞辰 110 周年》，民族出版社，2008。

《契约史买地券研究》，中华书局，2008。

《从"协和万邦"到"海内一统"——先秦的政治文明》，北京大学出版社，2009。

《张传玺说秦汉》，上海科学技术文献出版社，2009。

《中国历代契约粹编》（共三册），北京大学出版社，2014。

《中国梦》，现代教育出版社，2016。

《大家说历史：封建王朝的兴起》，三联书店，2018。

《中国古代政治文明讲略》，北京出版社，2019。

三 论文

《汉以前封建地主土地所有制的发生和确立》，《北京大学学报》1961年第2期。

《两汉地主土地所有制的发展》，《北京大学学报》1961年第3期。

《〈资治通鉴〉是怎样编写的——读司马光〈答范梦得〉书后》，《光明日报·史学》1961年12月20日。

《武定彝族地区的封建领主所有制及其破坏》，《文史哲》1962年第2期。

《从土地契约形式的演变看我国封建土地所有制》，《光明日报》1963年6月13日。

《论中国古代土地私有制形成的三个阶段》，《北京大学学报》1978年第2期。

《翦伯赞同志革命的一生》，《北京大学学报》1978年第3期。

《理论·史料·文章——学习翦伯赞同志的治学精神》，《人民日报》1979年2月22日。

《应当正确地评价王绾》，《北京大学学报》1979年第3期。

《"更名民曰黔首"的历史考察》，《北京大学学报》1980年第2期。

《论中国封建社会土地所有权的法律观念》，《北京大学学报》1980年第6期。

《战国秦汉三国时期的国有土地问题》，《历史论丛》1981年第2期。

《释"邮亭驿置徒司空，褒中县官寺"》，《考古与文物》1981年第4期。

《翦伯赞传略》，《中国现代社会科学家传略》第 1 辑，山西人民出版社，1982。

《关于王昭君的几个问题——读翦老〈王昭君家世、年谱及有关书信〉》，《北京大学学报》1982 年第 6 期。

《中国古代契约形式的源和流》，《文史》第 16 辑，中华书局，1983。

《论秦汉时期三种盐铁政策的递变》，《秦汉史论丛》第 2 辑，陕西人民出版社，1983。

《从东汉雁门太守鲜于璜籍贯说到两汉雍奴故城》，《环境变迁》1984 年创刊号。

《东汉雁门太守鲜于璜碑铭考释》，《北京大学学报》1984 年第 2 期。

《两汉大铁犁研究》，《北京大学学报》1985 年第 1 期。

《关于司马光〈答范梦得〉的内容、写作时间及版本问题》，《古籍整理与研究》1987 年第 2 期。

《从新加坡妈祖庙谈到妈祖信仰源流》，《东南亚学刊》试刊号，1989。

《武定县万德区万宗铺村彝族社会历史调查》，《云南彝族社会历史调查》；又收入"民族问题五种丛书"，云南人民出版社，1986。

《翦伯赞与侯外庐的兄弟友谊与学术分歧》，《江汉论坛》1989 年第 7 期。

《诸葛亮隐居襄阳，未去南阳（宛）》，《诸葛亮躬耕地望论文集》，东方出版社，1991。

《中国古代契约资料概述》，《中国文化月刊》（台湾）第 127 期，1990 年 5 月；收入《中国法律史国际学术讨论会论文集》，陕西人民出版社，1990。

《论中国历代契约资料的蕴藏及其史料价值》，《北京大学学报》1991 年第 3 期。

《汉高祖刘邦新评》，《刘邦研究》1992 年第 1 期。

《中国封建土地制度的历史变迁》，〔韩〕李锡炫译，收入朴元熇编《中国历史与文化》，高丽大学出版社，1992。

《论春秋至西汉中期的盐铁包商政策》，《中国文化月刊》（台湾）第

164期,1993年6月。

《谈〈汉书〉》,《文史知识》1994年第5期。

《秦汉史研究九十年评述》,《秦汉史论丛》第6辑,江西人民出版社,1994。

《云南彝族慕连土司史迹补正》,《燕京学报》新1期,北京大学出版社,1995。

《〈百济国斯麻王买地券〉释例》,《韩国学论文集》第4辑《韩国传统文化国际学术研讨会论文专辑》,社会科学文献出版社,1995。

《悬泉置、效谷县、鱼泽障的设与废》,《国学研究》第3卷,北京大学出版社,1995。

《我总是走自己的路——翦伯赞与北大》,《巍巍上庠,百年星辰——名人与北大》,北京大学出版社,1998。

《中国古代国家的历史特征》,《中外历史问题八人谈》,中共中央党校出版社,1998。

《奠定文景之治政策的宏文三篇(贾谊《治安策》、晁错《论贵粟疏》《募民徙塞下疏》)》,《中华活页文选》(成人版)1998年第13期。

《翦伯赞》,《中共党史人物传》第65卷,中央文献出版社,1998。

《翦伯赞冤案的形成和平反》,《纵横》1998年第8期,收入《纵横》精品丛书《谜案冤案解读》,中国文史出版社,2002;台湾《传记文学》第74卷第3期(1999年)全文转载;德国柏林自由大学《中国社会与历史》2000年5月18日以德文发表。

《商鞅的历史功绩与个人悲剧》,〔韩〕庆北史学会《庆北史学》第21辑《金烨博士停年纪念史学论丛》,1998。

《西周春秋战国时期土地制度的演变》,《庆祝杨向奎先生教研六十年论文集》,河北教育出版社,1998。

《谆谆教导,永记不忘——纪念吕振羽同志诞辰100周年》,《史学集刊》2000年第1期。

《两汉国营手工业中的弊端与救弊措施》,《文史》第50辑,中华书局,2000。

《应劭汉改邮为置说辨证》,《文化的馈赠——汉学研究国际会议论文集（史学卷）》,北京大学出版社,2000。

《两汉铁犁影响我国古代农业两千年》,《光明日报·理论周刊》2002年5月21日。

《秦汉中央集权制度的形成与大一统疆域的奠定》,《珠海学报》第18期,2002年10月。

《著名史学家谈中学历史教材问题——张传玺先生访谈录》,《历史教学》2002年第12期。

《古代政治文明的历史典范——秦汉时期中央集权制度的创造与推行》,《国学研究》第12卷,北京大学出版社,2003。

《寻访翦伯赞先生在香港的踪迹》,《北大史学》第10辑,北京大学出版社,2004。

《中国古代民族、大一统国家形成的三个阶段》,中国国家清史编纂委员会《中华文明网·史苑》创刊号,2004；收入《史学新论：祝贺朱绍侯先生八十华诞》,河南大学出版社,2005。

《关于香港新见吐鲁番契券的一些问题》,《国学研究》第13卷,北京大学出版社,2004。

《新见鸽子洞元代契约识读》,《国学研究》第14卷,北京大学出版社,2004。

《买地券文广例》,《国学研究》第17卷,北京大学出版社,2006。

《历史哲学教程》,仓修良主编《中国史学名著评介》第4卷,山东教育出版社,2006。

《秦汉史》,仓修良主编《中国史学名著评介》第4卷,山东教育出版社,2006。

《中国古代国家的历史特征》,"北京论坛"发言,《文史知识》2007年第2、3期。

《从华夏和蛮夷戎狄等族名说到汉民族形成》,中央文史研究馆·国学论坛,2007年11月；《江苏文史研究》2008年第3期。

《买地券用名的历史考察》,《北大史学》第12辑,北京大学出版社，2007。

《翦伯赞与新中国史学》，《中国社会科学报·学林》2009年10月8日。

《唯物史观与中国史学》，《文史知识》2009年第12期。

《为创建新史学而奋斗的一生——翦伯赞新史学探索述论（上、下）》，《高校理论战线》2010年第1、2期。

《胡华与〈中国历史概要〉》，《百年潮》2011年第9期。

《求真求实，尊师爱生——翦伯赞教授的治学处世之道》，中国老教授协会主编《大师风范（人文社会科学卷）》上册，高等教育出版社，2014。

《评论历史，要实事求是——参访张传玺教授》，《国学新视野》2014年12月（冬季卷）总第16期，香港中国文化院、中华出版社。

《海曲盐官两千年史事八议》，《国学研究》第34卷，北京大学出版社，2014。

《睡虎地秦简〈法律答问〉"狱未断"诸条再释——兼论秦及汉初刑罚体系构造》，《中国古代法律文献研究》第12辑，社会科学文献出版社，2019。

《答黄继忠教授问〈论语〉书》，《社会科学论坛》2020年第3期。

四　主编

《战国秦汉史论文索引》（1900—1990），北京大学出版社，1983。

《战国秦汉史论著索引续编》（论文1981—1990，专著1900—1990），北京大学出版社，1992。

《战国秦汉史论著索引三编》（1991—2000），北京大学出版社，2002。

《中国古代史教学参考手册》，北京大学出版社，1985，1989年修订本，1995年第2版。

《中国古代史纲》上、下册，北京大学出版社，1985（多次再版，累计数十万册）。

《中国历史文献简明教程》，北京大学出版社，1990。

《简明中国古代史》，北京大学出版社，1991（已出至第 3 版，再版 15 次，累计 20 余万册）。

《汉书精华注译》，北京广播学院出版社，1993。

《中国历代契约会编考释》，北京大学出版社，1995。

《汉书全译》（全三册），汉语大词典出版社，2004。

《中华文明史》第 2 卷，北京大学出版社，2012。

《毛泽东批注二十四史》，中国文史出版社，2013。

五　整理

《翦伯赞史学论文选集》第 2 辑，人民出版社，1990。

《翦伯赞全集》，河北教育出版社，2008。

翦伯赞：《秦汉史十五讲》，中华书局，2012。

朱龙华先生学术生涯及其主要成果

一 求美立学 以史载道
——朱龙华教授的学术贡献和卓越业绩

朱浩东[*]

朱龙华教授于2021年1月16日辞世于北京。高者已去,卓风长存。温而持守求真求新之功,厉而不失允善允和之念。在学术的探求道路上,他树立起的寻美致美、辟雍艺术、礼乐同行、谨严从教的治学育人的高尚且从容自如的独特风格业已成一代学风学统之传承。

先生1952年考入北京大学历史学系读书。据先生自述,其年少时的初衷是求以艺术史研究为立志之本愿。在恪守初心研究艺术的道路上,先生凡数十年耕耘不辍。而因于有入史学沧海之因缘,在古希腊史、罗马史、文艺复兴史等国别史、断代史、区域史等领域,先生亦着力深厚。

西方社会在古希腊罗马时期达到的文化高度,使朱龙华先生的艺术研究获源头活水。又因为有对艺术研究的特殊情怀,先生的史学研究常可以以艺术为载体,深入细致地探讨具体问题。如对于文艺复兴时期佛罗伦萨的城市建筑,先生一直把其看作欧洲文艺复兴时期各门类艺术杰作中的代表。关于佛罗伦萨大教堂,一般观点多倾向于论述以佛罗伦萨大教堂的建成为标志,哥特式建筑风格开始向文艺复兴时期建筑风格过渡。而对于什

---

[*] 朱浩东,日本玉川大学教授。

么是文艺复兴时期的建筑风格，众家论说并不周全，甚至观点含混、语焉不详。先生以穹顶设计为主线，阐述佛罗伦萨大教堂展现出的恢宏和博大的气势正反映着一代艺术创造力的崛起，同时又着眼于粉红与橘黄相间、墨绿与淡灰乳白相合的色系调配的柔润和周正，并用此来说明正是因为有色系设计、色系选择、色系应用上的端庄和华美，佛罗伦萨大教堂才可成一代艺术之杰作，并亦成为文艺复兴时期艺术创作的代表和城市形象的符号。

从宏观的角度看，在艺术研究上拥有的情怀与对于政治、经济、文化等社会整体发展的考察在朱龙华先生的研究中并不矛盾。在关于古希腊罗马社会制度的研究中，朱龙华先生认为古希腊罗马奴隶制是在一定商品经济发展的基础上形成的具有古代西方色彩的奴隶制。奴隶是奴隶主经营的重要组成部分，透过对奴隶所处生产、生活环境的研究来把握古希腊罗马时期经济社会发展的整体状况，恰可察细知著、观微解深。以此为出发点，朱龙华先生将古希腊罗马奴隶制与古代东方奴隶制进行比较，其成果发表在《世界古代、中世纪史》等学术期刊上。

在世界史研究中恰当地引入比较史学的研究方法，日渐为20世纪80年代以后的史学家所重视。作为直接继承20世纪初期、中期齐思和先生、周一良先生等老一辈史学家学脉的优秀学者，朱龙华先生在拓展史学研究视野和史学研究领域上辛勤耕耘。在比较史学方法的运用上，在把握如何评价杰出历史人物的历史作用问题上，在对古代文明与当代社会变革关系的考察上，先生皆倾用功力。除了积极参加以世界史界的专家学者为核心、以增强世界史学习基础教学为目的的《世界历史（上古部分）》（北京大学出版社，1991）和《古代世界史参考图集》（人民教育出版社，1960）等教材及教学参考书的编纂工作以外，其另撰有《罗马文化与古典传统》（浙江人民出版社，1993）、《世界古代中期艺术史》（中国国际广播出版社，1996）、《意大利文艺复兴的起源与模式》（人民出版社，2004）等专著（详见朱龙华先生主要成果目录，以下同）。

对于希腊民主政治在诸多方面得益于东方诸文明的惠泽，对于以之为基础衍生而出的"以人为本、以自然为师"的社会发展理念，对于在罗马共和时期出现的两个共有平权和同位的最高执政的体制，在上述著作中皆有论述。在对历史的解读上，先生赞赏人类在不断进步的过程中为谋求生存权益、争取精神自立、树建文化高度而进行的一切努力。所有这些努力是为了完成人类共同的进步发展而进行的总体社会实践活动的组成部分。从这样的角度看，超越各地区、各民族、各国家的发展差异，历史的大道归于一元。与此同时，认可不同国家在不同环境、不同体制等因素的制约下会产生不同的发展模式，历史的发展又是多线的。虽然朱龙华先生对于一元多线的历史观并未进行专题论述，但他的著作中体现出的研究方法和其所留下的具有典型意义的研究成果，明显地可以反映出一元多线的历史观是其考察复杂多变的历史现象所依据的基本观点和核心思维。

对于艺术及艺术史的研究一直是朱龙华先生最为钟情的事业。他曾用"平生读一书"来自勉，在生活和工作的人生长河里，以研读艺术领域的书籍、博收百家艺术智慧为天职，以读懂读透艺术的真谛为使命，以解读艺术与社会发展间的互融互动的关系为研究主线，以讲述、总结、归纳自身爱艺术的情怀及读艺术的感知为乐趣，乐学向学、勤奋进取、聚焦艺术、悟微累巨，在艺术及艺术史领域的研究上不但领时代之先，而且成一家之言。

首先值得回顾的是在研究方法上，先生重实事求是的原则。20世纪，中国世界史研究在文献资料不足、研究条件并不齐备的环境里，以译介为切入点，对古代西方艺术进行了具有综合性质的基础考察。在谈起1952年去北京图书馆第一次读到法国学者赖纳克的有关艺术史的书《阿波罗》英文版的感受时，朱龙华先生总是那样动情。他说到此后在人生的学旅上曾历访过众多的世界知名的图书馆，也曾在那里发现过无数可贵的书，但彼时的感受之强烈都没有超过当年在北京图书馆与《阿波罗》一书的邂逅。先生从青年时代起就极重视从点做起、以小博大。据他后来的回忆，亲眼看到《阿波罗》一书的英文版使其自身痛感掌握外语技能的重要性。在此后的人生学旅中，先生精研英语之要义，在把使用英语作为学术研究之必备能力的同时，兼修法语、德语、日语等外语，由此形成先生从事研究的厚实积淀。从基础做起，以探求新知为根本，以译介新学为要务。和许多同一代的优秀学者一样，先生在吸收海外新学的道程上，积跬步以至千里，在许多海外新学还未介绍到国内来的状况下，先生边翻译边评述，既甘于从事梳理线索的细务，也追求成一家之言的大志。务实、勤勉、认真使先生在几乎荒芜的环境里开拓出一条研究西方艺术史，特别是研究古希腊罗马艺术及西方文艺复兴史的新路。

进而值得关注的是先生的艺术史研究把文艺复兴的兴起作为区分西方艺术史发展阶段的核心标志。在上海社会科学院出版社组织编写的世界历史文化丛书里，先生担当写作的两部关于西方艺术通史的专著《艺术通史——文艺复兴以前的艺术》（2012）和《艺术通史——文艺复兴以来的艺术》（2014），高屋建瓴，立论于文艺复兴这一重大历史运动对整体的西方艺术具有划时代意义的转折产生了决定性的影响。其基本观点是，在意大利所处的神圣罗马帝国的版图内建立起来的若干个独立共和国内的新经济、新政治、新文化共进互动。文艺复兴运动使意大利在走向近代社会的发展过程中，文化"与经济政治互动齐进而取得卓越成就"，由此意大利的发展"在欧洲处于带头先进"（《读史漫忆》，《美术观察》2014年第3期）地位。朱龙华先生把这一文化、经济、政治的并进互动看作一种具有独特历史意义的人类走向近代这一历史变革新时期的发展模式。其与英法等国在绝对主义王权下以统一民族国家体制进入近代的发展模式有着本质的差异。关注社会发展模式的差异，使其研究可以在宏观上俯瞰西方艺术发展的整体架构。对于既往已有的关于意大利走向近代的背景分析的一些结论，如科技与经济的发展有着内在的关联，"习俗、科学与文化的联盟"（见前引文）等，其认为这些观点并未触及问题的本质。只有从发展模式的角度来看艺术的发展，才有可能透过现象看到本质，他认为达·芬奇之所以成为兼科学与文化巨人于一身的具有里程碑意义的文化符号，是因为文艺复兴所带来的意大利的发展模式使其可以立身于时代转换的先端，在历史大潮中聚时代之正向能量，并成为开一代风气的伟人先贤。

注重近现代艺术与古代艺术之间的相互关联是朱龙华先生研究的另一个特点。先生认为，古代雅典的雕刻"从人体结构生理力学功能的角度改进人像的整体姿态，形成张弛对应、左右调配、动静结合的表现手法"，这些表现手法在艺术史学上被称为"动态平衡""重心转移"之法或"对偶倒列""对应塑形"之法，在这些表现手法里还可以看到"气韵生动"（以上有关古代希腊雕刻论述均见前引文）之态势。在古希腊罗马艺术的研究上，先生把人体结构、美学观察、重心学说等跨学科领域的科学研究成果融于一体，这不但使其在对于古代西方艺术的考察上，视野开阔、观细得宏、蕴含深刻、独具气象，而且也为解析文艺复兴运动出现以后西方艺术的快速进步和由之而推动历史发生革命性变革的起源研究提供了视角，并搭建了对其与古代艺术的关联进行考察的基本框架。

此外，朱龙华先生对在西方艺术史上留下足迹的杰出人物一直有所关注。对于欧洲油画之父乔托（1266—1337）在艺术上的贡献，先生从开科学与艺术结合之先河的视角来考察其在导入透视画法的同时，通过对人的皮肤肌理及在光线下人的面部光影的描绘，使具有生命的人活生生地出现在油画的世界里。在拉斐尔（1483—1520）研究上，把从对于古代希腊雕塑研究中获得的对于艺术创造的理解作为基础，从画面的布局对称、画法的平和有序等视角解读作为艺术家的拉斐尔艺术中所体现出的人像之真、人体之美，以及人的精神的光彩。既从创作上发现技巧在艺术表现力上的重要性，又从哲学上寻找艺术创作的灵感和思想源泉，这些努力使朱龙华先生对于杰出艺术家的研究在对艺术本身发展规律进行关注的同时，具有把握艺术家与社会动态、时代思潮相互关系的特征。在对乔托、拉斐尔的研究上，把他们在艺术创作上的巧妙构思和其对艺术理解的恢宏气概尽收眼底以得整体全面之评价，这正是因为朱龙华先生兼具历史学家和艺术史家研究的视角。这样的研究风格在对于提香（1490—1576）、波提切利（1445—1510）、米开朗琪罗（1475—1564）等艺术家的研究上也得到体现。以对于个体艺术家的研究为基础，先生还撰写了《希腊艺术》（上海人民美术出版社，1962）、《罗马文化》（上海社会科学院出版社，2003）、《意大利文化》（上海社会科学院出版社，2004）等专著。

正是基于对整体历史发展态势的把握，先生的研究虽涉及众多领域，而且在时间的跨度上也兼及从古代到近现代的多方面内容，但其研究仍具有相当强的凝合力。艺术是与至高至善的人生追求联系在一起的。艺术不是生活的装饰品，更不是点缀。艺术与精神境界的诉求、社会发展的脉搏息息相关。大艺术观的建立，使朱龙华先生为艺术研究设置了一个与社会发展研究共鼎人类发展大业的平台。在中国近代教育发展史上占有特殊重要地位的蔡元培先生极为关注艺术在整体人的成长中的作用。其主张以美促学、尚美树人。在倡导重视美育的北京大学，朱龙华先生的艺术史研究业绩，对于培养年轻学子的美感、美知、美识的影响含蕴长远、功在当下。

朱龙华先生对于社会的发展一直有着密切的关注。在20世纪80年代中国改革开放以后，从世界历史发展的过程中寻找走向未来的道路，是世界史研究领域学者普遍持有的课题意识。朱龙华先生从自己熟悉的西方文艺复兴研究着手，聚焦"文艺复兴与思想解放关系"的话题，参加相关讨论并进行了深入研究。他提出在20世纪的百年期间，对于西方文艺复兴的历史作用学者间存在褒贬不一的分歧。在讨论中，朱龙华先生认为中国学界一直对西方文艺复兴运动的历史意义给予肯定评价。五四新文化运动时期，对于西方的文艺复兴，中国思想界以寻找新文化建设的道路为出发点，不但一直把其作为考察近代西方社会变迁的不可或缺的对象，而且社会各界也达成应该从正面评价西方文艺复兴运动的共识。他曾指出胡适认为五四新文化运动即是中国的文艺复兴的开始，并提出经过20世纪百年间的思索，在世界范围内人们倾向于更全面、更综合地评价西方文艺复兴的历史意义。从总体上说，西方的文艺复兴不仅为近代社会的出现铺展出一条文化上的新路，而且也为其他社会领域的发展带来了求新而不守旧、务实以不断进取的新思维。在提倡解放思想、实事求是的年代，朱龙华先生从自己的专业领域积极发声，其对西方文艺复兴历史意义的肯定评价为改革开放的时代大潮添势助力,一直为后学所敬仰。

朱龙华先生在《世界历史》等期刊上发表的有关西方文艺复兴的论文(详见朱龙华先生主要成果目录),观点鲜明。了解西方文艺复兴,解析近代西方社会的源流,由此探寻未来世界走向,把握时代发展契机。先生以宽广的胸怀、包容的心态来考察近代西方社会的发展,他用"晚年游八国"来说明在世界各地的访研游历对自己人生的重大影响。也是在这样的开放心态里,他翻译出版了美国学者布鲁克尔的《文艺复兴时期的佛罗伦萨》(三联书店,1985)一书。这本书和《希腊史——迄至公元前322年》(哈蒙德著,商务印书馆,2016)等大量先生的译著一样,均是出自先生放眼未来、寻路求新、取活水于世界、借他山之石以攻玉之初心的学术成果。

除了著名的艺术家以外,朱龙华先生还对希罗多德、修昔底德、马基雅维利、伏尔泰等历史人物给予关注。

他评价希罗多德为"面向世界的史学之父"。在他看来,希罗多德对雅典民主制的认可是其考察历史发展的原动力。而希罗多德的著作《历史》体现出的尊重历史事实、注重把握历史评价尺度、追求叙述历史完整性和综合性等特点,使《历史》不但成为一部不朽的名著,而且还为作为一门学科的历史学的建立奠定了基础。朱龙华先生对于修昔底德的《伯罗奔尼撒战争史》、马基雅维利的《佛罗伦萨史》、伏尔泰的《路易十四年代》等著作也都写过评述文章。他通过抓住海洋、商品、人与权等核心词来把握上述各名著的核心内容,同时在各篇评述文章中亦注意对作者所处时代及其个人特征的描述。

朱龙华先生还曾担任《中国大百科全书·美术》西方美术编写组及《中国大百科全书·考古学》国外考古编写组的副主编。参与商务印书馆的"汉译世界学术名著丛书""外国历史小丛书""知识丛书"、上海社会科学院出版社的"世界历史文化丛书"和"全球文化系列"、上海人民美术出版社的"西洋画家丛书"、浙江人民出版社的"世界文化丛书"、华夏出版社的"历史爱好者丛书"等诸多出版社刊行的学术性、普及性历史丛书和文化系列书籍的编译和撰写。此外,先生还主编过云南人民出版社刊发的"失落的文明系列"。从朱龙华先生工作的历程来看，学术的严谨与开阔的视野交融，专业性著作的出版与普及性文稿的撰写同步进行。德高于致公，尽力于惠众。先生在学术研究之外所做的普及性教育工作，为学界开一代之新风。

朱龙华先生是历史的叙述者。在他的视野里，思想、书籍、社会发展脉搏与其时代的代表性人物总是作为一个整体出现在历史的画卷中。在以书叙史、书史并重的历史考察中，许多复杂且变化曲折的历史大事被讲述得简洁清晰且引人入胜。在他以名著的介绍和评价的方式描绘的历史画卷里，先生作为在历史学界耕耘的知名学者在研究上的厚重积累得到了完整的体现。

2004—2006年，受广西师范大学的邀请，先生在自己的家乡教授他所熟悉、所热爱的世界史专业课程。承育人之使命，惠文思于晚学，寻新天地在功已有成之后，扩大视野在华夏腾飞之时。2018年先生收集整理出版了《朱荫龙诗文集》。这部书是对父亲朱荫龙（朱琴可）教授所追求、所向往的文化事业的回顾与梳理，同时也是对自己文化血脉的探寻与思考。其父亲在与民国时期文化名人章士钊、柳亚子交往中留下的不少诗歌词赋，以及在艺术研究中总结考察中国历史上的艺术名家石涛绘画理论的论文均刊行于上述书中。朱荫龙先生博学诸家，在音韵学、艺术学等研究领域尤有成就。朱龙华先生在父亲诗文集出版时写就《古典诗词的天鹅之歌——忆父亲》一文。在这里，朱龙华先生对亲人深情的表达，对自己是从哪里来的诉说，还有在回顾家传文化中显露出的文化自信和对纵横于历史变迁的考察中体现出的智慧都融合在了一起。

朱龙华先生在1997年9月退休以后，继续倾注着他对学术抱有的执着、严谨且盼望以学术贡献于世人的热情。在此后二十余年的工作里，他持续着对于西方艺术史、世界史的研究。在这一时期，先生不但出版了大量新的著作（详见朱龙华先生主要成果目录），而且他的世界史研究和有关艺术、艺术史的研究逐渐融合，步入融二者于贯通的佳境。

求美立学，艺史同修，以史载道，秉持光明。朱龙华先生的学术贡献和卓越业绩为世人所珍记。

二　朱龙华先生主要成果目录

李韵琴编辑整理*

（一）历史类

1. 著作

《伊拉克共和国古代文物》，文物出版社，1958。

《古代世界史参考图集》，人民教育出版社，1960。

北京大学历史系简明世界史编写组编《简明世界史（古代部分）》（负责撰写其中部分章节），人民出版社，1974。

邓蜀生、朱龙华等：《外国历史故事》，中国少年儿童出版社，1978。

《意大利文艺复兴（世界史专题课讲义）》，北京大学历史系印发，1980。

《外国历史故事3》（少年百科丛书），中国少年儿童出版社，1981。

《千古名城巴比伦》（外国历史小丛书），商务印书馆，1982。

施治生、廖学盛主编《外国历史名人传（古代部分）》［负责撰写（171）"波吕克列伊托斯"和（176）"希罗多德"词条］，中国社会科学出版社、重庆出版社，1982。

周一良主编《中外文化交流史》［负责撰写第二编，第一章和第二章（第262—305页）］，河南人民出版社，1987。

《文艺复兴的发源地佛罗伦萨》（外国历史小丛书），商务印书馆，1987。

齐世荣、罗荣渠、廖学盛、朱龙华等：《人类历史的进程》，人民教育出版社，1988。

---

* 李韵琴，现在加拿大从事金融工作。

《世界历史（上古部分）》，北京大学出版社，1991。

《罗马文化与古典传统》（世界文化丛书），浙江人民出版社，1993；（海外中文图书），台北：淑馨出版社，1996。

朱龙华、刘家和、崔连仲等：《世界著名古国王朝》（一），中国少年儿童出版社、中国青年出版社，1996。

《世界古典文明》（历史爱好者丛书/文化与社会系列），广东人民出版社、华夏出版社，1996。

朱龙华、杨生民、岳斌主编《百卷本世界全史》，中国国际广播出版社，1996。

失落的文明系列第一辑（共七册），第二辑（共五册），云南人民出版社，1999。

《叩问丛林——玛雅文明探秘》（失落的文明系列），云南人民出版社，1999；另名：《叩问丛林——发现玛雅文明》（海外中文图书），台北：世潮出版有限公司，2001。

文化探索之旅图文本（包括《中土基督》《奥尔梅克的发现》《走过佛国》《走遍埃及》等册），云南人民出版社，2000。

齐世荣主编《人类文明的演进》（上、下）（大视野文库），中国青年出版社，2001。

齐世荣、刘宗绪、朱龙华等：《世界近现代史干部读本（1500—1945）》，中共中央党校出版社，2002。

《意大利文艺复兴的起源与模式》，人民出版社，2004。

刘明翰、朱龙华、李长林：《欧洲文艺复兴史（总论卷）》，人民出版社，2010。

2. 论文

《伊拉克共和国的古代文物》，《文物参考资料》1958年第9期，第35、37—43页。

《埃及的古代文物》，《文物》1959年第1期，第65—69页。

齐思和、周怡天、朱龙华等：《历史科学进展的丰碑——介绍〈世界通史〉第一卷》，《读书》1959年第24期，第29—31页。

朱浩东　李韵琴　朱龙华先生学术生涯及其主要成果

朱龙华、陈荣豪：《拉丁美洲古代文物简介》，《文物》1960年第2期，第70—74页。

齐思和、周怡天、朱龙华：《介绍"世界通史"第二卷》，《教学与研究》1961年第1期，第65—67、79页。

《文艺复兴》，《百科知识》1979年第2期，第39—43页。

《文艺复兴与思想解放》，《世界历史》1980年第3期，第67—73页。

《欧洲反封建斗争壮丽一幕——文艺复兴》，《外国史知识》1981年第1期，第6—13页。

《碳14、年轮学和文化起源的研究》，《百科知识》1981年第5期，第63—64页。

《人道主义探源》，《世界历史》1984年第2期，第3—8页。

《如何看待古代东方奴隶制与希腊罗马奴隶制的区别？》，《世界古代、中世纪史》1984年第6期，第49—50页。

《世界通史讲座——第一讲　原始社会》，《自修大学》（文史哲经专业）1984年第9期，第43—50页。

《关于原始社会的分期》，《自修大学》（文史哲经专业）1984年第9期，第52—54页。

《人类最早的城镇》，《自修大学》（文史哲经专业）1984年第9期，第51—52页。

《人类最早的脚印》，《自修大学》（文史哲经专业）1984年第9期，第50—51页。

《世界通史讲座——第三讲　希腊罗马奴隶社会》，《自修大学》（文史哲经专业）1984年第11期，第51—60页。

《欧洲封建社会的形成与发展》，《自修大学》（文史哲经专业）1985年第2期，第47—76页。

《美洲古代印第安文明》，《自修大学》（文史哲经专业）1985年第3期，第57—58页。

《西欧资本主义的出现——文艺复兴、宗教改革和尼德兰革命》，《世界古代、中世纪史》1985年第3期，第72—80页；又见《自修大学》

（文史哲经专业）1985年第3期，第48—57页。

《文艺复兴时期的佛罗伦萨企业》，《北京大学学报》1986年第2期，第94—107页；又见《北京大学百年校庆世界史文集》，北京大学出版社，1998，第319—345页。

《学术研讨会第四组（古代中国与世界）报告》，《"迎接二十一世纪的中国考古学"国际学术讨论会论文集》，科学出版社，1993。

《欧洲统一的历史因缘——古代和中世纪的回顾》，《北京大学学报》（欧洲历史研究专刊）1997年，第2—37页。

朱龙华、陈成军、黄玉成：《丝绸之路通大秦——古罗马辉煌再现》，《中国国家地理》2004年第9期，第106—120页。

（二）文化艺术史类

1. 著作

《乔托》（西洋画家丛书），上海人民美术出版社，1958。

《提香》（西洋画家丛书），上海人民美术出版社，1959。

《文艺复兴时期的美术》，人民美术出版社，1960。

《希腊艺术》，上海人民美术出版社，1962。

《委拉斯开兹》（西洋画家丛书），上海人民美术出版社，1962。

《拉斐尔》（西洋画家丛书），上海人民美术出版社，1959；（外国历史小丛书），商务印书馆，1963。

《"画圣"拉斐尔》（外国历史小丛书），商务印书馆，1981。

《米开朗琪罗》（外国历史小丛书），商务印书馆，1964；再版名为《杰出的雕刻家米开朗琪罗》，商务印书馆，1981。

《荷尔拜因》（西洋画家丛书），上海人民美术出版社，1964。

《意大利文艺复兴》（知识丛书），商务印书馆，1964。

《波提切利》，人民美术出版社，1980。

《希腊古典雕刻》（外国历史小丛书），商务印书馆，1981；又见《外国古代文化艺术》合订本（希望书库丛书），中国少年儿童出版社、中国青年出版社，1996。

贺熙煦、朱龙华：《外国著名文学艺术家》（外国历史小丛书），商务印书馆，1985。

陈荣豪、习祜、朱龙华：《拉丁美洲古代美术》，上海人民美术出版社，1963。

《世界古代中期艺术史》（《百卷本世界全史》第20卷），中国国际广播出版社，1996。

《世界古代后期艺术史》（《百卷本世界全史》第30卷），中国国际广播出版社，1996。

《世界艺术历程》，浙江摄影出版社，1999。

《罗马文化》（全球文化系列和世界历史文化丛书），上海社会科学院出版社，2003和2012。

《意大利文化》（全球文化系列和世界历史文化丛书），上海社会科学院出版社，2004和2012。

《义大利文化史》（扬智丛刊），台北：扬智文化事业股份有限公司，2004。

刘明翰主编，朱龙华、王素色、赵立行合著《欧洲文艺复兴史（艺术卷）》，人民出版社，2008。

《艺术通史——文艺复兴以前的艺术》（世界历史文化丛书），上海社会科学院出版社，2012。

《艺术通史——文艺复兴以来的艺术》（世界历史文化丛书），上海社会科学院出版社，2014。

2. 论文

《伟大的文艺复兴艺术家——乔托（上）》，《美术》1956年第10期，第74—78页。

《伟大的文艺复兴艺术家——乔托（下）》，《美术》1956年第11期，第61—62页。

《希腊罗马文化名人简介》，《自修大学》（文史哲经专业）1984年第11期，第60—62页。

《面向世界的史学之父——读希罗多德〈历史〉》，《读书》1985年第

5 期，第 93—101 页。

《记实求真见史才——读修昔底德〈伯罗奔尼撒战争史〉》，《读书》1985 年第 7 期，第 122—160 页。

《海洋、商品与民主——读希罗多德〈历史〉》，《读书》1985 年第 9 期，第 112—119 页。

《研究文艺复兴运动的第一部专著》，《外国史知识》1985 年第 11 期，第 46—48 页。

《人的颂歌与权的强调——读马基雅维里〈佛罗伦萨史〉》，《读书》1985 年第 11 期，第 96—106 页。

《帝国之治与帝位之争——读塔西佗〈历史〉》，《读书》1986 年第 1 期，第 102—111 页。

《凡尔赛的阳光和日内瓦的秋色——读伏尔泰〈路易十四年代〉》，《读书》1986 年第 2 期，第 91—100 页。

《致命的百合与矫饰的风格——读切利尼自传兼评丹纳》，《读书》1987 年第 2 期，第 85—94 页。

《无墙的画廊与综合的理想——读马尔洛〈静寂之声〉》，《读书》1987 年第 4 期，第 11—21 页。

《达芬奇——文艺复兴的巨人〔先驱者〕》，《三月风》1988 年第 4 期，第 38—40 页。

《佛罗伦萨画派的代表——博蒂切利》，《老来乐》2008 年第 7 期（页数不详）。

《罗马文明与庞贝古迹》，《美术》2004 年第 8 期，第 120—129 页。

朱龙华、毛欣、雷东军：《庞贝——火山灰下的罗马荣耀》，《文明》2004 年第 11 期，第 116—132 页。

朱龙华、李阳洪：《读史漫忆》，《美术观察》2014 年第 3 期，第 132—133 页。

（三）译著

〔意〕拉斐尔［Raphael（Raffello）Sanzio］著，朱龙华编文《拉斐尔画

册》，人民美术出版社，1963。

〔美〕普列斯科特（William Hickling Prescott）：《普莱斯苛特〈墨西哥征服史〉选》（吴于廑主编《外国史学名著选》），朱龙华译，商务印书馆，1965。

〔意〕列奥纳多·达芬奇（Leonardo da Vinci）：《芬奇论绘画》，戴勉编译，朱龙华校，人民美术出版社，1979；再版名为《达·芬奇论绘画》，广西师范大学出版社，2003。

〔瑞士〕雅各布·布克哈特（Jacob Burckhardt）：《意大利文艺复兴时期的文化》（汉译世界学术名著丛书），何新译，马香雪校译，朱龙华审读并图文，商务印书馆，1979。

〔美〕坚尼·布鲁克尔（Gene Bruker）：《文艺复兴时期的佛罗伦萨》（文化生活译丛），朱龙华译，三联书店，1985。

〔英〕马德琳·梅因斯通（Madeleine Mainstone）、罗兰·梅因斯通（Rowland Mainstone）、斯蒂芬·琼斯（Stephen Jones）：《剑桥艺术史》卷1《希腊和罗马、中世纪、文艺复兴》，钱乘旦译，朱龙华校，中国青年出版社，1994。

〔英〕马德琳·梅因斯通（Madeleine Mainstone）、罗兰·梅因斯通（Rowland Mainstone）、斯蒂芬·琼斯（Stephen Jones）：《剑桥艺术史》卷2《十七世纪、十八世纪》，钱乘旦译，朱龙华校，中国青年出版社，1994。

〔英〕唐纳德·雷诺兹（Donald Reynolds）、罗斯玛丽·兰伯特（Rosemary Lambert）、苏珊·伍德福特（Susan Woodford）：《剑桥艺术史》卷3《十九世纪、二十世纪绘画欣赏》，钱乘旦、罗通秀译，朱龙华校，中国青年出版社，2007。

〔英〕N. G. L. 哈蒙德（Nicholas Geoffrey Lempriere Hammond）：《希腊史——迄至公元前322年》（汉译世界学术名著丛书），朱龙华译，程庆昺、郝际陶校，商务印书馆，2016年精装版、2017年"汉译世界学术名著丛书"120年纪念版及2018年平装本。

(四) 其他

《朱荫龙诗文集》，广西师范大学出版社，2018。

《画笔雕刀誉南疆》，《朱培钧艺文集》，广西教育出版社，1991，第68—74页。

《古典诗词的天鹅之歌——忆父亲》，《朱荫龙诗文集》代序（此文为朱龙华先生的封笔之作），广西师范大学出版社，2018。

说明：

此书目在搜集和整理过程中得到朱龙华教授的长子朱北鸿先生、日本东京玉川大学朱浩东教授和美国加州大学洛杉矶分校东亚图书馆馆长陈肃女士等的大力协助，在此表示特别感谢！由于新冠肺炎疫情，本人目前无法回国对现有书目亲自一一核实，实为遗憾！一些书目信息缺失，有些书目文章年代久远，或有遗漏，还望指正。

Table of Contents & Abstracts

To Our Readers　　　　　　　　　　　　　　　　　　Zhao Shiyu / 1

Topic discussion

Human Conditions and the Characteristics of Pre-Modern Empires

　　　　　　　　　　　　　　　　　　　　　　Zhao Dingxin / 5

　　Abstract: This article deals with the shaping power of human conditions, particularly technological, environmental, and demographic conditions, on pre-modern empires. It analyzes how these human conditions shaped behaviors of different social actors as well as the logic of development of pre-modern empires. It further discusses how a set of human conditions gave rise to some of the most important characteristics of nomadic empires, shaped patterns of interactions between nomadic and agrarian empires, and led to the demise of the nomadic empires across Eurasia after the fifteenth century.

　　Keywords: Pre-modern Empires; Human Conditions; Religion; Nomadism

Interdisciplinary Paradox and Historical Anthropology

Zhang Xiaojun / 19

Abstract: The paper discusses the possibilities and obstacles of the interdisciplinary studies of three horizontal disciplines: history, sociology and anthropology. From the methodology of historical anthropology, the paper explores the "expending question awareness" and the methodology that can be applied to the above three disciplines: How to pierce through phenomenon to reach the essence of studies-understanding the whole through observations of parts; proceeding from the exterior to the interior, and from one point to the other. Thus, it becomes possible to pursue the expansion of grand theory from trivial phenomena, to explore the depth of the underlying law from the representations, and to discover the width of general principles by comparison and connection. Finally, the paper summaries three aspects of interdisciplinary studies: guarding the foundation of the discipline, finding the direction of inter-disciplines, and pursuing the ideal of de-discipline.

Keywords: Historical Anthropology; Interdisciplinary Studies; Question Awareness; Cultural Turn; De-discipline

The Periodic Representations of Introducing the Social Science Methods into Chinese Historiography and Its limits

Yang Nianqun / 38

Abstract: By ordering the background of Western social science methods accepted by the Chinese historical researches in differnent phases, this paper analyzes the advantages and disadvantages of the sociological and anthropological analysis framework under the impact of "modernization model" and "counter-modernization phenomenon" in the localization process of the Chinese history studies. It also discusses why the idea history of China was gradually marginalized and the basic way of how to correctly absorb social science theories and to overcome the "common knowledge lack".

Keywords: History Subject in China; Sociologicalization; Counter-modernization; Anthropologicalization; Common Knowledge Lack

Anthropological Perspective on History and Social Changes of Southwest
Frontier of China   Ma Jianxiong / 51

Abstract: From perspective of textualization, this article focuses on the relationship of historical interpretation and subjectivities of history to further discuss differentials and similarities between institutional and social histories and histories interpreted by local communities observed in the anthropological fieldwork. The author argues that the social transformation of the Southwester frontier of China and related challenging issues about textualization and historical interpretation require more dialogues between anthropologists and historians.

Keywords: Text; the Southwest Frontier; Anthropology; Historical Interpretation

Disappearance and Reappearance of Society: 70 Years of People's
Republic History
                                                          Huang Daoxuan / 67

Abstract: The history of People's Republic of China is a new area. It is difficult because this area is close to the reality. One important line for the history from the establishment of People's Republic China to the early Reform and opening-up period is the disappearance and reappearance of society. In early phase of this period, the politic occupied an absolute dominance in the society, which led a politic strictness and a social steady, but made the social liveliness hidden. The Reform and Open aroused this liveliness which made great results. Although it sounds corny, it always mean unforgotten popular memory.

Keywords: People's Republic; CCP; Reform and Opening-up

An Outline of Modern Transformation of China in the Sociological Perspective:
Focusing on Politic/Military and Society　　　　　　　　Ying Xing / 78

Abstract: From a sociological perspective, this article outlines some basic trends in China's modern transformation process, focusing on the political-military, social, and ideological levels: from "local militarization" to "localization of the military"; from the disintegration of "dual-track politics" to the formation of a rural mobilization system; from the crisis of traditional virtuocracy to the birth of "new virtuocracy". In this way, we can grasp the general direction of the transition from a "total crisis" to a "total society".

Keywords: China's Modern Transformation; Sociological Perspective; Total Crisis; Total Society

The Double-track Logic of Reform:From Contracting-out System to
Financial Projecting System　　　　　　　　　　　　Qu Jingdong / 90

Abstract: "Protecting stocks and cultivating increments" have been the master logic since the Reform-and-open in China. From the beginning of the contracting-out system reform, the state started the reform route in the way of cultivating the increments of rural society, the local increments under the financial contracting system and the special economic zones, in order to realize the evolutional impact of stocks by the enlargement of increments in the process of the increment development on the basis of stocks. This double-track made in- and out-system was gradually replaced by a financial system based on the tax sharing system reform, and made a double-track governance system with the characteristic of projecting system.

Keywords: Stock; Increment; Opening-up; Contracting System; Projecting System; Tax Sharing System

The Ritual Text as Historical Memory and the Multiplicity of Meaning:
A Case Study of "Paṭiñña-" among Bulang Villages in the Nanlan
River Area, Sino-Myanmar Border　　　　　　　　　Gao Xing / 105

Abstract: Until today, a ritual named Paṭiñña- is still practicing among the Bulang People who live around the Nanlan River. This ritual preserves detailed historical memory of this area which is missing in both the Official History and the Local Genealogy of Tusi during the Ming and Tsing Dynasty. In addition, as this ritual is routinely carried out through the history, it carries not only historical significance but also practical meaning. Underlying the practice of this ritual, it is the multiple layers of meaning that is constructed through the interaction between the history memory and the present-time routine.

Keywords: Paṭiñña-; Sino-Myanmar Border; Ritual Text; Historical Memory

Discussion Review

A Review on the Workshop "Dialogue: Chinese History in the perspectives of
Multi-disciplines　　　　　　　　　Muchen Zhenan, Liu Jian, Deng Jinwu / 129

Book Review

On Shirakawa Sizuka's study of the Social Structure of the Yin Dynasty: *Book Review of Inbun SatuKi*　　　　　　　　　Liu Hao / 162

Abstract: Shirakawa Sizuka's *Seishuu Siryaku* (西周史略 "A Short History of the Western Zhou Dynasty"), which included in the *Kinbun Tsushaku* (金文通释 "The Interpretation of Bronze Inscriptions"), is an attempt to study the history of the Western Zhou Dynasty. Shirakawa Sizuka has always hoped to study the history of the Yin Dynasty by the similar way using in the *Seishuu Siryaku*. *Inbun SatuKi* (殷文札记 "Notes on Yin Inscriptions") which was published in 2006, as a sequel to *Kinbun Tsushaku*, is his very attempt in this regard. *Inbun SatuKi* is a continuation of his early studies on Yin history, in-depth analysis of relevant inscription and archaeological materials, and extensive research on the social structure of the Yin Dynasty based on the understanding of the divine government. He discussed the nature of the royal power, the social nature and the social structure of that time through various materials, such as oracle bone inscriptions, bronze inscriptions, archaeological materials, and handed down documents. The book makes a detailed analysis of the social structure reflected in the royal family structure and clan inscriptions. Although the comparison with ancient Japanese history when discussing clan inscriptions appears to be more arbitrary, the overall research framework is still very valuable for reference.

Keywords: Shirakawa Sizuka; *Kinbun Tsushaku* (金文通释); *Inbun SatuKi* (殷文札记); Clan Inscriptions; The Yin Dynasty

In Search of the Military Experts of the Republican China: A Review on *State for the People or State for War? The Intellectual Officers, Military Science and Military Change before the Second Sino-Japanese War*

Chen Mo / 172

Abstract: Military experts of the Republican China were rarely discussed in the recent years. The book, *State for the People or State for War? The Intellectual Officers, Military Science and Military Change before the Second Sino-Japanese War*, written by Dr. Kwong Chi Man, focusing on the military experts, military thoughts, and military reformations, illustrated different dimensions of those military specialists during the Republic Era. In Kwong's opinion, most of the military officers of that period should be excluded from *the Intellectual Officers*, representing his elitist perspective. In fact, this small group of elites, consisting of the producers of military knowledge, administrators of the military schools and pioneers of the military innovations, had better be defined as the military experts. The main contribution of this book is the re-discovery of the military experts. Kwong revealed those experts' ideas on the protracted war, the new land tactics and the application of technical equipment, while uncovered theirs mistakes on the *Air War Theory*. Kwong attributed the failure of Nationalist Army in the Sino-Japanese War to the unsuccessful military reformation in the 1930s, which seems to be a typical hindsight bias. The military reformation discussed in his book, just proved to be effective and improved Chinese military modernization significantly.

Keywords: Kwong Chi-man; Military Experts; Military Thoughts; Military Reformations

Heritages of Predecessors

Professor Zhang Chuanxi's Academic Career and His Achievements

Yue Qingping / 183

Professor Zhu Longhua's Academic Career and His Achievements

Zhu Haodong, Li Yunqin / 195

图书在版编目(CIP)数据

北大史学. 第21辑, 跨学科对话专号/赵世瑜主编. --北京：社会科学文献出版社，2021.10
ISBN 978-7-5201-8890-6

Ⅰ.①北… Ⅱ.①赵… Ⅲ.①史学-世界-文集②史评-世界-文集 Ⅳ.①K0-53

中国版本图书馆CIP数据核字（2021）第166990号

北大史学 （第21辑）
跨学科对话专号

主　　编 / 赵世瑜

出 版 人 / 王利民
责任编辑 / 李丽丽　陈肖寒
文稿编辑 / 汪延平　等
责任印制 / 王京美

出　　版 / 社会科学文献出版社·历史学分社 （010）59367256
　　　　　 地址：北京市北三环中路甲29号院华龙大厦　邮编：100029
　　　　　 网址：www.ssap.com.cn
发　　行 / 市场营销中心 （010）59367081　59367083
印　　装 / 三河市龙林印务有限公司

规　　格 / 开 本：787mm×1092mm　1/16
　　　　　 印 张：13.75　字 数：213千字
版　　次 / 2021年10月第1版　2021年10月第1次印刷
书　　号 / ISBN 978-7-5201-8890-6
定　　价 / 79.00元

本书如有印装质量问题，请与读者服务中心（010-59367028）联系

▲ 版权所有 翻印必究